跨境电商直播运营

Live Streaming Operations for Cross-Border E-Commerce

周　敏　倪莉莉　甘志华　主编

厦门大学出版社
XIAMEN UNIVERSITY PRESS
国家一级出版社
全国百佳图书出版单位

图书在版编目（CIP）数据

跨境电商直播运营 / 周敏，倪莉莉，甘志华主编. 厦门 ：厦门大学出版社，2025. 7. -- ISBN 978-7-5615-9805-4

Ⅰ. F713.365.2

中国国家版本馆 CIP 数据核字第 2025YQ5550 号

责任编辑 郑晓曦　王施泽
美术编辑 张雨秋
技术编辑 许克华

出版发行 厦门大学出版社
社　　址 厦门市软件园二期望海路 39 号
邮政编码 361008
总　　机 0592-2181111　0592-2181406(传真)
营销中心 0592-2184458　0592-2181365
网　　址 http://www.xmupress.com
邮　　箱 xmup@xmupress.com
印　　刷 厦门集大印刷有限公司

开本 787 mm×1 092 mm　1/16
印张 23.75
字数 480 千字
版次 2025 年 7 月第 1 版
印次 2025 年 7 月第 1 次印刷
定价 49.80 元

《跨境电商直播运营》编委会

主　　编◎　周　敏　　倪莉莉　　甘志华

副 主 编◎　梁　骥　　江　媚　　储燕姗　　孙建军　　苗　春

参编人员◎　陈志辉　　戴娟娟　　夏冬英　　何燕红　　吴徐平
　　　　　　林慧敏　　徐　超

前言

随着全球经济一体化进程的加速和数字技术的迅猛发展，跨境电商已成为推动国际贸易增长的重要引擎。近年来，直播电商以其直观、互动、高效的特性，迅速渗透至跨境电商领域，成为企业拓展海外市场、消费者购买全球商品的新兴渠道。这一趋势不仅重塑了传统贸易模式，也对从业者的知识结构和实践能力提出了更高要求。

行业发展催生了大量的跨境电商直播人才需求，但现有职业教学资源普遍存在“三重脱节”现象——传统电商理论与直播新业态脱节、国内运营经验与跨境实战需求脱节、基础技能培养与复合能力要求脱节。在此背景下，编写一本紧贴行业需求、符合职业教育特点的跨境电商直播运营教材，既是对产业变革的积极回应，又是为培养高素质技术技能型人才提供重要支撑。

本教材秉持“岗课赛证”融通的核心理念，构建了“项目引领、任务驱动”的理实一体化框架。教材内容对接“跨境电商直播运营”岗位的典型工作任务，围绕实际应用场景，设计了可操作性强、实践性突出的课程模块，旨在帮助学生在学习过程中逐步构建从理论到实践的全面知识体系。全书以“走进跨境电商直播”为起点，系统解析跨境电商直播的行业生态，帮助学生建立基础认知。主体部分围绕七大实战项目展开，形成从风格定位到数据分析的跨境电商直播完整运营闭环，提升学生的岗位技能水平。本教材的亮点如下：

一、 德技并修，思政教育贯穿全程

本教材将思政元素有机融合于全书，落实立德树人根本任务。结合每个项目的核心内容，引入思政金句，启迪思想，引导读者形成正确的价值观；设计“素养小天地”“论语小动画”等内容，不仅紧跟行业发展趋势，深入剖析技术应用，更着重引导学生树立诚信经营的理念，坚持依法合规，增强文化自信，拓宽全球视野，旨在培养出既具有国际竞争力又勇于承担社会责任的复合型人才，进而推动技术创新与社会进步的和谐并进。

二、 校企双元开发，紧贴岗位实战需求

教材采用校企双元开发模式，教材内容深度契合跨境电商直播运营岗位的典型工作任务。编写团队深入企业一线，提炼出“跨境电商直播风格定位”“跨境电商直播选品”“跨境电商直播间搭建与维护”等实战技能，确保教材内容紧密对接行业需求，为学生架起从课堂到岗位的桥梁。课程还融合了前沿趋势，如数字人直播、AI大模型的应用，并穿插真实案例，助力学生紧跟行业发展步伐。同时，教材附录包含跨境电商直播术语及课堂小测参考答案，帮助学生快速掌握行业核心话术，并通过即时自测巩固知识点。

三、 体例丰富多元，教学落地无缝衔接

教材通过设计多样化的内容板块，构建了一个涵盖项目管理、任务引导、知识衔接、能力培养与实践检验的完整教学体系。教材从工作项目启动、任务解析到知识链接和素养提升，再通过活动实践、案例解析、课堂小测、竞赛模拟，以及自我分析与总结环节，形成了理论与实践、学术与实操无缝衔接的教学闭环。各板块之间有机连接，既确保了知识传授的系统性和全面性，又通过实际操作和反馈机制，实现了教学内容在落地应用中的高效转化。

四、 教学资源实用，导学体系立体高效

教材配套开发了微课视频、教学课件、习题题库、企业案例等丰富的数字化资源，为课堂教学提供了直观生动的辅助材料，更为学生自主学习和实践探索奠定了坚实基础。各项资源相互补充、协同作用，共同构建了一个内涵丰富、形式多元的教学资源体系，充分满足了教师教学与学生学习的不同需求。

本教材由厦门海洋职业技术学院、铜陵职业技术学院、马鞍山师范高等专科学校等院校专任老师与厦门优优汇联信息科技有限公司、厦门速莱美科技有限公司、厦门山靠山网络科技有限公司共同编写。周敏、倪莉莉、甘志华担任主编，负责编制教材大纲，进行教材的整体设计、组织编写和审稿定稿工作。项目一由周敏编写；项目二由倪莉莉、梁骥、江媚编写；项目三由周敏、夏冬英、储燕姗编写；项目四由陈志辉编写；项目五由储燕姗编写；项目六由甘志华、陈志辉、孙建军编写；项目七由江媚编写；项目八及附录由戴娟娟编写；苗春、何燕红、吴徐平、林慧敏、徐超对章节习题、跨境直播企业案例等进行设计和整理；厦门海洋职业技术学院教师团队对数字资源进行开发和建设。教材在编写过程中，得到了全国跨境电商直播行业的多位专家关心与指导，以及相关高校和企业的支持，在此表示感谢！

在数字经济与实体经济深度融合的新发展阶段，跨境电商直播既是企业出海的“新

航道”，也是职业教育的“新蓝海”。本教材既可以作为国际经济与贸易、跨境电子商务、商务英语等相关专业的教材，也可以作为跨境电商和国际贸易从业人员的培训教材。期待本教材能助力更多学习者把握时代机遇，在跨境电商直播的浪潮中乘风破浪，为构建“双循环”新发展格局注入青春力量。同时，鉴于行业正处于迅猛发展阶段，变化迅速，加之编者能力有限，书中难免存在疏漏之处，恳请广大师生与行业专家不吝指正，共同推动教材的持续优化升级。

编 者

2025年2月

目 录

项目一 走进跨境电商直播

走进跨境电商直播是本课程的起始项目，旨在帮助学生全面了解跨境电商直播的基本概念、运营特征与发展趋势。本项目将系统讲解跨境电商直播的内涵与特点，梳理其在国际市场中的应用场景与发展脉络，帮助学生构建对跨境电商直播的初步认知，为后续项目的学习奠定认知基础与行业视野。

课时：2 课时

认识跨境电商直播
使命与担当

学生工作页

项目概述

在跨境电商直播实践的起点阶段，全面认知行业生态是走向专业化运营的基础。跨境电商直播作为融合内容传播与交易转化的新兴模式，连接着全球市场与本土供应链，对其发展逻辑、平台现状与技术趋势的掌握程度，将直接影响后续策划、执行与实战的效果。

项目计划

针对建立跨境电商直播基础认知体系工作，下方梳理出了企业的典型工作流程，并制定了工作计划，同学们可依据该计划实施工作活动。

流程图如下：

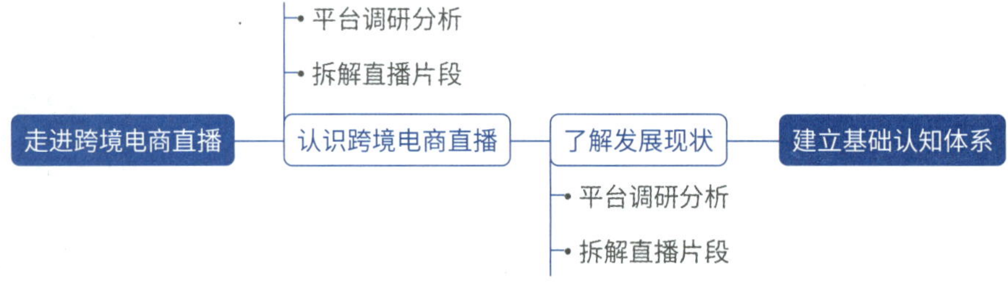

项目任务书

表 1-1　项目任务书

序　号	学习任务	项目任务简介	学　时
1	认识跨境电商直播	初步认识跨境电商直播，掌握其基本概念、特点与核心要素，了解主流平台类型	1

续表

序　号	学习任务	项目任务简介	学　时
2	了解跨境电商直播发展现状	通过分析跨境电商的发展背景与趋势，探讨AI技术赋能下的新兴生态，建立系统的行业认知基础	1

项目分组

表 1-2　工作任务分配表

<table>
<tr><td>班　级</td><td></td><td>组　号</td><td colspan="2"></td><td>指导老师</td><td></td></tr>
<tr><td>组　长</td><td></td><td>学　号</td><td colspan="4"></td></tr>
<tr><td rowspan="4">组　员</td><td>姓　名</td><td>学　号</td><td>姓　名</td><td colspan="3">学　号</td></tr>
<tr><td></td><td></td><td></td><td colspan="3"></td></tr>
<tr><td></td><td></td><td></td><td colspan="3"></td></tr>
<tr><td></td><td></td><td></td><td colspan="3"></td></tr>
<tr><td colspan="7">任务分工</td></tr>
<tr><td colspan="7">在明确工作任务后，将小组成员分工明细填写在下方</td></tr>
</table>

项目工作准备

1. 阅读任务书，理解学习计划中的学习要点及实践活动要求。
2. 了解跨境电商直播行业的最新动态，搜集和阅读相关的行业报告、新闻报道等。
3. 结合学习任务，查看课前学习视频、文章及资讯并记录疑点和问题。

任务 1　认识跨境电商直播

任务描述

在全球化浪潮的推动下，跨境电商已成为连接世界贸易的重要桥梁。而近年来，跨境电商直播运营更是异军突起，以其直观、互动的特性，迅速吸引了全球消费者的目光。作为新兴营销形式，跨境电商直播行业有着广阔的发展前景。

任务目标

通过本任务的学习，学生应当能够：

1. 了解跨境电商直播的内涵与特点。
2. 熟悉跨境电商直播主流平台。

1. 分辨社媒电商直播平台与传统跨境电商直播平台。
2. 使用“人”“货”“场”三要素拆解跨境电商直播运营。

1. 培养工匠精神，不断提高自身专业能力，以适应跨境电商快速发展的市场需求。

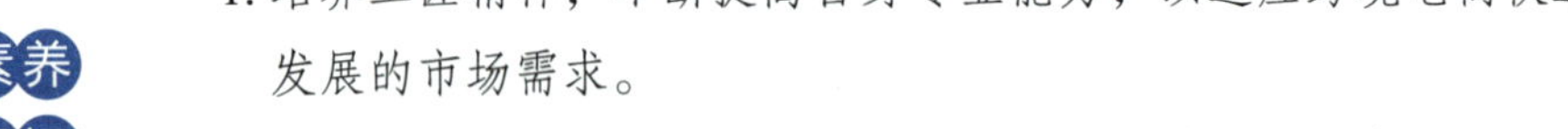

2. 深刻理解国家关于跨境电商直播的相关政策，确保在直播活动中始终坚守正确的方向。

知识链接

海丝传承启新程，家国担当连世界

在当今数字化快速发展的时代，跨境电商行业正经历着前所未有的变革，而直播电商更是成为推动这一变革的重要力量。跨境电商直播销售以其独特的方式破解了流量密码，在流量红利和带货价值方面展现出显著优势，成为全球瞩目的销售模式。

活动 1　构建跨境电商直播基本认知

在“互联网 +”的时代浪潮中，全球消费者逐渐形成了网络购物的习惯，这种趋势不仅改变了人们的购物方式，更推动了商业模式的深刻变革。跨境电商作为这一变革的重要载体，搭建了一个更加开放、自由的全球化贸易平台，通过跨境贸易在生产、服务、支付、物流等环节实现了全球经济的紧密连接。

认识跨境电商直播

在这个日益繁荣的领域中，跨境电商直播将产品展示和销售结合起来，更直观地展现产品特性和优势，已经成为跨境电商有效的销售渠道之一。

1. 跨境电商直播的概念

跨境电商直播运营是指通过直播的形式，在不同国家、地区的交易双方之间搭建一个实时互动的平台，借助互联网渠道展示商品、进行交易沟通、完成支付结算，并通过跨境物流送达商品，以实现国际商业活动的一种运营模式。

2. 跨境电商直播的特点

（1）真实体验感

商品的全方位展示与主播的实时解答让消费者获得身临其境的购物体验，使消费者重新找回了线下购物的感觉，便于消费者评估商品的质量。消费者对商品有了更深入的了解，也清楚地知道了商品是否能够满足自己的需求，有利于降低商品的退货率。

（2）实时互动性

传统的跨境电商营销模式通常是以照片和视频的形式进行的单向的营销，商家把商品信息公布出来，顾客被动接受。直播间里的互动分享拉近了主播与观众的距离，使观众与主播和其他观众建立起了良好的情感纽带。这种实时互动性还为主播进行精准营销提供了巨大便利。主播可以通过观众的实时评论来把握观众的即时心理，及时针对观众心理调整营销策略，促成交易。主播通过评论区可以发现潜在消费者，根据其提出的问题把握类似观众的消费痛点，实施针对性刺激，以便达到预期的营销效果。

直播间的互动不仅限于主播与观众之间，观众与观众之间也同样存在互动。当观众在评论区看到其他观众的问题和意见与自己的想法相契合时，会自然而然地产生一种亲近感、认同感和群体归属感，这种从众心理在消费者购买决策中扮演着重要的角色。特别是在跨境电商直播的环境中，当主播采用饥饿营销策略，限量销售商品时，一旦有少数观众率先购买并发表积极评论，其他观众观察到库存数量的不断减少，往往会受到刺激，产生抢购的冲动，从而加速购买决策的过程。

（3）营销效率高

跨境电商直播的营销费用远低于传统电商，仅仅一部手机，注册一个直播账号之后就可以进行直播，当然也存在运营的一系列成本问题。但相较于纸质媒体等传统广告营销渠道和其他电商广告形式，直播已成为一个良好的引流手段，其吸引消费者购物的成本相对较低、效率更高。例如，一些网红主播的影响力覆盖范围与电视广告的效果不相上下。

3. 跨境电商直播的三大要素

跨境电商直播的三大要素，即“人”“货”“场”。“人”主要指的是主播，“货”最重要的是保证产品质量，维护产品供应链，“场”则是直播间销售场景和氛围的营造。

（1）“人”——主播

主播在跨境电商直播中扮演着至关重要的角色。他们不仅需要具备丰富的产品知识和跨境贸易经验，还要具备良好的语言表达能力和互动技巧。主播通过直播的形式，向观众展示产品特点、使用方法，并解答观众的疑问，从而激发观众的购买欲望。同时，主播还需要与观众建立信任关系，通过真诚的态度和专业的解答，赢得观众的信任和认可。

（2）“货”——产品与供应链

“货”强调的是产品质量和供应链的重要性。在跨境电商直播中，产品质量是消费者最为关心的问题之一。主播需要选择质量可靠、性能优良的产品进行推广，确保商品的购买价值。同时，主播还需要与供应商建立良好的合作关系，确保产品的供应链稳定可靠。通过优化供应链管理，主播能够降低产品成本、提高供货效率，为消费者提供更好的购物体验。

（3）“场”——直播间场景与销售氛围

在跨境电商直播中，“场”这一要素不仅仅是直播发生的物理空间，更是一个融合了产品展示、氛围营造、互动体验等多维度元素的综合性场景。

在物理空间上，越来越多的达人与商家通过手机直播在更广泛的时间段与更多的场景展示产品，例如工厂、档口、原产地、专柜、直播间等，还可以入驻直播基地，同时解决货源问题。场景的多元化一方面表现出直播向线下零售业态的渗透与带动作用；另一方面表现出对产业链上游的渗透，从而进一步缩短流通渠道，提升产业链效率。

此外，氛围营造是直播间“场”要素中不可或缺的一部分。好的氛围能够让观众更加愿意停留在直播间，参与互动和购买。因此，主播需要通过直播间布置、产品陈列、道具使用以及灯光、色彩、音乐等元素，营造出良好愉快的购物氛围。同时，主播还需要注意与观众的互动，建立起与观众之间的情感连接，增强观众的参与感和黏性。这种互动不仅提升了直播间的活跃度，也为销售转化提供了有力支持。

跨境电商直播的“场”还需要考虑到不同文化和地域背景的影响。主播需要了解目标市场的文化和消费习惯，根据市场需求调整直播间的布置和氛围营造策略，以确保直播内容能够引起观众的共鸣和兴趣。

素养小天地

艾媒咨询《2022年中国跨境直播电商产业趋势研究报告》[①]的数据显示，2022年是中国跨境电商直播的元年，2022年市场规模超过1 000亿元，同比增长率高达210%。随着TikTok等电商平台的迅速发展，跨境电商直播人才缺口日益增大，各大平台对跨境电商直播人才的需求更加急迫。

跨境电商直播具有全球化交易的特征，跨境电商直播人员不仅需要较完备的英语基本素养，即良好的听、说、读、写、译能力，还需要具备国际贸易知识、跨文化交流沟通能力、国际商务谈判和市场营销等综合业务能力。

（参考来源：https://www.iimedia.cn/c400/83505.html，最后访问日期：2025年2月7日）

活动2　熟悉跨境电商直播主流平台

跨境电商直播平台通过提供直播技术、流量支持、交易结算等基础服务设施，为品牌和商家搭建起开展跨境电商直播业务的稳固基石，涵盖国内外社交媒体平台及电商平台等各类渠道。访问境外社交媒体平台及电商平台应在符合《中华人民共和国计算机信息网络国际联网管理暂行规定》的情况下合法进行。

① 2022年中国跨境直播电商产业趋势研究报告[EB/OL]. (2022-02-15)[2025-05-17]. https://www.iimedia.cn/c400/83505.html.

1. 社媒电商直播平台

（1）TikTok

TikTok 是一款全球知名的短视频平台，从 2018 年登陆美国市场开始，仅用了一年零四个月就成为横扫美国大街小巷、下载量力压 Facebook、YouTube 的软件。TikTok 的用户普遍为 Z 世代年轻人，且瀑布流视频的推荐机制很容易吸引到目标客群，互动性很强。

TikTok 直播界面如图 1-1 所示。使用 TikTok 直播具有以下优势：一是双向标签机制，可精准匹配目标客户；二是流量池算法，根据内容质量分配流量；三是涨粉快，即使是零粉账号，也能获得初始曝光。

图 1-1　TikTok 直播页面

（图片来源：https://vt.tiktok.com/ZSr3LWY21/，最后访问日期：2025 年 4 月 25 日）

TikTok 直播适合的卖家类型主要为：以年轻群体为目标受众的品牌、追求品牌商品曝光宣传的卖家、粉丝（关注海外电商平台店铺或品牌的消费者群体）基础薄弱的卖家。

（2）Facebook

Facebook，又称脸书，是一个全球性的社交网络平台，最初仅为哈佛学生服务，后迅速扩展到其他大学和全球范围。用户可以在 Facebook 上创建个人资料、添加朋友、发布状态更新、分享照片和视频，并与其他用户进行互动。

在 Facebook 上进行的直播（www.facebook.com/watch/live），结束后都可以直接生

成视频录像并保留在 Facebook 上，便于商家后期推广。此外，Facebook 还会向关注的粉丝进行直播推送，并通过私密群组为组内观众创建独家内容，培养粉丝忠诚度。

一些商家会利用 Facebook 直播来构建私域流量池，主播会引导观众添加联系方式，进而积累客户资源。投流成本较高是 Facebook 直播运营的一个挑战，商家需要在投流成本和效果之间找到平衡，通过优化投流策略、精准定位目标客户群体等方式，降低投流成本，提高投流效果。

（3）Instagram

虽然 Instagram 是 Facebook 旗下的产品，但两者在用户特征上还是有很大区别的。Instagram 限时动态和图片帖文的形式吸引了大量女性及年轻群体的关注。

卖家在使用 Instagram 进行直播时，可以在直播开始之前通过 Instagram Feed 向粉丝发送“召唤”，进行直播提醒。Instagram 这一平台本身以图像和短视频为主，直播内容强调画面场景感，有助于跨境商家更好地展示商品细节与品牌调性，提升用户购买意愿。

（4）YouTube

截至 2025 年 1 月，YouTube（www.youtube.com）已成为全球最大的视频共享社交媒体平台和视频搜索引擎，每月有超过 20 亿用户，是世界上访问量第二大的网站。YouTube 直播的优势为拥有庞大的用户群，直播辐射人数多，习惯在 YouTube 上看视频的用户对直播带货的接受度较高。但在 YouTube 直播时，用户仅能通过留言进行沟通，互动性差。同时由于 YouTube 竞争激烈，想通过 YouTube 直播积累粉丝的卖家需要先自身拥有一定的粉丝基数，发布高质量的内容，才能培养出忠实粉丝。它和 Facebook 一样适合有稳定且广泛粉丝基础的品牌进行直播带货。

2. 传统跨境电商直播平台

除了以上常用的海外社交媒体平台可以进行直播带货外，许多跨境电商平台也开通了直播带货功能。

（1）Amazon Live

Amazon Live（www.amazon.com/live）是亚马逊在 2019 年推出的一项新功能，卖家可以通过 Amazon Live 直播演示商品的使用方法、特点和优势，与观众实时互动，解答他们的问题，并在直播中提供独家优惠，借此提高消费者的购买欲望和商品的曝光量和销售量。

（2）Shopee Live

Shopee 是一家总部位于新加坡的跨境电商平台，于 2015 年正式上线。Shopee Live 是 Shopee 在手机端推出的引流手段，在 Shopee 首页拥有专属入口。使用 Shopee Live

直播时，卖家可以和买家进行实时互动。同时，Shopee Live 还提供了分销奖励机制，卖家可以通过邀请更多用户观看直播获得收益。

（3）速卖通

速卖通（AliExpress）是阿里巴巴旗下的面向国际市场打造的跨境电商平台，被广大卖家称为“国际版淘宝”。卖家可以通过申请开通速卖通直播权限。通过速卖通直播（live.aliexpress.com），卖家可以直接在平台上推广展示商品。此外，速卖通还提供多语言翻译和全球物流，方便卖家打破语言和地域限制，提高点击率和转化率。

活动实践

解锁活动任务，进阶之路厚积薄发

活动情境

小优是一位在校电子商务专业学生，近期在浏览短视频时频繁刷到有关“TikTok带货”等相关的内容，深感跨境电商直播正在成为新的创业与就业热点。不过，小优也发现，这类跨境电商直播与国内带货直播相比存在不少差异，比如平台环境不同、用户文化不同、内容呈现方式也更国际化。为了理清跨境电商直播的运作逻辑，小优决定进行平台调研和直播案例分析，以期建立初步的职业认知。

活动流程

活动步骤

1. 平台调研分析

通过系统了解不同类型的跨境电商直播平台，可以初步掌握行业的基本运作框架。这有助于熟悉未来从事跨境电商直播所面临的工作环境，增强对职业路径的理解与判断力。

步骤①：选择两个平台方向进行调研。跨境电商直播常见的平台主要包括社交型与电商型两大类。前者如 TikTok、YouTube 等，以内容传播为主导；后者如 Shopee、速卖通等，强调交易场景与平台闭环能力。

小优计划寻找一个适合初学者开展跨境电商直播的平台，请你帮助她分别选出一个社交型平台和一个电商型平台作为调研对象。

社交型平台调研对象（　）　　电商型平台调研对象（　）

步骤②：完成调研分析。根据步骤①所确定的分析平台，进行信息检索与分析，有条件者可直接登录平台开展调研分析，也可以通过搜索引擎、微信公众号、B 站、行业报告、平台官方资讯等进行媒介查阅资料。

根据调研结果，记录调研平台的平台概况（如平台定位、用户数量、用户特征、平台主要面向市场、适合 / 热门品类等信息），以及实施跨境电商直播的优势、劣势，完成表 1-3。

表 1-3　调研平台对比分析

调研平台	社交型平台（　）	电商型平台（　）
平台概况		
优势		
劣势		

活动实践 1：跨境电商直播平台和国内常见直播平台有什么不同？请举一个例子进行说明。

活动实践 2：将下述直播特点关键词与相应描述内容进行配对。

主播在镜头前试穿衣服，并回应观众“这款适合什么身高？”等问题。

新人主播也可以轻松开始带货，不需要专业团队或复杂设备。

主播在厨房场景中展示厨具使用效果。

实时互动性

真实体验感

低成本、低门槛

2. 拆解直播片段

拆解直播片段是理解跨境电商直播运作逻辑的重要实践方式。通过观察实际案例，可以具体感知主播表达方式、商品展示技巧、用户互动策略等直播关键要素，将理论认知转化为具体能力要求，明确自身发展方向，提升职业胜任力的目标意识。

步骤①：查找并观看跨境电商直播片段。[①] 选择并观看 1 段跨境电商直播案例剪辑。

在开始观看跨境电商直播之前，小优先尝试列举了几个在拆解该跨境电商直播时可供展开分析的直播要素维度，具体如表 1-4 所示。请在小优列举结果的基础上进行补充，并将补充内容填入表 1-4 的“直播要素”一列。

① 飞书 [EB/0L].（2023-12-14）[2025-03-20]https://sx025nq7rbo.feishu.cn/minutes/obcnb7mc7z8tb9ak7dp1im34.

表 1-4　跨境电商直播案例拆解

序　号	直播要素	拆解与分析
1	直播平台	
2	主播形象与表达	
3	产品品类与品牌	
4		
5		
6		

步骤②：分析直播要素。根据所观看片段，识别并记录直播核心要素内容。

仔细观看与拆解案例直播，并根据上一步骤列举的拆解维度，完成相关要素的记录与分析，完成表 1-4，并谈谈这一案例给你带来了哪些启示，以及丰富了你在跨境电商直播领域的哪些认知。

活动实践 3：你认为直播平台的定位是否会影响直播内容策略？谈谈你的理解。

活动实践 4：如何理解“跨境电商的兴起，是对传统外贸流程的一次深刻变革”这一说法？

活动成果

请根据活动中的活动步骤，完成跨境电商直播平台调研和直播片段拆解，并将最终分析结果整理出来提交给老师。

检查清单

在完成实践活动后，请进行清单自检，并将结果填入表 1-5 中，完成请打√。

表 1-5　检查清单

序　号	检查事项	是否完成
1	是否明确本工作页的任务要求	
2	是否了解跨境电商直播的内涵与特点	
3	是否能够正确解读跨境电商直播三大要素	

续表

序　号	检查事项	是否完成
4	是否能够列举跨境电商直播主流平台	
5	是否能够完成跨境电商直播平台调研	
6	是否能够拆解分析跨境电商直播片段	
7	是否达成本次任务的工作目标	

任务评价

评价方式采用多元化机制，评价主体由学生、小组与教师构成，评价标准、分值及权重如下表所示：

（1）学生进行自我评价，并将结果填入表 1-6 中。

表 1-6　学生自评表

评价项目	评价标准	分　值	得　分
信息检索	能有效利用网络资源、配套资料查找有效信息	10	
知识掌握	能有效理解学习任务中讲述的知识内容	15	
技能训练	能按任务书要求，按计划完成工作任务	15	
感知工作	能认同工作价值，在工作中获得成就感	10	
团队素养	能与教师、同学之间相互尊重、理解和平等交流	10	
职业素养	能严格遵守相关工作守则和法律法规	10	
思维状态	能发现问题、分析问题并解决问题	10	
参与状态	能发表个人见解，倾听他人意见和看法	10	
创新意识	能在工作中提炼出创新点	10	
合　计		100	

（2）学生以小组为单位，对本工作页的实施过程与结果进行互评，将互评结果填入表 1-7 中。

表 1-7　学生互评表

评价项目	评价标准	分　值	得　分
团队素养	小组成员间合作紧密，能互帮互助	15	
	工作计划周密，组织有序	15	
	态度端正，有较强的吃苦耐劳精神	10	
工作情况	工作效率突出	20	
	工作成果完整且质量达标	30	
	严格遵守相关工作守则和法律法规	10	
合　计		100	

（3）教师对小组工作过程与工作结果进行评价，将评价结果填入表 1-8 中，并将综合评价结果填入表 1-9 中。

表 1-8　教师综合评价表

评价项目	评价标准	分　值	得　分
任务实施情况	能按时提交工作任务	10	
	提交的工作活动成果质量情况	25	
	工作目标达成情况	20	
	关键技能掌握情况	20	
思政素养	能积极参与活动任务，认真准备内容，展示出专注、踏实的学习态度	10	
	活动中体现积极、健康的价值导向，无虚假或违规导向表达	15	
合　计		100	

表 1-9　综合评价表

综合评价	
自我评价（20%）	
小组互评（30%）	
教师评价（50%）	
综合得分	

案例解析

阅读行业典型案例，带给你一点点灵感

江苏东海借力直播把水晶卖到全世界

案例详情

东海县以其丰富的水晶资源和精湛的加工工艺而闻名于世。然而，在全球化浪潮的推动下，传统水晶销售模式逐渐暴露出局限性，东海水晶亟须寻找新的突破口。正是在这样的背景下，跨境电商直播应运而生，为东海水晶产业带来了前所未有的发展机遇。

跨境电商直播模式的出现，为东海水晶搭建了一个直接与海外消费者沟通的桥梁。通过直播平台，主播们用流利的英语介绍着琳琅满目的水晶饰品，展示着产品的独特之处和文化内涵。海外消费者不仅可以实时观看直播，还能与主播互动交流，提出疑问或分享心得。这种直观、便捷的购物体验，极大地提升了消费者的购买意愿和满意度。

东海县在跨境电商直播方面取得了显著成效。越来越多的企业加入到跨境电商直播的行列中，通过直播销售水晶产品，实现了销售额的大幅增长。同时，东海水晶的品牌影响力也逐渐提升，成为全球知名的水晶品牌之一。

在发展过程中，东海水晶也面临着一些挑战和困难。例如，如何提升主播的专业素养和语言能力，如何优化直播平台的用户体验和功能，如何加强与国际市场的合作和交流等。这些问题需要东海县和企业共同努力，不断探索和创新，以推动跨境电商直播的持续发展。疫情期间，东海水晶跨境电商直播为克服疫情不利影响，迎难而上，持续拓展合作领域，引入电商直播人才，创造了更多的就业机会。为此，东海县投资建设了面积近 2000 平方米的东海水晶跨境电商交易中心，通过东海直播电商产业园、跨境网红直播街区，为跨境电商企业提供集研发、智能制造、销售、仓储物流、培训于一体的全产业链服务，并与阿里巴巴国际站、eBay 等多家跨境平台开展合作对接，落地服务站点。

东海水晶跨境电商直播的成功实践，不仅为水晶产业带来了新的发展机遇，也为其他传统产业提供了有益的启示。在全球化背景下，传统产业需要积极拥抱新技术和新模式，不断创新和变革，以适应市场需求的变化。同时，政府和社会各界也应加大对传统产业的支持力度，为其转型升级提供有力保障。

（案例来源：http://www.jsdh.gov.cn/dhxzf/dhgk/content/216945ca-9156-4fe7-bbfc-248a318e5c7a.html，最后访问日期：2025 年 4 月 15 日）

课堂小测

即时检验学习成果，小试牛刀见真章

1.【单选】跨境电商直播的特点不包括（　　）。

A. 真实体验感　　B. 实时互动性　　C. 营销效率高　　D. 物流成本低

2.【单选】以下关于跨境电商直播的说法不正确的是（　　）。

A. 跨境电商直播将产品展示和销售结合起来，更直观地展现产品特性和优势。

B. 跨境电商直播属于传统外贸的一种销售模式。

C. 主播的实时互动和个性化推荐，能够更好地满足消费者的需求，提升购物体验。

D. 语言障碍和文化差异是跨境电商直播运营中不可避免的问题。

3.【多选】在跨境电商直播中，“场”这一要素可以指代（　　）。

A. 直播发生的物理空间　　B. 直播间营造的氛围

C. 直播产品的产品质量　　D. 直播产品的供应链

4.【多选】以下哪些属于社媒电商直播平台？（　）

A. TikTok　　B. Amazon　　C. 速卖通　　D. YouTube

5.【判断】跨境电商直播的营销费用远高于传统广告营销渠道。(　)

6.【填空】跨境电商直播的三大要素是________、________和________。

竞赛模拟

实战演练竞技场，锤炼本领展锋芒

跨境电商直播创意营销方案挑战赛

每个团队由 3 ～ 5 名选手组成。参赛团队模拟跨境电商企业身份，撰写并提交一份跨境电商直播创意营销方案（PDF 格式，方案文件命名为：作品名称 + 团队名称，方案需包含封面，封面需包含作品名称、团队名称、参赛团队成员和指导教师的姓名及联系电话）。方案撰写要求如下：

（1）根据受众需求和产品特点，提出创新的直播内容设计。

（2）设计方案时，需要详细阐述直播的三大要素如何相互配合，提升观众参与度和转化率，推动销售增长。

（3）根据目标市场的特性，选择一个或多个合适的直播平台，明确每个平台的优势和适用场景。

（4）阐明该创意方案的具体执行计划，确保方案具备实际可操作性。

（5）PDF 参赛方案统一发送至负责老师的邮箱。

自我分析与总结

我学会的

我要注意的

整理本节课所学知识点，在下方补充知识链接与实训实操思维导图

任务 2　了解跨境电商发展现状

任务描述

了解跨境电商的发展现状，对于准确把握全球数字经济发展趋势、拓展国际市场视野具有重要意义。尤其是在人工智能等新兴技术广泛赋能的当下，跨境电商生态正在发生深刻变化，唯有及时了解其最新发展态势，才能在未来的工作实践中具备前瞻性与竞争力。

任务目标

通过本任务的学习，学生应当能够：

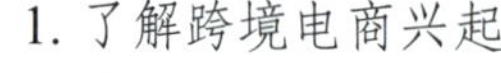

1. 了解跨境电商兴起的背景因素。
2. 了解当前跨境电商直播所面临的主要挑战与发展机遇。
3. 了解 AI 虚拟主播和 AI 大模型在跨境电商直播中的应用。

1. 归纳跨境电商直播的发展趋势，形成对行业未来走势的初步判断。
2. 初步运用 AI 工具辅助跨境电商直播的内容生成与运营实践。

1. 保持开放和包容的态度，积极接纳和学习新知识、新技能。
2. 培养主动关注行业热点、分析新兴技术对跨境电商生态影响的意识与能力，提升综合战略视野。

知识链接

海丝传承启新程，家国担当连世界

要深入探讨当下跨境电商直播的生态构成与发展趋势，首先需要系统梳理跨境电商的兴起背景，以及其在发展过程中所面临的挑战与机遇。作为推动国际贸易转型升级的重要力量，跨境电商正处于加速发展的关键阶段。与此同时，人工智能技术的快速演进，特别是在内容生成与智能交互领域的应用，正为跨境电商注入强劲的创新动力，推动直播营销等新兴业态不断拓展边界与深度。

活动 1 分析跨境电商的发展背景与趋势

2020 年在疫情的冲击下，直播电商模式全面爆发，“直播 + 电商”的新零售业态加速兴起，不仅影响了人们的消费方式，也助推了企业拓展境内外市场。无论是中国还是海外，直播已成为当下炙手可热的流量新风口。

1. 兴起背景

（1）市场环境与消费趋势

① 全球电商市场的扩大。随着全球化的深入发展，跨境电商市场不断扩大，消费者对于海外商品的需求不断增加。

② 消费者购物行为的转变。现代消费者更加注重购物体验和个性化需求，直播电商通过主播的实时互动和个性化推荐，能够更好地满足消费者的需求，提升购物体验。

③ 疫情对消费习惯的影响。疫情期间，线上购物变成全球大多数消费者不得不选择的消费方式。直播电商通过线上展示和互动销售的方式，适应了疫情期间的消费趋势，推动了跨境电商直播的快速发展。

（2）海内外跨境电商平台的共同推动

跨境电商直播带货迅速崛起，得益于中国电商平台的推动。阿里巴巴国际站数据显示，2023 年跨境电商直播海外买家观看量同比增长 127%，为外贸商家带来 156% 的商机增长。[①] 全球互联网巨头如亚马逊、谷歌、Meta 也积极进军直播电商领域，推出直播带货功能，推动其发展。

---

① 跨境直播电商：中国外贸生力军（环球热点）[EB/OL]. (2024-03-05)[2025-05-17]. http://paper.people.com.cn/rmrbhwb/html/2024-03/05/content_26045229.htm.

素养小天地

中国直播带货模式为什么能成功？从全球范围看，除中国以外的主要电商平台运营模式较为单一化、模块化，而中国电商平台在直播带货中还会穿插游戏，以娱乐性增强潜在消费者的购买意愿。此外，中国直播带货催生了大量网红主播群体与相关电商平台合作，促进了电商零售营销模式创新。这些直播带货主播不仅是专业的主持人，能够与受众实时互动、共情，更是懂得产品、了解产品，能够把产品讲明白的销售高手。作为全球电商零售的新模式，中国直播带货模式可以被各国电商平台及品牌认识、借鉴和尝试。

“中国跨境直播带货的火爆，主要受益于中国强大的供应链、商品品质过硬、对市场需求的响应力强、对消费者有吸引力等，这些优点通过跨境直播得到很好展示。”行业内专业人士这样认为。中国国内发达的直播电商产业生态，也为跨境直播电商“出海”提供了强大的人才储备，国内直播电商的成功经验被很好移植过来，让跨境电商直播更加得心应手。

（参考来源：https://baijiahao.baidu.com/s?id=1792637912746294726&wfr=spider&for=pc，最后访问日期：2025 年 3 月 14 日）

（3）全球贸易的便利化

随着全球化的推进，国际贸易壁垒逐渐降低。跨境电商物流体系的不断完善，提高了物流效率，降低了物流成本。这为跨境电商直播提供了丰富的商品资源和市场机会。

（4）制造业产能的要求

中国作为世界制造大国，拥有庞大的制造业产能。然而，随着国内市场的饱和以及国际贸易环境的变化，制造业面临着消化过剩产能的压力。跨境电商直播作为一种新型的销售模式，为消化制造业产能提供了新的途径。

（5）政策支持

近几年，国务院、商务部、国税总局，以及地方政府就不断出台政策，鼓励跨境出口电商发展，一方面为跨境出口电商发展提供优惠政策，另一方面为跨境出口电商的发展提供基础设施支持，还通过合理监管引导行业往健康的方向发展。此外，在高质量共建“一带一路”中，我国大力推动建设“数字丝绸之路”，帮助中小企业通过跨境电商参与线上零售，促进国际经贸合作。

2. 挑战与机遇

尽管直播电商在海外仍处于起步阶段，伴随一定的争议与讨论，但借鉴中国的实践经验可见，趣味内容创作、品牌故事传递，以及高质量商品信息的展示，已成为全球用户的共同需求，并逐渐发展为全球电商的重要趋势与必然方向。

（1）直播带货在跨境电商中的机遇

① 拓展市场。跨境电商直播打破了地域限制，使卖家能够将产品推广至全球市场。通过直播形式，卖家可以更加直观地展示产品特点和使用方法，吸引更多潜在消费者。

② 提高品牌影响力。直播形式具有高度的互动性和真实性，有助于增强消费者对品牌的认知和信任。卖家可以通过直播与消费者进行实时互动，解答疑问，提高客户的满意度和忠诚度。

③ 节约营销成本。相比传统的营销方式，跨境电商直播可以节省大量的营销成本。通过直播平台，卖家可以直接与消费者进行互动，减少中间环节，降低营销成本。

④ 实时反馈与调整。直播过程中的实时反馈机制使得卖家可以及时调整销售策略和产品展示方式，以更好地满足消费者需求。

⑤ 满足个性化需求。消费者在观看直播时，可以通过弹幕、评论等方式提出自己的问题和需求，卖家则可以针对这些问题进行实时解答和推荐，从而为消费者提供更加个性化的购物体验。此外，卖家还可以通过直播展示不同款式、颜色、尺寸的产品，让消费者更加直观地了解产品的多样性，进而选择更符合自己个性化需求的产品。同时，卖家还可以通过直播收集消费者的反馈和建议，以便更好地改进产品和服务，进一步提升消费者的满意度和忠诚度。

（2）直播带货在跨境电商中的挑战

① 语言障碍。语言障碍是跨境电商直播运营中不可避免的问题。由于不同国家和地区的消费者使用不同的语言，卖家在进行直播时需要克服语言沟通的难题，确保直播内容能够被目标市场的消费者准确理解。同时，语言障碍也可能导致信息传递的不准确或误解，从而影响消费者的购买决策和品牌形象。

② 文化差异。不同国家和地区的消费者有着不同的文化背景、消费习惯和审美观念，这要求卖家在直播过程中要深入了解并适应目标市场的文化特点。例如，某些国家的消费者可能更注重产品的品质和细节，而另一些国家的消费者可能更注重产品的性价比和实用性。卖家需要针对不同市场的消费者特点，调整直播内容和策略，以确保信息的有效传递和产品的顺利销售。

③ 主播人才缺乏。跨境电商直播作为一种新兴的营销方式，对主播的要求较高。主播不仅需要具备良好的语言表达能力、产品知识，还需要具备与观众互动、调动气氛等能力。然而，目前市场上具备这些能力的专业跨境电商主播人才相对匮乏，这使得许

多跨境卖家难以找到合适的主播来进行直播运营。

④ 物流难度高。跨境电商直播涉及国际物流，运输时间长、成本高，且可能面临海关清关等问题。这要求卖家需要有完善的物流体系，以确保商品能够及时、安全地送达消费者手中。

⑤ 法律法规差异。不同国家和地区的法律法规差异较大，卖家需要了解并遵守当地的法律法规，以规避潜在的法律风险。

⑥ 直播内容质量把控。直播内容的质量直接影响到消费者的购买决策和品牌的形象。卖家需要投入足够的资源来制作高质量的直播内容，包括产品展示、互动环节等。同时还需注意遵守平台的直播规则，规避封号风险。

3. 发展趋势

（1）多渠道布局

近年来，本土电商平台纷纷加快出海布局，跨境电商平台从单一向多元化发展。除了传统的亚马逊等平台，新兴平台如 SHEIN、TikTok 、TEMU 等迅速崛起。为避免平台风险，卖家加快布局独立站，实现多渠道布局。目前，中国企业在海外建立的独立站数量已经达到 20 万个。[①]

（2）销售产品从泛品向精品与品牌化转型

早期，在中国制造业以“劳动密集型”作为比较优势的发展阶段，跨境电商主要销售的是以低价、小件、标准件为主的鞋服类、电子类、玩具类、美妆类等产品。这一时期，铺货模式盛行，卖家最小存货单位（以下简称 SKU）数量规模较大，覆盖面广，不专注于具体某个品类，而是根据市场需求进行多品类布局，以降低风险。

近些年来，受益于《中国制造 2025》制造强国战略的实施、海外仓的迅速发展、独立站模式的盛行以及 TikTok 等新流量平台的诞生，大件、非标类产品成为新的蓝海市场，精品、品牌模式展现更好的成长性。海外仓有效地破解了大件类、非标类产品面临的备货时效、物流仓储、售后返修等难点。

在细分市场、垂直领域精细化运作，选好品、选爆品，借助新流量平台和独立站打品牌，正在成为当前传统卖家转型，以及新入局者的共同方向，也是未来出海大趋势。

（3）新兴市场逐渐得到重视

北美和欧洲市场仍是跨境电商的重点，但“一带一路”沿线国家和新兴市场也展现出巨大潜力。许多卖家开始关注这些地区的消费特点和市场需求，实现全球化布局。

从全球零售电商销售额增长率排行前列的国家中，我们可以领略印度尼西亚、巴

① 2021—2022 年中国跨境出口电商行业及独立站模式发展现状及趋势研究报告[EB/OL]. (2021-12-16)[2025-05-17]. https://www.iimedia.cn/c400/82599.html.

西、越南、阿根廷、马来西亚、墨西哥以及泰国等新兴经济体的独特魅力。这些市场的电商渗透程度虽尚未触及天花板，但呈现出令人瞩目的增速长势头，犹如一片未经充分开垦的商业绿洲，充满无尽可能性。

（4）运营本土化和精细化

地缘政治、贸易保护、文化差异、平台规则、法律体系、物流难度、流量变化等因素共同推动跨境电商平台与卖家的本土化进程。传统以广泛资源整合和非核心业务外包为主要特征的运营模式，正在面临越来越多的挑战。本土化和精细化运营，成为跨境电商直播可持续发展的关键策略之一。

运营本土化和精细化主要体现在以下三个方面：

① 平台本土化。指跨境电商平台在目标市场根据当地政策法规、市场结构和消费习惯进行运营模式调整和组织重塑的过程。随着各国对本国数字经济主权的重视程度加深，部分国家对外资平台的监管趋严，要求跨境平台遵守当地法规，保护本地中小企业利益。为了适应这一趋势，平台通常会采取与本地企业合作、投资或控股本地公司、设立本地分支机构等方式，以提高市场准入合规性，增强本地化运营能力，从而更好地融入本地商业生态。

跨境电商运营本土化案例

素养小天地

在全球化的今天，国际经济交流与合作日益频繁，但同时也伴随着贸易保护主义的抬头。印尼封禁 TikTok 电商的行为，就是贸易保护主义的一个缩影。这种行为虽然短期内可能保护了本国产业的利益，但从长远来看，可能阻碍经济的发展和技术的进步。经济民族主义在印尼禁令中得到了体现，但这并不符合全球化的趋势。在全球化的背景下，国家之间应当加强合作与协调，共同应对挑战，实现共赢。同时，竞争是推动经济发展和技术进步的重要动力，政府应当拥抱竞争，而不是回避竞争。

面对市场的快速变化和技术的不断进步，只有不断创新，适应市场的变化，才能在竞争中取得优势。所以，印尼封禁 TikTok 电商的事件不仅是一个经济问题，更是一个涉及全球化、贸易保护主义、政府角色、竞争与合作，以及创新与适应等多方面的问题。这提醒我们，在全球化的今天，我们需要更加开放和包容的心态，加强国际合作与交流，共同推动全球经济的繁荣与发展。

（参考来源：https://m.haiwainet.cn/middle/3541089/2023/1012/content_32672345_1.html，最后访问日期：2025 年 3 月 19 日）

② 品牌运营本土化。指跨境品牌在进入海外市场时，针对目标国家和地区的消费文化、审美偏好、语言习惯、使用需求等因素，进行产品、营销和用户沟通等多方面的定制化调整。具体包括对产品设计和参数配置进行本地优化，制作符合本地审美的营销素材，采用符合当地消费者决策逻辑的推广策略，以及在社交媒体、本地电商平台等渠道上开展针对性的品牌建设活动。通过深化本地化运营，品牌能够更精准地触达目标消费者群体，提升品牌认知度和用户黏性。

③ 物流配送本土化。指跨境电商企业在目标市场通过自建海外仓、合作本地物流公司等方式，优化供应链体系，提高物流时效和服务体验。通过在海外设立自营仓储中心，企业可以实现库存前置、缩短配送时间、简化退换货流程，进而提高客户满意度和复购率。同时，与本地物流服务商合作，也有助于提升“最后一公里”配送的灵活性和响应速度，使跨境卖家在物流时效上能够与本地卖家竞争，为消费者提供更加优质、高效的购物体验。

（5）文化出海大有可为

未来我国将步入文化输出阶段，中国的文化、中国的品牌、中国的故事、中国的企业将与世界零距离。TikTok 等流量平台的崛起，让中国文化能够通过更多渠道传播，并且能以多种途径将其变现。

随着文化输出的持续推进与市场培育的逐步深入，茶叶、瓷器、美食、工艺品等承载深厚中华文化的代表性商品，也有望如咖啡在中国的普及一般，逐渐融入海外消费者的日常生活，成为其不可或缺的一部分。

（6）合规化发展

2021 年跨境电商出口平台“封号潮”，推动电商出海从“野蛮生长”到“精耕细作”的转变。跨境电商行业在经历了洗牌后，运营日趋合规。

近年来，平台对非常规运营的打击力度加大，行业进入稳定发展周期。同时，卖家需要围绕产品力、品牌力、供应链能力、组织管理能力及资金实力等方面构建起核心竞争力，以提升抗风险能力。

活动 2 探讨 AI 赋能下的跨境电商直播生态

2023 年，随着生成式 AI 技术的迅速普及，人工智能不再是科技巨头的专属，普通用户也能通过简单易用的工具体验 AI 的强大功能。这一趋势降低了 AI 的使用门槛，使得 AI 迅速融入我们的日常生活和工作中，因此，2023 年被人们称为“AI 元年”。在跨境电商领域，从平台运营到选品、营销、客服、供应链等各个环节，各类参与主体都正在经历 AI 的重塑。AI 正逐步成为跨境电商行业的新型基础设施，全面渗透到该行业的各个层面。

1.AI 虚拟主播（数字人直播）

AI 虚拟主播，也称为数字人直播，是指利用人工智能技术、三维建模、图形渲染、自然语言处理和语音合成等多种技术手段，生成具有人类形象和情感表达的虚拟主播。与传统真人主播相比，数字人可以全天候不间断工作，能够灵活应对多语言、多场景的需求，其形象和风格也可以根据品牌定位和市场需求进行定制化设计。在跨境电商领域，语言和文化差异是推广过程中的主要障碍之一。数字人直播通过内置多语言系统，可以实现多语种实时翻译，帮助商家在不同国家和地区开展直播活动。

从消费市场的角度来看，数字人直播在跨境电商中的接受度正在逐步提升，大多数消费者对这一直播形式的变化持开放态度，尤其是习惯于线上购物的群体，他们更关注直播提供的信息价值，而非主播的身份。如果直播仅用于产品介绍和促销，主播是否为真人并不重要。这表明数字人直播的市场接受度取决于消费者的核心需求。企业在采用这一技术时，应结合目标市场的用户偏好，平衡成本、效率与用户体验，以提升其在商业场景中的应用价值。

从合规角度来看，数字人无人直播带货是否违规，主要取决于相关国家法律，以及平台的规定和相关法律法规。目前，一些国际主流跨境电商直播平台是允许 AI 数字人直播带货的，海外市场数字人直播开放程度相对高于国内；而国内的抖音、快手视频号等平台则对数字人直播表示谨慎，并出台了一系列规定进行约束。因此，在使用数字人进行无人直播带货时，商家和创业者应首先了解并遵守各平台的具体规定，以避免违规行为导致的账号封禁。

2.AI 大模型在跨境电商直播中的应用

人工智能技术（以下简称 AI）大模型通常指的是参数规模庞大、训练数据丰富，并具备强大泛化能力的人工智能模型。这类模型依托大规模数据和高算力进行训练，能够在文本生成、对话交互、知识推理、代码编写等多种任务中展现出高水平的智能表现。

自 2022 年底 OpenAI 推出 ChatGPT 以来，AI 大模型迅速成为全球技术焦点，推动了一系列创新应用：微软将 ChatGPT 集成至 Bing 搜索引擎及 Office 产品，增强智能交互能力；谷歌推出自研大模型，积极布局 AI 搜索与生产力工具；我国百度、字节跳动、阿里等科技企业也相继发布了自主研发的语言大模型，推动 AI 技术在内容创作、智能客服、商业分析等领域的广泛应用。

当前，AI 大模型正加速向多模态（文本、图像、语音、视频）发展，并深度融合产业应用，逐步成为人工智能基础设施，为全球科技创新和产业升级提供强大动力。

OpenAI 的一份报告指出，美国约 80% 的工作领域都可能会受到 ChatGPT 的影响，① 这在跨境电商直播领域也不例外。大模型不仅能帮助企业实现智能客服、实时翻译、内容创作和用户行为分析，还可以在产品推荐和选品方面提供数据支持，极大提升直播的运营效率和用户体验。

以跨境电商直播话术撰写这一流程为例，创造优质的直播话术往往需要花费大量时间进行构思和修改。使用 AI 大语言模型，运营团队和主播可以快速获得多个创意选项，节省了人工编写和反复推敲的时间。在提供多种表达方式外，还能根据目标市场的语言习惯和文化背景调整话术，使得直播内容更符合当地消费者的审美和认知，进而增强其购买意愿。如图 1-2 所示。

"这个手表既时尚又现代。"用更口语化的英语表达

Sure! How about: "This watch looks super stylish and totally modern!"

我还想强调它适合各种场合，无论是正式的场合还是日常休闲都适用。

You could say: "It's perfect for any occasion, whether you're dressing up for a fancy night out or just keeping it cool for everyday wear."

请把这两部分合成一句完整的话术。

Absolutely. Here's a suggestion: "Check out our latest watch—it looks super stylish and totally modern, perfect for any occasion, whether you're dressing up for a fancy night out or just keeping it cool every day."

图 1-2　使用 ChatGPT 优化直播话术

（图片来源：https://chat.openai.com/，最后访问日期：2025 年 2 月 17 日）

2025 年初，中国 AI 初创公司深度求索推出了开源大模型 DeepSeek。它以“低成本、高性能”的标签震惊全球。作为国内研发的大模型，在跨境电商直播运营行业，其优势在于对电商、物流、产品评价等领域的数据有深度训练。它能够为直播提供更专业、更细致的商品描述和市场分析。

应用 DeepSeek 快速生成优质的跨境电商产品介绍

除了直接使用大模型外，还有许多集成 AI 大模型的工具应用能进一步提高应用效率，降低使用门槛，如 AI 制图工具可以快速

① Tyna E，Sam M，Pamela M，et al. GPTs are GPTs: An Early Look at the Labor Market Impact Potential of Large Language Models[EB/0L].(2023-03-20)[2025-02-17].https://arxiv.org/pdf/2303.10130v1.

制作直播预告海报，AI 智能客服机器人能提升用户体验。

AI 数字人与 ChatGPT、DeepSeek 等大模型的应用，正以颠覆性的方式重构跨境电商直播新生态。商家与企业对 AI 工具的应用能力正在成为行业新的竞争力。作为一项强大的技术工具，AI 正在深刻改变各行各业的运作方式，但目前仍以辅助角色为主，帮助人们提升效率、优化决策，而非完全取代人类工作。因此，我们应理性看待 AI 的发展，不被夸张言论左右，更不应盲目恐慌。与其担忧 AI 是否会取代人，不如主动学习和掌握这项技术，理解其优势与局限，从而更好地利用 AI 来提升自身的竞争力。在 AI 时代，人与技术的结合才是未来发展的关键。

活动实践

解锁活动任务，进阶之路厚积薄发

活动情境

小优最近在社交平台上频繁看到关于泡泡玛特、完美日记、小米等中国品牌“出海”的话题，尤其是一些品牌在海外通过 TikTok、Shopee 等平台做直播、搞促销，获得了不错的销售成绩，这让她对“品牌出海”产生了浓厚的兴趣。为此小优决定选择一个品牌出海案例展开分析，了解品牌如何在海外借助直播运营开拓市场。她希望借此为未来职业方向的探索积累经验。

活动流程

活动步骤

1. 品牌出海调研

品牌出海的本质是从本土走向全球，涉及语言文化、平台差异、用户习惯等复杂因素。如果未来要进入跨境电商企业、直播运营公司或服务品牌做内容运营。调研出海品牌，就是对这些未来岗位的“预演”，且能进一步理解行业生态。

步骤①：选取调研品牌。从近年具有代表性的中国出海品牌中选取 1 个进行调研分析。

> 小优选择了“泡泡玛特（Pop Mart）”作为品牌出海的调研案例，请分析选择的原因可能有哪些。

步骤②：了解出海概况。借助品牌官网、社交媒体账号、跨境电商平台店铺页、相关新闻获取和整理品牌出海相关信息，如品牌概况、出海时间、目标市场及用户群体、平台布局、传播策略等。

表 1-10　出海品牌概况[①]

信息维度	具体情况
品牌名称	泡泡玛特（Pop Mart）
品牌简介	成立于 2010 年的潮流文化娱乐公司，发展十余年来围绕全球艺术家挖掘、知识产权（以下简称 IP）孵化运营、消费者触达、潮玩文化推广、创新业务孵化与投资五个领域，构建了覆盖潮流玩具全产业链的综合运营平台
品牌用户	以 Z 世代及潮玩爱好者为主，年龄集中在 18–35 岁，注重个性化、社交分享与收藏体验
出海概况	2018 年开始全球化之路，至今海外业务在 20 多个国家和地区实现线下和线上的全渠道入驻 注重 IP 的孵化和培育，其形象 IP 具有普适性，跨文化障碍较小，容易被不同国家和地区的消费者接受 与全球各地的优秀艺术家合作，不断推出具有创意和品质的潮玩产品 利用海外关键意见领袖（以下简称 KOL）和明星增强品牌曝光，大量“盲盒开箱”内容在 TikTok、Instagram 上走红 采用了“近邻优先”的市场开拓策略，率先重点开发亚洲市场，如日韩及东南亚等地区，随后再逐步向欧美等其他新兴市场拓展
主要海外销售平台	线上：Pop Mart 官网独立站、Amazon、Shopee、TikTok Shop、Lazada 等 线下：在日本、韩国、新加坡、美国、澳大利亚、新西兰、英国等国家，开设了多家线下品牌店和快闪店；机器人自助售卖机的业务模式不仅成功登陆海外各国，还呈现快速扩张的趋势

表 1-10 为小优收集的关于泡泡玛特的品牌出海概况，请结合所学关于跨境电商直播发展趋势的相关知识点分析其出海成功的原因有哪些。

活动实践 1：为什么盲盒类产品能够在海外市场获得年轻消费者的喜爱？谈谈你的看法。

活动实践 2：有人说：“海外直播不仅是销售工具，更是品牌文化传播载体。”你是否认同这句话？请结合案例分析你的观点。

2. 海外直播策略分析

直播不仅是销售手段，更是品牌出海过程中的重要传播与运营工具。通过分析直播

① 泡泡玛特官网 [EB/OL]. [2025-05-17].https://www.popmart.com.cn/home/overseas；东南亚的直播间，挤满了开盲盒的女孩 [EB/OL].(2024-12-18)[2025-05-17].https://mp.weixin.qq.com/s/9H6uqVUuu5sk1qHxcJaBpQ；大人的玩具，在海外杀疯了 [EB/OL].(2025-01-10)[2025-05-17]，https://mp.weixin.qq.com/s/9dlBX8jKzVMO4KG3AcgMOg.

策略，可以进一步了解跨境电商直播如何配合品牌定位进入目标市场。

步骤①：分析跨境电商直播运营模式。调查该品牌是否在海外开展直播带货，主要分布在哪些平台，并尝试分析品牌的直播营销策略。

小优通过网络检索，发现泡泡玛特的海外直播主要集中在 TikTok Shop 平台，并围绕该平台构建了较为成熟的直播运营策略。以 2024 年为例，泡泡玛特在 TikTok Shop 上取得了多个关键性成果，具体如下[①]：

- 7 月年中大促期间，泡泡玛特打造出首个由跨境商家自播、单场成交额突破 10 万美元的直播间。
- 9 月返校季，品牌携多款人气周边新品首发，单场直播商品成交总额（以下简称 GMV）突破 29 万美元；
- 11 月超品日活动中，通过连续多日、分主题直播，多款全球新品一经上线即告售罄，再次刷新品牌直播 GMV 纪录；
- 泡泡玛特邀请当地明星参与直播，结合线上线下的联动营销活动，实现了全渠道内容共振，显著提升品牌声量。
- 12 月“黑色星期五”大促期间，连续发布新品，直播间持续维持 50 万美元级别的高 GMV 表现，展现了强大的品牌号召力与内容转化能力。

结合小优搜集的信息，尝试概括泡泡玛特在 TikTok Shop 平台的直播运营策略。

步骤②：挑战与机遇分析。结合所选品牌在目标市场的实际运营情况，尝试识别品牌面临的海外直播运营挑战，如供应链支持、文化与沟通障碍等。同时，挖掘品牌海外直播的增长机遇，探讨品牌出海所具备的发展潜力。

泡泡玛特作为中国潮玩品牌的代表，在直播电商出海过程中既抓住了新兴市场的机遇，也面临多重挑战。请结合其战略实践与行业背景，帮助小优分析其面临的机遇与挑战。

活动实践 3：如果你是一名内容运营人员，正在为出海品牌策划东南亚市场的节日促销直播，你会考虑哪些本地化因素，如何让直播更容易被目标市场用户接受？

活动实践 4：在调研品牌的直播策略中，哪些具有“迁移性”（即这些策略可以被其他品牌或市场借鉴），为什么？

活动成果

请根据活动中的活动步骤，完成一份品牌出海直播策略分析报告，并将最终具体的

① 8 小时 120 万美金！泡泡玛特创 TikTok Shop 美区跨境商家自播纪录 [EB/OL]. (2024-12-26)[2025-05-17]. https://mp.weixin.qq.com/s/9y659y0LAbWdeJb2QpF-RA.

规划情况整理出来提交给老师。

检查清单

在完成实践活动后，请进行清单自检，并将结果填入表 1-11 中，完成请打√。

表 1-11　检查清单

序　号	检查事项	是否完成
1	是否明确本工作页的任务要求	
2	是否了解跨境电商直播的兴起背景与发展趋势	
3	是否能够分析当前跨境电商直播所面临的主要挑战与发展机遇	
4	是否能够说出 AI 虚拟主播和 AI 大模型在跨境电商直播中的应用情况	
5	是否能够初步运用 AI 工具辅助跨境电商直播的内容生成与运营实践	
6	是否达成本次任务的工作目标	
7	是否能够全面拆解对标账号	
8	是否达成本次任务的工作目标	

任务评价

评价方式采用多元化机制，评价主体由学生、小组与教师构成，评价标准、分值及权重如下表所示：

（1）学生进行自我评价，并将结果填入表 1-12 中。

表 1-12　学生自评表

评价项目	评价标准	分　值	得　分
信息检索	能有效利用网络资源、配套资料查找有效信息	10	
知识掌握	能有效理解学习任务中讲述的知识内容	15	
技能训练	能按任务书要求，按计划完成工作任务	15	
感知工作	能认同工作价值，在工作中获得成就感	10	
团队素养	能与教师、同学之间相互尊重、理解和平等交流	10	
职业素养	能严格遵守相关工作守则和法律法规	10	
思维状态	能发现问题、分析问题并解决问题	10	
参与状态	能发表个人见解，倾听他人意见和看法	10	
创新意识	能在工作中提炼出创新点	10	
合　计		100	

（2）学生以小组为单位，对本工作页的实施过程与结果进行互评，将互评结果填入表 1-13 中。

表 1-13　学生互评表

评价项目	评价标准	分　值	得　分
团队素养	小组成员间合作紧密，能互帮互助	15	
	工作计划周密，组织有序	15	
	态度端正，有较强的吃苦耐劳精神	10	
工作情况	工作效率突出	20	
	工作成果完整且质量达标	30	
	严格遵守相关工作守则和法律法规	10	
合　计		100	

（3）教师对小组工作过程与工作结果进行评价，将评价结果填入表 1-14 中，并将综合评价结果填入表 1-15 中。

表 1-14　教师综合评价表

评价项目	评价标准	分　值	得　分
任务实施情况	能按时提交工作任务	10	
	提交的工作活动成果质量情况	25	
	工作目标达成情况	20	
	关键技能掌握情况	20	
思政素养	是否主动寻找并学习跨境电商领域的新知识、新技能	10	
	是否对行业新兴技术有一定了解，能提出合理的战略思考	15	
合　计		100	

表 1-15　综合评价表

综合评价	
自我评价（20%）	
小组互评（30%）	
教师评价（50%）	
综合得分	

案例解析

阅读行业典型案例，带给你一点点灵感

义乌“直播江湖”里的跨境电商新生态

案例详情

在全国电商生态中，义乌作为中国小商品之都，依托强大的供应链体系和灵活的市场机制，率先探索出多样化、场景化的直播路径，其中“走播”与“仓播”的兴起，成为跨境电商直播模式演进的重要标志。

“走播”指的是主播直接走进义乌的商铺或摊位，为商家现场带货。这种模式被认为是“零成本直播”的典型代表。主播不需要提前囤货或搭建直播间，只需与店铺现场合作，借助原有供应链资源，便可实现灵活、高效的销售。这种高度贴近市场的直播方式，不仅节省了运营成本，也使消费者能够通过镜头直观了解商品真实情况，在提升消费者信任度的同时，也增强了市场的现场活力和互动性。

与“走播”同步发展的，还有近年来迅速走红的“仓播”模式。以义乌 Chinagoods 共享云仓为例，这个面积高达 18 万平方米的直播基地，将传统仓储空间打造成标准化、场景化的直播平台。主播可在货架之间穿梭介绍商品，或在设置好的直播间内一站式完成选品、展示、下单与发货，充分实现了“看得见源头、买得到好货”的透明消费体验。在多语种、跨时区的跨境电商直播场景中，英文、西班牙语等语言的使用频率日益增加，AI 翻译工具也被大量用于直播间中，进一步提升了内容传达效率与观众参与度。

AI 技术的融入，正在深刻改变跨境电商直播的运作方式。在义乌的多个直播基地中，AI 虚拟主播已开始用于非高峰时段的带货任务，而基于大模型的内容生成工具被用于自动生成商品介绍文案、用户互动话术甚至选品策略建议。这些智能工具不仅提升了运营效率，也降低了小商户或新手主播的技术门槛，使更多创业者有机会参与跨境电商直播的市场竞争中。

在这里，直播带货不再局限于单一的“销售”功能，而正在演化为一种集“展示、沟通、信任、物流”为一体的综合性商业场景。在保税区仓库、生产车间乃至海外仓中搭建直播间，已成为近年来跨境电商提升品牌透明度、增强消费者信任度的重要策略。通过直播镜头，消费者可以直观看到商品的存储、打包、发货等流程，从而建立对品牌与平台更强的信任感。

数据显示，2023 年，义乌直播带货场次达 68.3 万场，完成零售额 490.8 亿元，同比增长 26.75%。跨境电商在这一过程中占据了越来越高的比重，成为出口结构中新的增长极。义乌“直播江湖”的快速成长，既是直播电商与传统产业融合的缩影，也是AI赋能跨境电商场景应用的生动案例。

从“走播”到“仓播”，从单一语言到多语种互动，从传统商铺到智能仓储，义乌所代表的直播新生态，正引领跨境电商向更高效、更智能、更全球化的方向迈进。

（案例来源：https://zjnews.zjol.com.cn/zjnews/202406/t20240612_26907398.shtml，最后访问日期：2025年3月12日；https://mp.weixin.qq.com/s/hom7Nqm26l0RjKSfKksT-g，最后访问日期：2025年4月16日）

课堂小测

即时检验学习成果，小试牛刀见真章

1.【单选】以下不属于跨境电商直播兴起背景的是（　）。

A. 全球贸易的便利化　　B. 制造业产能不足

C. 全球电商市场的扩大　　D. 海内外跨境电商平台的共同推动

2.【单选】根据当前市场趋势，消费者对数字人直播的接受度主要取决于（　）。

A. 直播内容是否满足其信息获取需求　　B. 消费者对主播身份的信任程度

C. 主播的外貌和声音　　D. 直播内容中是否包含情感表达

3.【多选】以下哪些属于跨境电商直播的发展趋势？（　）

A. 运营本土化和精细化

B. 销售产品从泛品向精品与品牌化转型

C. 多渠道布局

D. 野蛮生长

4.【多选】以下属于应用AI大模型的生成式AI平台的有（　）。

A. ChatGPT　　B. DeepSeek　　C. 文心一言　　D. Temu

5.【判断】所有直播平台都支持数字人直播带货。（　）

6.【填空】__________有效地破解了跨境电商中大件类、非标类产品面临的备货时效、物流仓储、售后返修等难点。

竞赛模拟

实战演练竞技场，锤炼本领展锋芒

AI 赋能跨境电商直播创意实战赛

每个团队由 3 ～ 5 名选手组成。参赛团队模拟跨境电商企业身份，以“AI 赋能跨境电商直播”为主题，完成一份创意实战方案（PDF 格式，方案文件命名为：作品名称 + 团队名称，方案需包含封面，封面需包含作品名称、团队名称、参赛团队成员和指导教师的姓名及联系电话）。方案撰写要求如下：

（1）选择一个具体的跨境直播商品品类，设定直播场景与目标市场。

（2）指出哪些环节由 AI 辅助生成，体现“人机共创”思路，说明每种 AI 工具的用途、在直播运营中的嵌入方式及预期效果。

（3）需至少结合两种 AI 工具。

（4）简要分析所选工具和流程的可行性，如目前是否已有类似应用。

（5）PDF 参赛方案统一发送至负责老师的邮箱。

自我分析与总结

我学会的

我要注意的

整理本节课所学知识点，在下方补充知识链接与实训实操思维导图

跨境电商直播风格定位

跨境电商直播风格定位是跨境电商直播运营人员必须掌握的专业技能。本项目基于企业工作场景，主要讲解跨境电商直播风格定位的账号定位、构建主播人设、包装主播形象等相关知识点，帮助学生夯实理论基础，提升技能实战水平。

课时：6 课时

跨境电商直播风格定位——突破局限，塑造多元人设

学生工作页

项目概述

在跨境电商直播运营的初始阶段，风格的明确定位是取得成功的关键之一。跨境电商直播作为一种全新的商业表现形式，背后承载着产品展示与形象塑造的双重使命。这一使命既是与观众建立紧密联系的契机，也关乎直播的吸引力和留存率。

项目计划

针对跨境电商直播定位工作，下方梳理出了企业的典型工作流程，并制定了工作计划，同学们可依据该计划实施工作活动。

流程图如下：

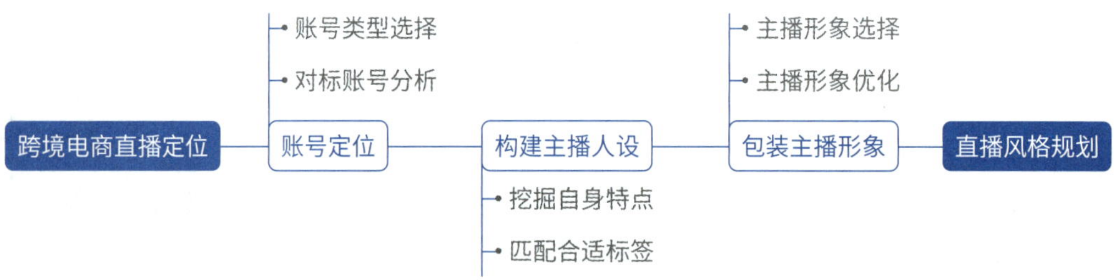

项目任务书

表 2-1　项目任务书

序　号	学习任务	项目任务简介	学　时
1	直播账号定位	结合主播自身情况与市场需求，选择账号类型，完成直播账号定位规划	2

续表

序号	学习任务	项目任务简介	学时
2	构建主播人设	根据主播个人特点，提炼出能够与主播产生强联系的标签，构建合适的主播人设	2
3	包装主播形象	通过主播形象的塑造，提高粉丝对主播的观感，进一步完善主播的人设包装，丰富观众的记忆点	2

项目分组

表 2-2 工作任务分配表

<table>
<tr><td>班级</td><td></td><td>组号</td><td colspan="2"></td><td>指导老师</td><td></td></tr>
<tr><td>组长</td><td></td><td>学号</td><td colspan="4"></td></tr>
<tr><td rowspan="4">组员</td><td>姓名</td><td>学号</td><td colspan="2">姓名</td><td colspan="2">学号</td></tr>
<tr><td></td><td></td><td colspan="2"></td><td colspan="2"></td></tr>
<tr><td></td><td></td><td colspan="2"></td><td colspan="2"></td></tr>
<tr><td></td><td></td><td colspan="2"></td><td colspan="2"></td></tr>
<tr><td colspan="7">任务分工</td></tr>
<tr><td colspan="7">在明确工作任务后，将小组成员分工明细填写在下方</td></tr>
</table>

项目工作准备

1. 阅读任务书，理解学习计划中的学习要点及实践活动要求。
2. 了解常见的跨境直播风格类型，搜集成功的跨境直播风格定位案例。
3. 结合学习任务，查看课前学习视频、文章及资讯并记录疑点和问题。

任务 1　账号定位

任务描述

跨境电商直播涉及领域广泛，各领域竞争状况与受众规模存在显著差异。因此，在规划之初，运营人员就必须精准选择具有发展潜力、适合自身特点且具有一定受众基础的领域进行直播。准确的账号定位在跨境电商直播运营中至关重要，唯有明确定位，后续的运营工作方能有序展开。

任务目标

通过本任务的学习，学生应当能够：

1. 了解直播账号的类型。
2. 掌握直播账号定位的方法。
3. 掌握识别对标账号的方法。

1. 选择适合自己的直播账号类型。
2. 完成直播领域定位。
3. 根据目标受众选择合适的直播内容与形式。

1. 坚定文化自信，尊重文化多样性。
2. 培养创新思维和适应能力，以应对市场变化和挑战。
3. 具备高度的责任感和使命感，积极推动中国品牌在国际舞台上崭露头角。

知识链接

立风格彰显个性，铸匠心弘扬文化

在跨境电商直播市场中，账号的定位直接关系到其在目标受众中的认知度和影响力。一个准确定位的账号不仅能够更好地满足受众需求，还能够在众多竞争者中脱颖而出，建立起稳定的用户群体。因此，清晰且精准的账号定位不仅是直播运营成功的关键，也是取得市场份额和长期发展的不可或缺的基础。

活动 1　直播账号定位

1. 账号定位概述

如何精准定位你的跨境电商直播账号

成功的账号定位需满足的四个条件

（1）账号定位的定义

账号定位即明确账号的方向、内容和目标受众，是账号运营中非常重要的一环，影响着后续运营策略的制定和运营活动的开展。

（2）账号定位策略

① 分析平台偏好

账号定位时要深入分析所选跨境电商直播平台的特性和偏好。不同的平台往往有着不同的用户群体、内容风格和运营策略。了解平台对直播内容的偏好，以及平台上受欢迎的直播类型和风格，有助于确定在平台上发布哪些类型的内容更容易获得曝光和关注。

以 TikTok 平台为例，Z 世代作为潮流引领者，是该平台的主要受众群体。这些用户更倾向于观看具娱乐性质的内容。值得注意的是，TikTok 的算法推荐机制强调内容的互动性和用户的参与度。因此，为了提升账号在平台上的权重和曝光度，发布者应当致力于创建那些能够激发观众讨论、点赞和分享的内容。跨境商家若计划在 TikTok 上开设账户，应充分考虑这些因素以精准定位账号。

② 分析市场偏好

在了解平台偏好的基础上，还需要进一步分析目标市场的消费者偏好。这包括了解当地市场的文化及消费者消费习惯、兴趣爱好等方面。通过市场调研和数据分析，可以发现哪些产品或内容产出在当地市场具有较大的需求潜力。

值得注意的是，尽管市场环境各异，但有一点需求是共通的，那就是具有独特看点的内容，包括稀有的人、事、环境等元素。对于跨境电商卖家来说，可以向目标市场展示本国的独特文化和产品，让消费者感受到异国风情和新鲜感。

素养小天地

在中国直播电商领域中，许多从业者相信，头部MCN机构进军海外直播电商，将是一次降维式打击：有资金资源，有电商经验，还有足够广袤的市场可供试错、发掘。但现实是，因为各国国情、政策、文化习俗不同，即便是头部顶流主播也走过不少弯路。没有有效的产品玩法和运营策略，内容平台的出海往往与补贴高度绑定：补贴富足，则流量喜人；推广暂停，则不进反退。在整个过程中，全球化布局和在地化运营成为一体两面的关键。缺少了任何一点，都难以在具有不同文化背景的市场上打开局面。

中国直播电商领域的从业者怀揣着进军海外市场的雄心壮志，这体现了我国文化自信和开放包容的态度。然而，在全球化布局中，我们必须清醒地认识到各国国情、政策、文化习俗的差异性。文化自信不是盲目自大，而是在尊重他国文化的基础上，展现我国文化的独特魅力。因此，头部MCN机构在进军海外时，需要深入了解当地市场，尊重当地文化，避免因文化差异而引发误解和冲突。

（参考来源：https://baijiahao.baidu.com/s?id=1783698487983191876&wfr=spider&for=pc，最后访问日期：2025年4月25日）

③ 迎合商家偏好

对于个人直播账号来说，满足品牌和商家的期望十分关键，这是账号的核心商业价值所在，关系到账号最终的变现能力。

一般来说，商家会关注账号的曝光量、互动率和转化率等指标，以衡量合作效果。因此，在定位账号时，首先应关注平台的推荐算法和用户行为特点，提高账号的曝光率和互动率，从而增加商家的转化机会。其次，确保账号定位与市面上商家的目标客户群体高度契合，从而确保账号内容能够精准触达并吸引这些潜在客户。此外，商家一般都期望与能够提供高质量内容的账号合作，以提升品牌形象和传播效果。因此，在定位账号时，应明确内容风格和主题，确保内容具有独特性、创意性和专业性，能够吸引并留住目标受众。

2. 直播账号类型

直播账号类型主要分为两类：店铺（企业）账号与个人账号。

（1）店铺（企业）直播

店铺直播一般指品牌直播、商家直播。这类账号通常是由品牌或商家开设的，其主要目的是推广产品或服务，增加销售额。在直播间销售的产品都是自身品牌或电商店铺中的产品。

这类直播账号的名称通常是店铺或品牌名称，以品牌标识（以下简称 logo）或创始人肖像为头像，账号简介一般则是介绍品牌经营业务和经营理念，如图 2-1 所示。

图 2-1　店铺直播账号主页示例

（图片来源：https://www.tiktok.com/@pawsomesnax，最后访问日期：2025 年 4 月 21 日）

由于有商家团队的支持，这类账号往往能够投入更多的资源进行宣传推广，吸引更多的观众。

（2）个人直播

个人直播就是达人直播，是个人创建账号之后开启并认证通过的直播账号，是以个人的名义进行直播活动，更注重的是主播个人 IP 的打造与圈粉。个人直播账号以人为出发点，吸引粉丝的是主播个人的特质和所属的 IP。这类账号的粉丝基于对主播的信任，不仅黏性更强，还表现出更强的购买欲望。

与店铺直播账号的固定模式相比，达人直播账号的设定更具个性化和灵活性，如图 2-2 所示。在名称方面，通常会选择简单好记、有特色的名字。头像的设置应该能够凸显主播的个人特色，也可以与直播内容相呼应。在账号简介中一般会介绍自己账号的主要内容、风格和特点，以及希望传达给观众的价值观。也有达人会适当介绍自己的经历和背景，以增加观众的信任和好感。总而言之，个人直播账号简介的内容应该简洁明了，能够迅速传达出你的核心信息和特色。随着直播内容的发展和变化，这些设置也可以进行适时调整和更新。

图 2-2　个人直播账号主页示例

（图片来源：https://www.tiktok.com/@omari.to，最后访问日期：2025 年 4 月 21 日）

个人账号的运营通常依赖于主播个人的魅力和才华，需要主播具备一定的互动能力和粉丝基础。由于资源有限，个人账号在宣传推广方面可能更需要依赖社交媒体平台的算法推荐和观众的口碑传播。

综上所述，表 2-3 列举了两种账号类型的优势与劣势。

表 2-3　店铺（企业）直播账号与个人直播账号的优、劣势

账号类型	店铺（企业）直播	个人直播
优势	直播间自带流量与品牌效应 产品质量售后有保障 活动力度大，价格更有优势	产品方面会有更多的选择 直播间玩法更具多样性 承接外部 KOL 合作，获取佣金与服务费 打造个人 IP，组建自有供应链
劣势	产品种类受限制，受众群体面较窄 直播产品更替较慢 直播间玩法较少，需跟着店铺节奏走	前期流量差，粉丝积累较慢 粉丝数量少，难以找到自己想要的商品，价格也往往没优势 个人精力有限，一个人难以完成所有工作

账号类型的选择对于账号内容的方向、目标受众的确定以及后期运营策略的制订都有着重要影响。因此，在开设账号之前应该认真考虑自己的特长、资源以及目标受众等因素，选择最适合自己的账号类型。

3. 账号定位规划

（1）直播领域定位

领域定位主要指的是直播账号的运营方向或“带货”品类，可以理解为赛道定位。为挑选合适的直播赛道，跨境商家或直播团队需在设计账号前做好充分的市场分析和自身条件评估。

① 目标市场分析。首先要深入研究跨境电商目标受众所在地的市场情况，了解当地消费者的购物习惯、喜好以及需求趋势。同时，还要评估该赛道的市场规模、增长潜力以及竞争状况。此外，还要分析本国产品进入目标市场的可行性和优势，例如价格、品质、品牌知名度等方面，如图 2-3 所示。通过目标市场分析，商家或团队可以更加明确自己在市场中的定位。

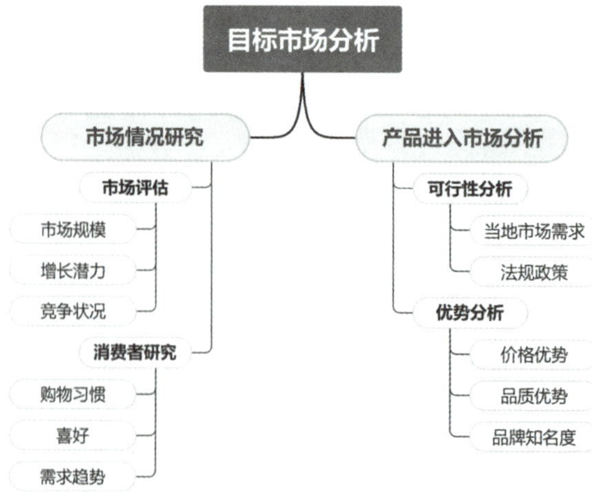

图 2-3　目标市场分析

② 自身条件评估。除外部因素外，商家或团队应对自身的专业背景、资源渠道、能力优势等进行评估分析，选择能发挥自身优势的赛道，如图 2-4 所示。这样更容易输出专业化和个性化的内容，更能被用户接受，对后期的营销推广也更有利。

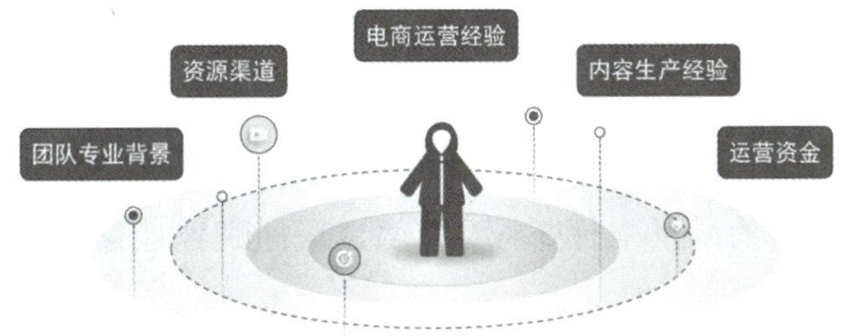

图 2-4　自身条件评估维度

（2）直播内容定位

内容是直播账号的核心，在规划内容定位时既要结合受众需求选择合适的直播形式，还需把握好直播内容导向，为观众提供有价值的信息与体验。

① 目标受众分析。直播内容的定位必须建立在对目标用户群体的深入理解之上。运营者需细致分析目标用户的构成，包括他们的年龄层次、性别分布、职业背景，以及具体需求等关键要素。简单以销售产品为导向的直播内容，或是过于依赖粉丝提问来决定内容方向，都可能导致直播效果不佳。

② 直播形式评估。在规划账号定位时，需根据目标受众画像，选择适合的直播带货形式，指导后期的跨境电商直播策划。

跨境电商直播中常见的直播带货形式

③ 内容导向正确。确保直播内容健康、积极、正面，不含有违法、违规、低俗等不良信息。同时，还需要根据所在平台规则，避免涉及敏感话题和违规操作。在内容策划时，可以注重传递正能量、分享实用信息、展示产品优势等方面，以获得观众的喜爱和信任。

素养小天地

直播内容策划不仅关乎用户的观看体验和购买决策，也可以作为传递正确价值观的重要媒介，不仅连接着商品与用户，也连接着价值观与心灵。例如，一位农业主播在直播中详细介绍他如何通过科技手段提高农作物的产量和质量。他的直播不仅展示了他的产品，更传递了一种责任感——那就是尊重自然、保护环境、为人类的食品安全贡献力量。这样的直播内容，就像是一颗种子，深植在观众的心中，引导他们关注环保、关爱生命。

活动 2 对标账号分析

在对账号定位规划进行优化的过程中，选择和分析对标账号是至关重要的依据。深入研究对标账号，不仅可以更精准地定位自身在市场中的位置，还可以提供实质性的账号规划参考和指导。

如何通过对标账号分析优化直播账号定位

1. 对标账号识别

什么样的账号才算有效的对标账号？在筛选对标账号时需遵循以下原则：

① 相关性原则。选择与自身定位规划相关的账号。这些账号的受众群体、内容风格、运营策略等应与自身团队有相似之处，这样才能更好地借鉴其成功经验。尤其对于跨境电商运营者来说，需特别注意不同市场的需求和偏好差异。

② 成功性原则。选择已经取得成效的账号，才有借鉴的价值。

③ 活跃性原则。选择近期活跃且持续发展的对标账号，对于新手团队来说，更具参考价值。

④ 可借鉴性原则。选择定位规划、运营策略、内容形式可以借鉴的对标账号。这些账号的成功经验应该与自身团队的实际情况相符合，能够在实际操作中得以应用。

在筛选对标账号时还可以结合自身的特点和需求，制定更具体的筛选标准。例如，可以关注账号的粉丝数量、互动率、转化率等指标，以评估其影响力和营销效果。同时，也要注意避免选择那些过于复杂或难以模仿的账号，以免浪费时间和精力。

综上所述，在识别对标账号时需选择与自身领域相关且定位成功的直播账号作为对标对象。这些账号应具有稳定的受众基础、良好的互动率和明确的定位特点。还要注意观察这些账号的粉丝规模、开播时长、销售额等关键指标，确保所选账号具有可学习性和可参考性。

2. 对标账号查找

要找到合适的对标账号，可以借助以下渠道。

（1）第三方数据平台

以 TikTok 数据分析平台——FastMoss 网站为例，它提供多维度的数据分析和可视化功能，商家可借助这类数据平台来查找对标账号。具体操作方法如下：

访问 FastMoss 网站首页，在左侧导航栏中点击“直播”（LIVE），如图 2-5 所示，按照站点、达人类型以及商品类型这些筛选条件，找到符合条件的直播场次。筛选出合适的直播场次后，可以通过查看相关主播账号来找到对标账号。

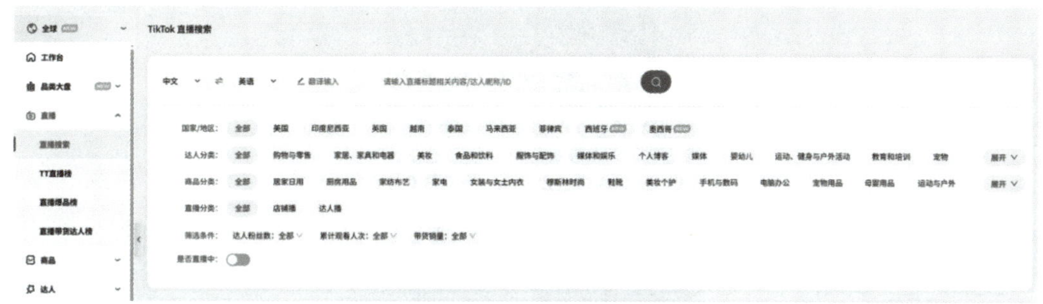

图 2-5　FastMoss 直播筛选板块

（图片来源：https://www.fastmoss.com/zh/live/search，最后访问日期：2025 年 3 月 14 日）

除条件筛选这一方法外，也可搜索关联关键词，找到对标直播间账号。假如直播团队初步定位规划是准备进入跑鞋赛道，可以在搜索框中搜索 sneaker，查找对标直播间账号，如图 2-6 所示。

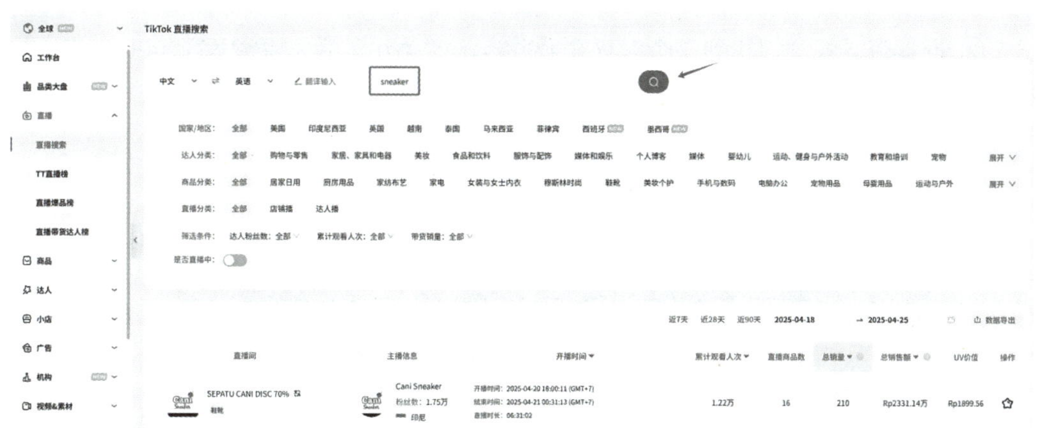

图 2-6　在 FastMoss 网站输入关键词“sneaker”搜索直播场次结果

（图片来源：https://www.fastmoss.com/zh/live/search?page=1&words=sneaker，最后访问日期：2025 年 4 月 25 日）

（2）直播电商平台

① 搜索功能法。在跨境电商直播平台内搜索视频、直播或相关话题等，找到相关内容的发布者即可找到相对精准的对标账号，如图 2-7 所示。

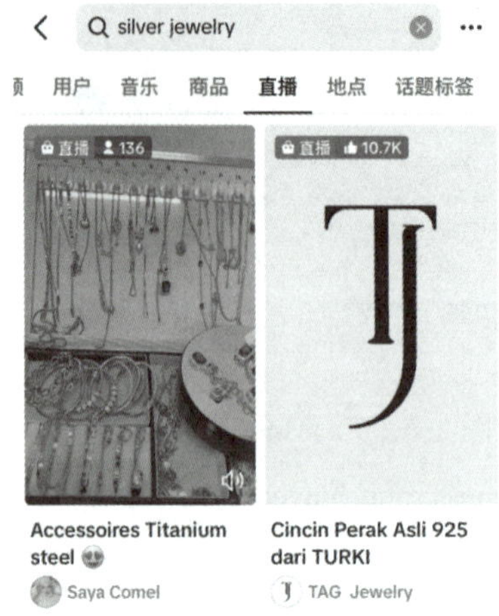

图 2-7　在 TikTok 平台搜索“silver jewelry”

（图片来源：www.TikTok.com，最后访问日期：2023 年 5 月 17 日）

② 推荐流寻找法。找到一个对标账号并点击“关注”后，系统通常会推荐若干与该账号类似的账号。在推荐内容中进行筛选，可发现更多对标账号。

3. 对标账号定位拆解

拆解对标账号的流程如图 2-8 所示。

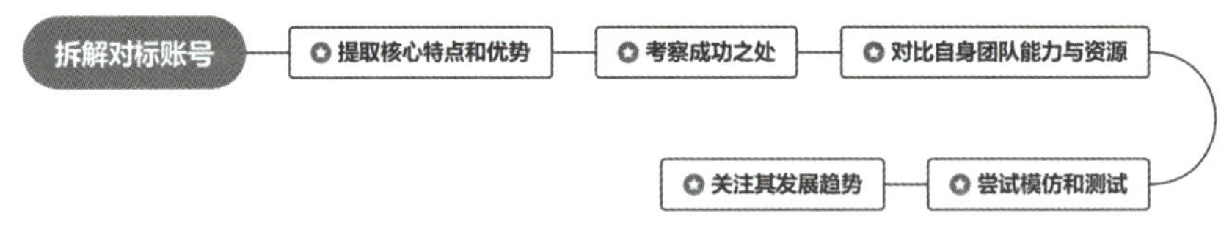

图 2-8　对标账号拆解流程

如何借助拆解对标直播账号来优化自身的直播账号定位呢？

（1）分析对标账号的领域定位

研究对标账号所处的行业及其发展趋势、市场规模以及竞争对手情况，看自身团队是否有足够的竞争力在该市场中脱颖而出。

（2）分析对标账号的内容定位

① 粉丝画像。了解对标账号的粉丝构成和活跃度，判断其粉丝群体是否为自己的潜在目标受众。如果对标账号的粉丝群体与目标受众高度匹配，可以借鉴其粉丝互动策略，提高粉丝参与度和忠诚度。

② 账号包装。观察对标账号的名称、简介、头像、背景墙、视频封面、直播场景设置等账号设置是如何凸显账号定位的。

账号包装案例分析

③ 运营模式。评估自身团队在内容创作、直播技巧、营销策略等方面的实力，看是否能够借鉴并应用对标账号的成功经验。考虑自身团队拥有的资源，如资金、人才、技术支持等，看是否能够支持对标账号的运营模式。

总之，通过拆解对标直播账号的领域定位、内容定位等，可以更加全面地了解优秀直播账号的成功之道。要注意的是，在借鉴和改进这些成功经验的同时还需要考虑自身团队的实际情况和资源限制，以确保能够实现有效优化。

活动实践

解锁活动任务，进阶之路厚积薄发

活动情境

小优是一名刚毕业的电子商务专业学生，因为擅长英语，她对跨境电商直播带货这一新兴发展领域产生了浓厚的兴趣。然而，她有些犹豫，不确定自己是否适合成为一名主播。在朋友和同学的鼓励下，小优决定深入研究一下这个行业，以便更好地判断自己的潜力。

首先，小优意识到，在踏入跨境电商直播带货这个领域之前，明确自己的账号定位至关重要。这是因为账号定位能够指引她确定自己的直播方向和类型，使她的内容更具针对性和吸引力。为了实现这一目标，小优首先需要了解在账号定位时有哪些类型可以选择：是去尝试应聘网店或品牌的主播岗位，还是经营自己的个人账号？除此之外，小优想到自己还可以在直播带货的相关平台上寻找对标账号，学习它们的运营策略和技巧，取其精华，去其糟粕，以期为自己的账号发展奠定坚实的基础。

活动流程

活动步骤

1. 直播账号定位

为确保跨境电商直播的成功，准备工作至关重要，而定位则是最关键的一环。只有做好定位，接下来开展跨境电商直播带货的一系列流程才会更加清晰。在确定直播账号定位前，务必对各类账号、各个直播赛道、各种直播形式的优劣势进行深入分析，并充分考虑其与自身业务的契合度，从而做出明智的决策。

步骤①：选择账号类型。在了解不同账号类型优劣势和适用情况的基础上，结合主播的自身情况选择合适的账号类型。

小优在进行账号定位前，要先选择账号类型：

（　）店铺（企业）直播类型　　　（　）个人（达人）直播类型

步骤②：规划账号定位。新人主播在确定直播领域与直播内容时，要综合考虑自身条件，并结合市场需求与偏好进行合理规划。

假如你是小优，请结合你自身分析结果和对当前跨境电商直播市场的了解，完成初步的直播领域定位与直播内容定位，并将结果填入表 2-4 中。

表 2-4　账号定位初步规划

账号类型		
直播领域定位		
直播内容定位	受众偏好分析	
	形式选择	

活动实践 1：根据以下几个直播账号的名称和简介，将下列账号与对应的账号类型一一连线对应。

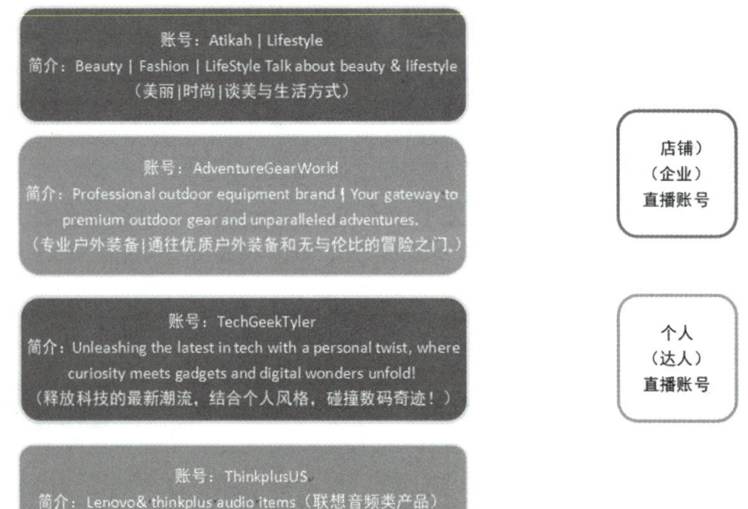

活动实践 2：选择一个跨境直播电商平台，在平台的直播带货榜单中选择几个直播账号，分析其定位规划并完成表 2-5。

表 2-5　热门直播带货账号的定位规划分析

序　号	账号名称	账号类型	直播领域	直播内容形式
1				
2				
3				

2. 对标账号分析

在账号定位的过程中，寻找同行或竞争对手，即对标账号，是一种行之有效的方法。同行已经在实际操作中证明了该方法的可行性和成效，因此选择合适的对标账号对我们的账号定位至关重要。通过这种方式，可以有效地避免走弯路，提高账号定位的效率和准确性。

步骤①：寻找对标账号。怎么找对标账号？可以利用第三方数据平台寻找对标账号，如 FastMoss、超店有数、Tabcut 特看等，通过搜索商品、直播、视频等不同维度查找对标账号，也可以直接通过相关直播带货应用程序（以下简称 App）搜索商品寻找对标账号。

小优选择借助第三方数据平台 FastMoss 寻找对标账号。

FastMoss 数据平台的官网页面如图 2-9 所示，进入官网后，可通过在左侧导航栏选择“LIVE”（直播）、“Product”（商品）、“Video”（视频）等维度进入搜索页面，再通过输入关键词或选择所要定位的类目，即可找到对标账号的相应结果。

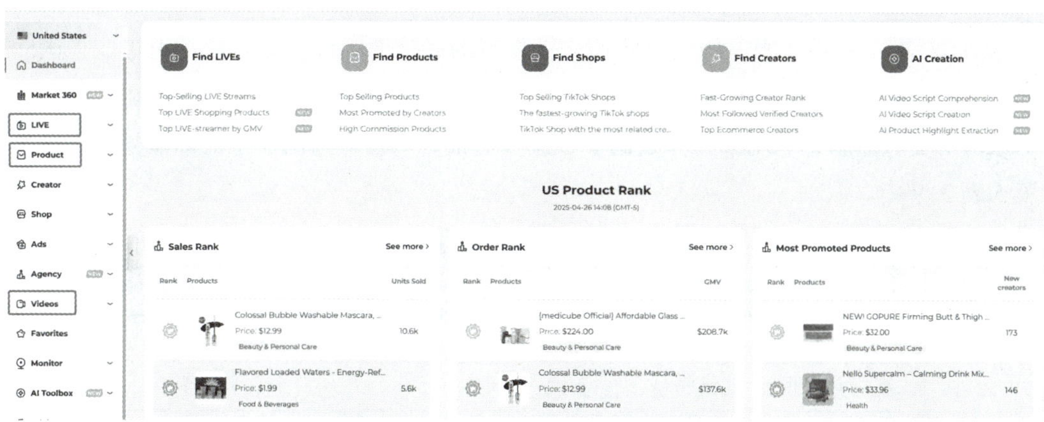

图 2-9　FastMoss 数据平台官网页面

（图片来源：https://www.fastmoss.com/dashboard，最后访问日期：2025 年 4 月 27 日）

小优需根据初步的账号定位规划，在 FastMoss 找到至少 5 个对标账号，将结果填入表 2-6。

表 2-6　对标账号

序　号	对标账号	是否完成
1		
2		
3		
4		
5		

步骤②：分析对标账号。确定好要参考的对标账号后，接下来就需要分析透彻这些对标账号的定位规划。

小优需选择一个对标账号，对其进行拆解分析，从而进一步优化对直播账号的定位规划。请帮助小优完成上述操作，将结果填入表 2-7 和表 2-8。

表 2-7　对标账号分析与经验总结

对标账号		
分析维度	分析结果	经验总结：
直播领域		
直播内容形式		

表 2-8　账号定位规划优化

账号类型	
领域定位	
内容定位	

活动实践 3：近年来，国货美妆迎来了发展的高峰期。许多品牌成功地走向了国际市场，引领了海外中国彩妆的热潮，扭转了以往欧美彩妆品牌一家独大的局势。请选择一家国货美妆品牌，利用第三方数据平台或直播带货平台筛选出 3 个对标账号，将结果填入表 2-9 中。

表 2-9　（　）品牌对标账号搜集

序　号	搜集渠道	具体网站 / 平台	对标账号
1	第三方数据○ 直播带货平台○		
2	第三方数据○ 直播带货平台○		
3	第三方数据○ 直播带货平台○		

活动实践 4：在上一活动实践成果中选择一个对标账号，对其账号定位进行拆解。

活动成果

请根据活动中的活动步骤，完成一份跨境电商直播账号定位方案，并将最终具体的规划情况整理出来提交给老师。

检查清单

在完成实践活动后，请进行清单自检，并将结果填入表 2-10 中，完成后请打√。

表 2-10　检查清单

序　号	检查事项	是否完成
1	是否明确本工作页的任务要求	
2	是否了解直播账号类型	
3	是否能够说出账号定位的关键要素	
4	是否能够列出识别对标账号的原则	
5	是否掌握直播账号定位的策略	
6	是否能够筛选出适合的对标账号	
7	是否能够全面拆解对标账号	
8	是否达成本次任务的工作目标	

任务评价

评价方式采用多元化机制，评价主体由学生、小组与教师构成，评价标准、分值及权重如下表所示：

（1）学生进行自我评价，并将结果填入表 2-11 中。

表 2-11　学生自评表

评价项目	评价标准	分　值	得　分
信息检索	能有效利用网络资源、配套资料查找有效信息	10	
知识掌握	能有效理解学习任务中讲述的知识内容	15	
技能训练	能按任务书要求，按计划完成工作任务	15	
感知工作	能认同工作价值，在工作中获得成就感	10	
团队素养	能与教师、同学之间相互尊重、理解和平等交流	10	
职业素养	能严格遵守相关工作守则和法律法规	10	
思维状态	能发现问题、分析问题并解决问题	10	
参与状态	能发表个人见解，倾听他人意见和看法	10	
创新意识	能在工作中提炼出创新点	10	
合　计		100	

（2）学生以小组为单位，对本工作页的实施过程与结果进行互评，将互评结果填入表 2-12 中。

表 2-12　学生互评表

评价项目	评价标准	分　值	得　分
团队素养	小组成员间合作紧密，能互帮互助	15	
	工作计划周密，组织有序	15	
	态度端正，有较强的吃苦耐劳精神	10	
工作情况	工作效率突出	20	
	工作成果完整且质量达标	30	
	有严格遵守相关工作守则和法律法规	10	
合　计		100	

（3）教师对小组工作过程与工作结果进行评价，将评价结果填入表 2-13 中，并将综合评价结果填入表 2-14 中。

表 2-13　教师综合评价表

评价项目	评价标准	分　值	得　分
任务实施情况	能按时提交工作任务	10	
	提交的工作活动成果质量情况	25	
	工作目标达成情况	20	
	关键技能掌握情况	20	
思政素养	课后积极了解各直播电商平台账号信息填写的要求与规定	10	
	在定位规划方案作业中，确保表达和措辞都正面、积极、合规	15	
合　计		100	

表 2-14　综合评价表

综合评价	
自我评价（20%）	
小组互评（30%）	
教师评价（50%）	
综合得分	

阅读行业典型案例，带给你一点点灵感

专注男士 T 恤，靠准确定位实现突围

案例详情

全球服饰市场已进入低增长期，新卖家市场容量逐渐缩减。尽管如此，成立于 2019 年的美国男士 T 恤品牌 True Classic，凭借其独特的产品定位和双轨销售模式（独立站 + 亚马逊），成功脱颖而出，取得显著销售成绩。

服装行业是一个竞争激烈的行业。当 Bartlett 提出想要创造一个更好的 T 恤品牌时，不少人对这一想法嗤之以鼻。但事实上，Bartlett 做的事情是非常明智的。当时市面上大部分品牌的 T 恤并不合身且还会随着时间的推移缩水或变形。True Classic 的核心使命是打造一个不仅是提供基础单品，更以合理价格满足每位男士需求的服装品牌。

观察其独立站，发现其有两大特点。首先，该品牌产品极具包容性，满足各种品位、尺寸和风格的需求，提供从 S 到 4XL 的不同尺码选择，且价格较实惠，6 件装 T 恤仅需 99 美元。其次，其独立站经过优化，增设了聊天机器人和“找到合适我的”部件，以提升用户购物体验。

目前其独立站流量巨大，直接访问及自然搜索流量的占比高达 56%。这证明消费者记住了该品牌，对品牌感兴趣，主动了解品牌，寻找品牌的信息。

同时，True Classic 的 T 恤产品在亚马逊上获得了出色的销量增长，在 2023 年 7 月的亚马逊 Prime Day 活动中，其销售额近 300 万美元，业绩领先同类产品。此外，True Classic 积极出海，目前在 192 个国家和地区销售。到 2023 年底，国际销售额占比近 30%。

True Classic 通过专注 T 恤单品，在基本盘上稳固地位，实现与竞品的错位竞争。同时，公司还拓展了品类和平台，进军亚马逊后克服了直接面向消费者（以下简称 DTC）品牌在电商平台上的难题，销量翻倍增长，并获得了品牌知名度。

综上所述，True Classic 品牌定位成功和竞争力形成的原因可归纳为以下几点：

1. 明晰的账号定位。True Classic 品牌的定位非常明确，即提供价格合理的男士服装，解决男装市场存在的尺码不合身、购物体验不佳等问题。这一定位清晰明确，符合市场需求，且通过不断优化和改进来逐步提高产品质量，吸引更多用户和客户。

2. 差异化。在竞争激烈的服装市场中，True Classic 通过提供合身的衣服和实惠的价格，与其他品牌形成了差异化。他们没有试图重新设计男士 T 恤，而是通过不断优化和改进来获得竞争优势。

3. 符合市场需求。True Classic 在发展初期就确定了一个有巨大潜力的市场，即男士服装市场，并根据市场需求提供合身的衣服和实惠的价格，满足了消费者的需求。

4. 营销策略。True Classic 在电商独立站优化方面做了很多工作，通过聊天机器人、尺码推荐等功能提高了用户购物体验。

（案例来源：https://mp.weixin.qq.com/s/EVRseuqb85HXk0AkgQD8vg，最后访问日期：2025 年 2 月 12 日）

课堂小测

即时检验学习成果，小试牛刀见真章

1.【单选】直播账号定位需明确账号的（　）。

A. 直播主题　　B. 直播时间点　　C. 目标受众　　D. 直播背景

2.【单选】以下关于直播账号定位的说法不正确的是（　）。

A. 账号定位必须紧密结合市场需求，关注目标受众的需求

B. 账号定位可以在账号运营过程中随意变化

C. 账号定位影响着后续运营策略的制定和运营活动的开展

D. 一个有效的账号定位必须清晰明确

3.【多选】以下哪些属于个人直播账号的优势？（　）

A. 产品质量售后有保障　　B. 自带前期流量与品牌效应

C. 产品方面会有更多的选择　　D. 有利于打造个人 IP

4.【多选】在筛选对标账号时需遵循以下哪些原则？（　）

A. 相关性原则　　B. 成功性原则

C. 活跃性原则　　D. 可借鉴性原则

5.【判断】在借鉴对标账号时可以直接照搬其成功经验。（　）

6.【填空】在________直播带货形式中，主播如同导购员一般，在直播间展示多款产品，进行快速、高效推销。

实战演练竞技场，锤炼本领展锋芒

跨境电商直播定位方案赛

每个团队由 3 ～ 5 名选手组成。参赛团队模拟跨境电商企业身份，撰写并提交一份跨境电商直播账号定位方案（PDF 格式，方案文件命名为：作品名称 + 团队名称，方案需包含封面，封面需包含作品名称、团队名称、参赛团队成员和指导教师的姓名及联系电话）。方案撰写要求如下：

（1）清晰定义账号的方向，内容和目标受众。

（2）账号定位需做到差异化，符合入驻市场需求。

（3）阐明定位策略，并说明如何结合实际情况执行。

（4）确保直播领域与内容的合理性和有效性并给出相应论述证明。

（5）PDF 参赛方案统一发送至负责老师的邮箱。

自我分析与总结

我学会的

我要注意的

整理本节课所学知识点，在下方补充知识链接与实训实操思维导图

构建主播人设

任务 2

任务描述

在跨境直播电商这一竞争激烈的领域里，成功的主播不仅要拥有出色的口才和表现力，更要塑造一个引人入胜的“人设”，以吸引和留住观众的注意力。只有打造好人设，才能与观众建立深层次的情感连接，在激烈的竞争中脱颖而出，为直播间带来更多的关注和收益。

任务目标

通过本任务的学习，学生应当能够：

1. 了解主播人设的内涵与作用。
2. 熟悉标签的分类。
3. 掌握构建主播人设的方法。

1. 分析和挖掘主播自身个人特质。
2. 为主播匹配合适的标签。
3. 构建适合主播且有吸引力的主播人设。

1. 实事求是，立足自身实际情况展开工作。
2. 树立诚信意识，不刻意捏造虚假形象欺骗消费者。
3. 践行社会主义核心价值观，具有深厚的爱国情感和中华民族自豪感。

知识链接

立风格彰显个性，铸匠心弘扬文化

好看的皮囊千篇一律，有趣的灵魂万里挑一。在跨境电商直播领域中，要成为一个成功的主播，必须有一个独特的标识，能够让粉丝第一时间记住自己，这也就是人设的建立。通过构建一个适合自己的人设，主播才能够在茫茫人海中脱颖而出。

活动 1 了解主播人设

什么是人设？人设具有什么作用？这是主播在打造自身人设前需明确的。下面将围绕主播人设概述和主播人设强弱两方面展开内容讲解。

如何打造吸引人的主播人设

1. 主播人设概述

（1）人设的概念

人设，全称“人物设定”。它最初是动漫、游戏等领域中用于指代虚拟角色的基本设定，包括外貌特征、性格特点和行为方式等。现在更多地用于描述个人尤其是公众人物在社交媒体或其他平台上呈现给公众的形象。这种形象可能包括姓名、年龄、身高、性格、喜好等基本信息，也可能涉及他们的社会地位、风格、行为举止等方面。

人设通常有两种类型，即“被动赋予”和“主动设定”。前者是指因特定社会身份与角色而打上的形象与标签，后者指个人通过发挥思维能动性，根据自我期望与自我目的在头脑中形成的意识状态，是对自我形象与角色的一种设定。

（2）人设的作用

一般来说，人设的作用包括文化传递与价值观表达、提高辨识度和信息效率、建构社交氛围和公共关系、个人发展和自我塑造、产品品牌化等。而对于直播而言，打造主播人设主要具有以下四点作用：

① 增加直播吸引力。在电商市场中，直播已经成为一种普遍的推广方式。但是，由于竞争激烈，很多直播内容相似，缺乏特色。直播人设的出现可以为直播注入新鲜血液，给用户带来新的体验感。通过打造独特的形象和风格，主播可以在众多直播中脱颖而出，吸引更多用户的关注，提高直播的曝光度和传播效果。

② 建立个人品牌和粉丝群体。在直播过程中，主播不仅是产品的推销者，也是粉丝群体的领导者。打造直播人设可以帮助主播塑造个人品牌形象，增加个人的影响力和号召力，并通过与粉丝的互动和沟通，建立起稳定的粉丝群体，形成一种黏性。这些粉

丝不仅会在直播过程中支持和购买产品，还会成为品牌的忠实粉丝，为品牌口碑和销售做出贡献。

③ 为直播增加娱乐性和情感共鸣。直播本身是一种娱乐形式，直播人设的打造可以让直播更加有趣和引人入胜。主播通过自己的人设，创造出独特的角色形象和故事情节，结合直播内容和产品特点，增加直播的娱乐性和情感共鸣。

④塑造主播的专业形象。主播作为产品的推销者和代言人，需要具备一定的专业知识和经验。通过直播人设的打造，主播可以展示自己的专业形象和素养，树立自己的行家形象，提高用户对主播的认可和信任度，提升用户购买决策力。

素养小天地

2018 年，一个名叫“凉山孟阳”的女孩走红网络。“父母双亡”“辍学在家照顾弟弟妹妹”的人设吸引了众多关注。在账号发布的 500 多条视频中，女孩住着破旧的土坯房，皮肤黝黑，身材瘦弱，穿着破烂的衣服，不是上山砍柴就是下地干活。她称自己因生活拮据，所以靠拍摄短视频赚取一些额外收入。凭借其“悲惨遭遇”，短短几年，“凉山孟阳”便成为拥有 386 万粉丝的主播，并以“助农”的名义开始直播带货。

后经相关部门执法人员调查发现，早在多年前，“凉山孟阳”家就享受了政府部门提供的各项优待政策，生活条件已得到巨大改善。其在短视频中居住的小屋，实际上是村里一处早已废弃的农舍，直播间里售卖的雪燕、红花等商品也并非产自大凉山。

2023 年 5 月，针对“凉山孟阳”等打着凉山旗号贩卖外地货品的主播，凉山彝族自治州市场监管部门进行立案调查。因涉嫌对产地作虚假宣传，涉嫌构成犯罪，案件移送公安机关进一步侦办。2023 年 6 月 12 日，在掌握确凿证据后，凉山警方依法对“凉山孟阳”采取了强制措施。2024 年 3 月，四川省凉山州昭觉县人民法院对“凉山孟阳”案一审宣判，网红阿西某某（凉山孟阳，女，21 岁）被判刑 11 个月，处罚金 8 万元，其签约公司负责人唐某被判刑 1 年 2 个月，处罚金 10 万元。

通过“凉山孟阳”案例，我们应认识到虽然主播人设打造能为直播提供助力，但打造应该出于真实，遵循法律法规，否则直播带货事业将无法走得长远。

（参考来源：https://news.cnr.cn/native/gd/20240319/t20240319_526631775.shtml，最后访问日期：2025 年 3 月 21 日）

2. 主播人设强弱区别

对于直播带货而言，主播人设的作用可谓是举足轻重，而打造的主播人设的强弱也会对带货效果产生不同影响。

（1）没有人设、弱人设主播

① 卖货靠低价：很难保证有稳定的销售额，且带货利润较低。

② 开播流量低：没有稳定的流量渠道来源，在没有投流的情况下，很难进入更高圈层流量圈。

③高数据无法稳定维持：即便直播间能有高光时刻，也无法在长期直播中维持优秀数据。

（2）强主播人设

① 开播流量更高：直播间开播自然流量会先从关注页、粉丝群进入，其次是短视频、直播推荐等渠道。强人设主播开播自然流量较高，能在直播起步时提前进入平台高流量圈。

② 用户黏性强：粉丝黏性即粉丝活跃度，强人设主播能够更快速带动直播间节奏，与用户形成更高的默契程度。

③ 复购频率更高：货品销售占比中，老粉复购占比同新流量初购占比会逐步增高，在不断引入新流量购买力的同时，沉淀粉丝群体，稳定老粉丝购买力。

活动 2 进行人设打造

在对人设基础概念有所了解后，可以从个人特质分析和合适标签匹配两个方面入手，进行“身份”打造，找到合适且能吸引关注度的人设，为获得更好的带货效果奠定基础。

如何通过自我认知与标签匹配打造主播人设

1. 个性特质分析

（1）自我认知

自我认知是人对自己身心状态及对自己同客观世界的关系之认知。

自我认知的三个层次

要形成正确的自我认知，可以采取以下几个步骤：

① 自我反思。在日常生活中要经常审视自己的思想、行为和情感，思考自己的优点和不足，了解自己的价值观、兴趣爱好和目标等。

② 接受自己。既要学会欣赏自己的优点，同时也要勇于承认自己的不足，并努力改进。

③ 接受他人反馈。接受他人反馈是培养自我认知能力的重要途径。有时候，我们很难客观地评价自己。而他人的反馈可以帮助我们认识到自己的不足，进而促使我们进行自我调整和成长。

④寻求专业帮助。通过与专业人士，如心理咨询师或教育导师等专业人士沟通，可以帮助我们发现自身的潜力和优势。

（2）SWOT 分析

SWOT（S 代表优势，W 代表劣势，O 代表机会，T 代表威胁）分析是一种企业内部分析工具，通过评估优势、劣势、机会与威胁，结合内部资源与外部环境，全面识别对象的资源优势与短板，明确面临的机遇与挑战，从而在战略和战术层面作出相应调整，助力目标实现。

SWOT 分析法

SWOT 分析法不仅仅对企业的战略规划具有指导作用，对个体进行自我分析同样具有指导作用。利用 SWOT 分析法进行个人特质分析时应遵循以下步骤：

① 评估自我的优势和劣势。每个人都是一个复杂的个体，每个人在个性特点、人生观、价值观存在差异。拟一份提纲，列出自我的性格特点、优劣势所在，这是进行个人分析时十分重要的一步。通过分析自我的优势和劣势，才能做到扬长避短，提高自身的素质和潜力。

② 找出机会和威胁。机会和威胁作为一个矛盾的统一体，总是同时存在于周围的环境中，对机会和威胁进行客观的分析将有助于我们认清形势并果断地进行抉择。因此需要对外部因素进行正确分析，评估其存在的机会和威胁。

③ 开展未来规划。方案是行动的向导，完成第一、第二步的分析后，可以结合自身情况有针对性地制定规划，不断提升自身能力和价值。

（3）MBTI 测试

MBTI（迈尔斯 - 布里格斯类型指标）测试能帮助主播明确自身人设定位，从而增强个人风格的统一性与吸引力。主播通过测试结果了解自己属于哪种性格类型（如 ENFP、ISTJ 等），构建更贴近自身的表达风格与互动方式，如外向型主播适合打造热情活泼、善于带动气氛的人设，而内向型主播则可塑造专业可靠、细致耐心的风格。MBTI 不仅帮助主播明确自身优势、潜力与短板，也有助于针对目标受众偏好调整表达策略，实现人设与粉丝心理预期的契合，从而提升直播吸引力与粉丝黏性。

MBTI 测试

2. 合适标签匹配

（1）标签的分类

标签是一种用于标识、分类和描述事物的标识符，通常由文字、数字、字母或符号组成，用于区分和识别不同的对象或概念。随着时代的发展，标签的内涵逐渐延伸，其指代的对象不再仅仅是具体的商品，还扩展到了个人、群体。在主播人设打造过程中，常用的标签有以下三类：

① 账号标签。账号标签指系统对账号进行分类，具体而言就是平台系统把账号归类到某个垂直细分领域的标签，如育儿、职场、汽车、美食等。账号标签最大作用就是帮助系统描述和分类，以便于检索以及分发给具有相同标签的人。对于账号标签，用户无法自主更改，因此在前期养号时期就要明确自己的账号定位。

② 个人标签。类似于“名片”，通过个人标签别人一眼就能看出你的特色和优势。它包括个人信息标签、个人兴趣标签、个人才艺标签等。

③ 产品标签。产品标签指以产品类别命名的标签。消费者可以通过搜索特定的标签来缩小产品范围，提高购物效率，如图 2-10 所示。常见的产品标签有 #clothes（衣服）、#earrings（耳环）、#shoes（鞋子）等。

图 2-10　产品标签——以 TikTok 话题标签 #clothes 为例

（图片来源：https://www.tiktok.com/tag/clothes，最后访问日期：2025 年 4 月 23 日）

（2）标签垂直度

①账号垂直度。账号垂直度是指账号在平台上所涉及的特定领域或主题的程度。通俗讲就是做到内容方向统一。一个具有良好垂直度的账号，通常会在一个特定的领域或主题上建立专业性、权威性，从而获得更多的曝光和粉丝。

那么如何提升账号的垂直度呢？可以从以下几个方面入手：

A. 明确账号定位和目标受众。通过对目标受众群体需求和兴趣的了解，制作相关内容，才能在特定领域或主题上建立专业性和权威性。

B. 精准设置标签。使用与自己主题相关的标签可以帮助观众更容易地找到自己的视频，吸引用户点击观看。

C. 与同领域或同主题的账号互动。与同领域或同主题的账号进行互动，如点赞、评论、合作等，可以扩大自己在该领域的影响力。

②产品垂直度。在开展直播带货前，应明确两个核心问题：卖什么、卖给谁。通常直播选品需结合账号的内容定位和目标受众，优先选择垂直度高的产品，以提升流量精准度和转化率。例如一个美食主播，直播中带货的产品可以选择小吃、零食或与美食相关的调料、厨具、特产等。对企业而言，通过产品垂直度可以帮助企业在该领域内选择出最具竞争力的产品，并从中选择最符合企业定位和品牌特色的产品，从而提高产品的差异化竞争力。

活动实践

解锁活动任务，进阶之路厚积薄发

活动情境

近年来，随着国内电商环境的内卷愈发严重，很多人把目光转向了跨境电商，特别是跨境电商直播板块。而在直播行业中，“直播人设”的建立是必不可少的，不论大小主播，都需要努力打磨出一个精致的形象，以吸引更多的观众。小优作为一名新晋主播，她深知想要在众多主播中脱颖而出观众认可是关键，因此在人设打造的过程中，她需要不断思考如何展现真实的一面，同时又能引起观众的兴趣和认同。

活动流程

活动步骤

1. 挖掘自身特点

直播间主播人设的打造不是盲目去塑造一个虚拟形象，这样随着时间的推移容易导致人设的崩塌。只有通过挖掘主播自身的特点，营造一个符合主播自身的人设，才是能够长久运营的关键。

步骤①：测试自身人格。

小优在构建自己的主播人设时需要通过 MBTI 人格测试来了解自身人格发展趋势。

请进入 MBTI 官网（https://www.16personalities.com/ch）完成测试，记录你的人格发展趋势：

（ ）i 人 / 内敛型人格　　　　（ ）e 人 / 外向型人格

步骤②：分析自身特长。人设的打造需要基于主播自身的特长建立，只有从自己擅长的领域开始，才能打造出最合适的人设。

请你根据任务 1 的定位选择，以及上一步的人格测试结果，进一步发掘并分析自身优势，为后续打造与个人特质更为契合的人设做好准备，并将分析结果填写至表 2-15 中。

表 2-15　自身特长分析

身份职业	人格趋势	自身特长	兴趣爱好	擅长领域

步骤③：匹配合适人设。了解自身人格发展趋势，分析完自身特长后，接下来就可以开始构建与之相匹配的主播人设。

小优是一名跨境电商专业的学生，属于内敛型人格，因为喜欢化妆，所以对于各类美妆和护肤品非常了解。请问以下两种人设哪种更适合小优？

（ ）专业美妆护肤达人　　（ ）美妆护肤产品销冠

【解析】

小优属于内敛型人格且是跨境电商专业的学生，更适合的人设可能是“专业美妆护肤达人”。因为这个人设更强调她对专业知识和美妆护肤的了解，与她所学习的跨境电商专业更为相关。而“美妆护肤产品销冠”的人设可能更适合外向、喜欢在公众场合展示的人格类型。

请结合上述分析结果，给出匹配自身特质的人设。

活动实践 1：请根据以下故事情境，分析文文的人格发展趋势与擅长领域，并将分析结果填入表 2-16 中。

文文出身传统手工艺家族，爸爸和爷爷都是漆线雕老手艺人，在耳濡目染下，文文从小就对漆线雕非常感兴趣，并且逐渐开始上手。

在学校的时候，同学们都参加各种各样的兴趣社团，可是文文不太习惯这些社团的氛围。因为漆线雕的制作工艺非常复杂，容不得一点错，需要在安静的环境中专注完成，所以从小接触漆线雕的文文，自然而然地也就养成了喜静的性格。

表 2-16　人格发展趋势与特长分析

人格发展趋势	
擅长领域	

活动实践 2：选择一个跨境电商直播平台，在平台的直播带货榜单中，分析一下 TOP 3 账号的主播人设，填入表 2-17 中。

表 2-17　热门账号主播人设分析

账号名称	主播人设

2. 寻找合适标签

标签是指主播或内容创作者在直播或视频内容中所展现的个性特点、独特风格或特色。标签可以让观众快速识别并记住这个主播，并能将其与其他主播或内容创作者区分开来，有助于主播在竞争激烈的内容创作领域中脱颖而出，让观众更容易识别和记住他们。成功的主播标签不仅有助于建立忠实的观众群体，还能增加品牌认知度，扩大品牌影响力。

步骤①：寻找自身标签。每个人身上都有属于自己的标签，可以是自己的性格特点、感兴趣的领域、擅长的技能或是独特的经验和知识。

根据上述活动中小优对自身性格和特长的分析结果，在表 2-18 中的“我的标签”一栏为其选择或填写适合的标签。标签可以从标签池中选取，也可自行创作。

表 2-18　标签提炼表

标签池	我的标签
健身达人、运动爱好者、学习达人、气氛引导者、团队发动机、社交达人、美妆达人、护肤达人	

步骤②：寻找垂直标签。对跨境主播来说，标签的垂直度决定了人群的精准度，只有垂直度足够，才能够吸引到相应的粉丝，进而带来销售额的提升。

假设小优所在的是一家运动品牌公司，主要进行运动产品的研发和销售。小优即将负责该公司品牌跨境电商直播间的主播工作，请帮助小优寻找与公司产品相匹配的垂直标签，填入表2-19中，方便其后续结合自身情况完成人设构建。

表2-19　垂直标签

标签1	
标签2	
标签3	
标签4	
标签5	

活动实践3：跨境电商直播受制于国际物流的影响，很多易损产品和超重产品都不太适合进行跨境销售，请同学们结合自身获取到的跨境知识，筛选出适合跨境销售的三款产品，并思考与之匹配的主播人设垂直标签，将结果填入表2-20中。

表2-20　产品标签表

序　号	产品名称	垂直标签
1		
2		
3		

活动实践4：在人设打造中，标签是不可或缺的一环，请根据自身特点或特长，简述自己身上有哪些标签，并分析这些标签适合用于哪些产品。

活动成果

请根据上述活动步骤，完成一份主播人设构建方案，并将最终打造的人设结果提交给老师。

检查清单

在完成实践活动后，请进行清单自检，并将结果填入表2-21中，完成请打√。

表2-21　检查清单

序　号	检查事项	是否完成
1	是否明确本工作页的任务要求	
2	是否了解直播账号类型	
3	是否能够说出账号定位的关键要素	
4	是否能够列出识别对标账号的原则	
5	是否掌握直播账号定位的策略	

续表

序　号	检查事项	是否完成
6	是否能够筛选出适合的对标账号	
7	是否能够全面拆解对标账号	
8	是否达成本次任务的工作目标	

任务评价

评价方式采用多元化机制，评价主体由学生、小组与教师构成，评价标准、分值及权重如下所示：

（1）学生进行自我评价，并将结果填入表 2-22 中。

表 2-22　学生自评表

评价项目	评价标准	分　值	得　分
信息检索	能有效利用网络资源、配套资料查找有效信息	10	
知识掌握	能有效理解学习任务中讲述的知识内容	15	
技能训练	能按任务书要求，按计划完成工作任务	15	
感知工作	能认同工作价值，在工作中获得成就感	10	
团队素养	能与教师、同学之间相互尊重、理解和平等交流	10	
职业素养	能严格遵守相关工作守则和法律法规	10	
思维状态	能发现问题、分析问题并解决问题	10	
参与状态	能发表个人见解，倾听他人意见和看法	10	
创新意识	能在工作中提炼出创新点	10	
合　计		100	

（2）学生以小组为单位，对本工作页的实施过程与结果进行互评，将互评结果填入表 2-23 中。

表 2-23　学生互评表

评价项目	评价标准	分　值	得　分
团队素养	小组成员间合作紧密，能互帮互助	15	
	工作计划周密，组织有序	15	
	态度端正，有较强的吃苦耐劳精神	10	
工作情况	工作效率突出	20	
	工作成果完整且质量达标	30	
	严格遵守相关工作守则和法律法规	10	
合　计		100	

（3）教师对小组工作过程与工作结果进行评价，将评价结果填入表 2-24 中，并将综合评价结果填入表 2-25 中。

表 2-24　教师综合评价表

评价项目	评价标准	分　值	得　分
任务实施情况	能按时提交工作任务	10	
	提交的工作活动成果质量情况	25	
	工作目标达成情况	20	
	关键技能掌握情况	20	
思政素养	课后积极了解各直播电商平台账号信息填写的要求与规定	10	
	在定位规划方案作业中，确保表达和措辞都正面、积极、合规	15	
合　计		100	

表 2-25　综合评价表

综合评价	
自我评价（20%）	
小组互评（30%）	
教师评价（50%）	
综合得分	

案例解析

阅读行业典型案例，带给你一点点灵感

一位泰国自媒体博主的多样人设

案例详情

一位来自泰国的知名自媒体博主，以其鲜明的个人风格在社交平台上迅速崛起。她起初主要活跃在 Facebook，2019 年初开设了个人 YouTube 频道，经过数年积累，逐渐成长为当地颇具影响力的吃播内容创作者。她的视频以夸张生动的表情、豪爽率真的进食方式、独具地域特色的美食展示，以及极具戏剧性的妆容风格，构建了极具辨识度的个人标签，给观众留下了深刻印象。

除内容创作外，这位博主还活跃于音乐领域，长期进行原创音乐作品的制作与发布，涵盖 Rap 演唱、MV 拍摄等多种形式，并在多个主流音乐平台上线作品，展现出跨领域发展的多元能力。随着 Facebook 平台流量红利逐渐消退，短视频平台 TikTok 迅速兴起，该博主及时转型，将重心转移至 TikTok。凭借自由奔放、极具感染力的直播风格，她在众多内容创作者中脱颖而出，快速积累大量粉丝，成为 TikTok 平台的头部带货主播之一，热度一度比肩地区内其他知名带货达人。

与一般的网红形象不同，这位博主在人设塑造上更接近一位公众人物。她积极投身于社会公益事业，例如为低收入人群捐赠义肢、协助改善居住条件，或为街头劳动者送去物资关怀。她的善举赢得了大众的广泛尊敬，在当地民众心目中，她不仅是娱乐人物，更是为基层群体发声的社会行动者。经过多年的形象经营，她在人们心中树立起鲜明而立体的人设。良好的公众形象与独特的个性风格，使她不仅在社交平台持续走红，也在带货销售领域取得了卓越成绩，其收入水平已跻身当地顶尖行列。

（案例来源：https://baijiahao.baidu.com/s?id=1774542517864061002&wfr=spider&for=pc，最后访问日期：2025 年 5 月 4 日）

课堂小测

即时检验学习成果，小试牛刀见真章

1.【单选】下列不属于强主播人设带货特点的是（　　）。

A. 开播流量更高　　B. 用户黏性强

C. 复购频率更高　　D. 高数据无法稳定维持

2.【单选】标签“#clothes”属于（　　）类标签。

A. 账号　　B. 个人　　C. 产品　　D. 位置

3.【多选】要形成正确的自我认知，可以采取的措施有（　　）。

A. 自我反思　　B. 接受自己

C. 接受他人反馈　　D. 寻求专业帮助

4.【多选】关于 SWOT 分析法说法正确的有（　　）。

A.SWOT 中的“S”代表优势

B.SWOT 可以分为“SW”和“OT”两个部分，其中“SW”主要用来分析外部环境

C.SWOT 可以分为“SW”和“OT”两个部分，其中“OT”主要用来分析内部环境

D.SWOT 分析法对企业的战略规划具有指导作用

5.【判断】用户无法自主更改账号标签。（　　）

6.【填空】一般来说，直播间都是根据________来选择垂直度高的产品。

竞赛模拟

实战演练竞技场，锤炼本领展锋芒

跨境电商直播主播人设打造赛

每个团队由 3 ～ 5 名选手组成。参赛团队模拟跨境电商企业身份，撰写并提交一份主播人设打造方案（PDF 格式，方案文件命名为：作品名称 + 团队名称，方案需包含封面，封面需包含作品名称、团队名称、参赛团队成员和指导教师的姓名及联系电话）。方案撰写要求如下：

（1）在进行主播选择时，写明选择原因。

（2）主播个人特质分析要清楚明了。

（3）标签选择要准确贴合主播个人特质。

（4）主播人设要合适准确。

（5）PDF 参赛方案统一发送至负责老师的邮箱。

自我分析与总结

我学会的

我要注意的

整理本节课所学知识点，在下方补充知识链接与实训实操思维导图

任务 3　包装主播形象

任务描述

主播形象对于整个直播间来说至关重要，主播是观众与商品连接的核心。因此，在包装主播形象的时候，运营人员就必须精准确定主播形象的目标受众，将主播形象与品牌价值观和定位相匹配，确定主播的语言风格和沟通方式。如果需要，可以为主播提供自我表达和公众演讲等方面的培训，致力于构建一个与目标受众契合、与品牌定位一致的主播形象。

任务目标

通过本任务的学习，学生应当能够：

知识目标

1. 了解不同主播形象的类型及其特征。
2. 掌握匹配主播形象的直播间氛围方法。
3. 掌握主播形象包装的方法与策略。

技能目标

1. 根据主播特点塑造主播形象。
2. 设计契合主播形象的直播间氛围。
3. 制定丰富和完善主播形象的方案。

素养目标

1. 具备敏锐的市场洞察力，了解观众心理。
2. 培养发散性思维，能够提出新颖、有创意的主播形象包装策略。
3. 具备树立积极正面形象的意识，倡导积极正面的价值观。

立风格彰显个性，铸匠心弘扬文化

在竞争激烈的跨境电商直播市场中，主播的形象直接关系到品牌产品在其在目标受众中的亲和度和成交率。一个完美的主播形象不仅能够更好地满足受众需求，还能够在众多竞争者中脱颖而出，拉近与观众的距离。因此，包装主播形象不仅是直播运营成功的关键，也是取得市场份额和长期发展的不可或缺的基础。

活动 1　主播形象选择

主播形象的塑造，是展现个性魅力、吸引观众的关键。下面将从选择主播形象类型和主播形象力分析两点出发，探讨主播如何选择适合自己的形象，在众多竞争者中脱颖而出。

如何打造专业的主播形象

1. 选择主播形象类型

（1）主播形象类型

常见的主播形象类型如下：

① 专业型主播。这类主播通常以专业知识、行业见解和技能为特点。他们可能是某个领域的专家，在直播中通过分享专业知识吸引受众，从而得到认可和忠诚度。专业型主播一般活跃于某一特定的领域，如美妆领域、健身领域或美食领域等。

② 娱乐型主播。娱乐型主播指注重娱乐性，以幽默、活泼和娱乐方式吸引观众的人。娱乐型主播要想做好，就必须让观众觉得你的直播间好玩，利用自己的特长充分吸引观众的眼球。因此可能会进行搞笑表演、游戏直播或挑战视频等。

③ 时尚型主播。这类主播关注时尚、美容或生活方式。他们可能分享时尚潮流、穿搭建议、进行购物推荐等，吸引对时尚感兴趣的观众。

④ 情感型主播。这类主播侧重于情感共鸣和个人故事。他们可能分享生活经历、情感故事、心灵鸡汤等内容，与观众建立情感联系，并通过直播环节设置，如电话连线、弹幕互动等，增强与听众的沟通，提高节目参与度和直播热度。

⑤ 历史文化与传统艺术型主播。这类主播专注于分享历史文化、传统艺术等方面的内容，通过直播展示古代文物、讲解历史事件、介绍传统手工艺等方式，吸引对历史文化和传统艺术感兴趣的观众。

除上述类型外，跨境电商主播的形象类型多种多样，各具特色，旨在满足不同目标观众和行业领域的需求。为顺应市场潮流，跨境卖家可积极创新主播形象，打造更具吸引力的个人品牌，以适应多样化的市场需求。

（2）主播形象类型选择

主播形象类型如此之多，要如何才能选择适合自己的主播类型呢？可以从以下几个方向出发：

① 个人定位和特色。可以从个人兴趣、专业知识、自身特点与风格三个维度判断。

A. 个人兴趣。选择与兴趣相关的领域，能够让主播更具动力地从事直播工作，激发主播的创造力和热情，进一步与观众产生共鸣。

B. 专业知识。主播如果有某个领域的专业知识或特长，可以考虑将这方面的知识转化为直播内容，让观众从中受益，赢得观众信任。

C. 自身特点与风格。在选择形象时考虑到自己的个性与风格，能够进一步展现出自身真实、独特魅力的主播形象，在众多主播中脱颖而出。

② 观众导向和市场分析。在形象选择前需要确定想要吸引的观众群体，了解他们的兴趣爱好和需求，基于观众画像选择更符合观众喜好的形象。也可以通过市场调研，分析市场需求和趋势，看看哪些领域或内容形式更受欢迎，在对市场有所了解后进行选择。

③ 品牌形象一致性。主播如果代表某个品牌或公司，在形象选择时要确保主播的形象与品牌定位一致，通过形象一致性有助于加强观众对品牌的认知度和信任度。

2. 主播形象力分析

（1）个人形象力

主播的个人形象力一般指主播的外在形象。主要包括妆容、发型和着装三个方面。

① 主播妆容。在当今的高清直播画面中，人的脸部缺陷会被展示得十分清晰，适当化妆可以修饰脸部缺陷，美化自己，使自己显得有精神。在打造主播妆容时可以遵循以下三点原则：一是可以适度开美颜功能；二是选择清新简约的妆容，美妆主播则可以适当夸张一些；三是根据自身形象和气质打造适合自己的妆容，让主播向观众展现良好的外在形象。

② 发型设计。主播设计发型的目的是保证仪容美，而仪容美要体现出整体的协调美，所以主播的发型设计要与自己的脸型相称。

主播发型设计与服装色彩搭配建议

③ 着装打扮。主播的着装应以自然、大方、整洁、得体为原则，既要美观简洁、不喧宾夺主，又要符合个人风格和形象特点。同时，应结合直播内容与场景进行合理搭配，注重色彩协调，避免过于花哨或暴露，确保整体画面和谐、得体。

（2）镜头表现力

主播的镜头表现力一般指主播的镜头感是指主播在镜头前神情自然，眼睛能够准确感受到镜头的位置，使自己的表情、肢体语言等能够以最佳的状态通过镜头展现出来。对于主播而言，镜头感主要体现在对象感和表演感两方面。

① 对象感是指主播应当设想与感觉到用户的存在和反应，从感觉上意识到用户的心理、需求、愿望和情绪等，并由此调动自己的思想感情，表情达意。

② 表演感是指主播在镜头前通过神态、语言、行为等表演形式传递思想情感、销售商品。

为了提升自己的镜头表现力，主播可以借助镜子观察自己的面部表情，找到合适的表情和角度，然后对着镜子练习讲话、动作、表情等，了解自己面对镜子的状态。主播在练习的过程中还要观察自己有没有一些不恰当的小动作，若有则加以改进，提升面对镜头的自信感和从容感。

（3）面肢展现力

面肢展现力也就是主播的肢体语言，因为每一场直播都是一次表演，要展示真实感，与用户产生共鸣，就需要通过肢体讲解带动观众互动。如号召观众点击左上角关注、参与福袋抽奖等。同时，主播在讲解商品表情动作不要太刻意夸张，要放松自然，借助适当的肢体动作充分展现自己的个人魅力。

（4）语言表达力

语言表达力对于主播来说是一门非常重要的技能。虽然不要求主播像主持人一样做到字正腔圆，但是最基本的咬字清晰、表达流畅是必不可少的。主播只有表达清楚，才能让观众听清自己的话，知道自己在讲什么。

此外，为了让更多粉丝了解产品的优势，主播的表现要真实、接地气，语言要通俗易懂，让粉丝能够理解其所表达的意思。不能为了展示自己的专业性，频繁使用生涩难懂的词汇来介绍产品，粉丝听不懂主播的介绍，就很难判断自己是否需要这款产品，购买产品的积极性自然不高。

对于跨境电商的主播而言，除了上述咬字清晰、表达流畅、语言通俗易懂的要求外，流畅的英语表达能力也是必须具备的。因为英语是全球通用语言，英语口语流利能够让更多人听懂直播内容，了解产品的特点和优势，促进产品销售。

对于不以英语为主要官方语言和日常交流语言的目标市场，跨境主播需要掌握当地语言，并深入理解其文化背景和社会习俗。在直播销售的过程中，主播需要展现出高度的跨文化沟通能力，以确保信息的准确传递，并避免因文化差异而引发的误解或冲突。主播应以流利的当地语言进行直播，同时尊重并适应目标市场的文化特点，从而确保销售活动的顺利进行。

（5）声音掌控力

主播的声音有着特殊的力量，不仅可以传达言外之意，还可以使粉丝更欣赏主播，进而拉近主播与粉丝之间的距离。因此，声音掌控力非常关键，主播要学会用声音给观众制造情绪，用声音让观众记住你说的话。提高对声音的掌控力，可以从音量和语速两方面入手。

① 音量调节。主播说话的音量决定了其声音是否可以被观众听到、听清，这直接影响到观众观看直播的体验。在控制音量时，主播可以采取两种方法：一是在直播前试讲，根据直播间空间情况，不断寻找合适的音量；二是保持自信，调整呼吸，避免音量过低产生观众听不清的情况。

② 语速调节。语速是传递信息的关键，合适的语速能让观众听清楚主播所说的内容，主播才能借此顺利地传递信息，因此在直播时主播要尽量做到语速合适。但在不同的情况下，主播也可以根据实际情况进行语速调节。例如，在促单时主播的语速应该较快，而在讲品时语速应该较慢，让观众听清。应该如何调整语速呢？主播平时可以通过朗读文章来锻炼，在阅读时做到读音准确，不要停顿，根据文章内容进行语速调整，相信通过日积月累的训练，主播语速习惯能够得到改变。

素养小天地

2023 年 11 月 22 日，中国消费者协会发布了《2023 年“双 11”消费维权舆情分析报告》。报告中以疯狂小杨哥的徒弟“红绿灯的黄”为例，指出靠审丑发迹的主播正引发更多人反感。

疯狂小杨哥的徒弟“红绿灯的黄”在带货 YSL(圣罗兰美妆) 商品时，形象邋遢、表情狰狞，在直播截图中，她甚至一度叉开腿蹲在桌上，姿势颇不雅观，其行为引发众多争议。在被中国消费者协会点名后，12 月 6 日晚，“红绿灯的黄”重新开始直播，其账号动态显示直播从 19:57 开始，但复播了 3 分钟便被封禁。

随着网络直播的兴起，主播的行为举止和直播内容越来越受到社会关注。这份报告及后续事件表明，网络直播不应成为审丑和不良行为的温床，而应成为传播正能量、弘扬文明价值观的平台。主播作为公众人物，其行为举止对社会风气有着重要影响。封禁不良行为的主播，可以引导社会形成正确的价值观，维护网络空间的健康与和谐。

（参考来源：https://baijiahao.baidu.com/s?id=1783260591951309678&wfr=spider&for=pc，最后访问日期：2025 年 4 月 17 日）

活动 2 包装主播形象

1. 直播账号包装策略

（1）账号设置

账号设置是直播前期环节中一个非常重要的步骤，好的账号能给别人留下一个好的印象。具体做法如下：

如何通过账号设置与直播间氛围打造主播形象

① 取名。首先要取一个好听的名字，这个名字要适合自己的定位内容，这样看起来显得更专业。而且不要太复杂和冗长，尽量简单好记。

② 头像选择。选择一个有辨识度的头像，好的头像能让人印象更深刻。并且在选择好合适的头像后，不要盲目更换。

③ 个人介绍。在个人简介里介绍你自己，并写明这个账号做什么内容的，这一步可以指引用户添加关注。接着再将定期开播的时间写进去，这样简介既有个人特色又与直播的内容有关。

（2）直播间氛围设置

除了账号设置，主播还可以通过直播间氛围设置、直播口号设计来强化自己的人设或账号属性。

直播场景是直播过程中非常重要的一部分，场景塑造得好，既可以对直播起到锦上添花的作用，也可以为观众营造更好的直播氛围感。在打造直播场景时，要从主播的人设出发。例如：人设是企业家，场景就应该是一个高端大气的办公室或者会议室；人设是专家教授，就应该在一些更学术的场景下拍摄；人设是设计师，背景就应该更有设计感等。

一个好的直播口号通常只有几个字或一句话，但却能方便观众在直播过程中快速理解主播的定位，并且在直播结束后继续传播，扩大主播的影响力。例如“OMG（Oh May God 的缩写，表达震惊的情绪），买它”这个耳熟能详的口号，大家一听就能知道是哪位主播。

主播在进行口号设计时，要确保口号与主播的人设和直播内容高度契合，同时考虑目标受众的特点，用幽默、亲切或激励性的语言来营造直播间氛围。

2. 主播形象包装策略

（1）关注热点话题

如何借助社会话题，使主播形象更为丰满鲜明呢？关键在于主播需选取契合自身定位的社会热点议题，并传达自身的价值观，如表 2-26 所示。

表 2-26　主播形象和社会话题匹配表

主播形象类型	可参与社会话题举例
专业型主播	a. 分析和讨论当前行业的发展趋势、新技术、市场动向等 b. 以专业视角解读新闻事件，引导观众更深入地了解行业动态 c. 以数据为支持，展示对行业趋势和现状的深刻理解，等等
情感型主播	在一个具有争议性的社会事件发生后（与情感生活有关），情感型主播可以开设一期直播，表达个人的情感和看法。主播可以邀请观众分享他们的观点，以促成开放而支持性的讨论。
亲和力型主播	直播中分享自己参与当地社区服务的经历，讲述与社会活动相关的感人故事。鼓励观众也分享他们的志愿活动经历。

（2）参与公共和行业活动

直播作为一个快速发展的行业，主播们也肩负着一定的社会责任。通过参与公共和行业活动，主播可以有效地包装和展示自己的形象，提升个人影响力。

主播参与活动及事件营销要点

（3）制造营销事件

事件营销是指企业通过策划、组织和利用具有名人效应、新闻价值以及社会影响的人物或事件，引起媒体、社会团体和消费者的兴趣与关注，以求提高企业或产品的知名度、美誉度，树立良好品牌形象，并最终促成产品或服务的销售目的的手段和方式。主播在人设打造和维持过程中，利用事件营销能在做好形象包装的基础上增加粉丝黏性。

活动实践

解锁活动任务，进阶之路厚积薄发

活动情境

小优已经完成了对直播账号的定位和主播人设的构建，现在她深刻认识到，在与观众建立联系并保持亲密度之前，必须通过精心包装主播形象。这将是她吸引观众、提升记忆点的关键一步。为了在海量主播中脱颖而出，小优决定在形象定位之前深入研究主播形象的多样性。

活动流程

活动步骤

1. 主播形象选择

步骤①：选择主播形象。在了解不同主播形象的优劣势和适用情况的基础上，结合主播的自身情况选择合适的主播类型。

请结合任务 1 和任务 2 的活动情况，帮助小优选择其直播形象为：

（　）专业型主播　（　）娱乐型主播　（　）时尚型主播

（　）教育型主播　（　）亲和力型主播　（　）情感型主播

（　）其他：__________型主播

步骤②：提炼主播形象。了解所选主播类型形象的风格和人设特点，进一步准确地把握主播形象。

请根据小优选择的主播形象，帮助其进一步丰富其风格和人设，完成表 2–27，可参考表 2–28。

表 2–27　主播形象风格和人设

直播形象类型	风　格	直播人设

表 2–28　不同主播类型对应的风格和人设

直播形象类型	风　格	直播人设
专业型主播	严肃、专业、知识渊博	行业专家，拥有专业技能的个人
娱乐型主播	幽默、轻松、娱乐性强	以娱乐为主，注重轻松幽默的表现
时尚型主播	时尚、潮流、审美	关注时尚、美容、穿搭，可能与时尚产业有关联
教育型主播	清晰、教育性强、传授知识	专注于教育内容，可能是教育工作者、专业人士
亲和力型主播	友好、平易近人、亲切	强调与观众的沟通和连接，建立良好的互动关系
情感型主播	情感表达丰富、温暖、共鸣	分享情感、经历，与观众建立情感共鸣

步骤③：主播形象力分析。确认好主播的关键形象要素后，主播需全面、多维度地评估自己的形象力，以便后期优化主播形象包装。

为更好地了解和把握自身的形象力情况，小优可以与同类型主播展开对比分析。假如你是小优，请在所选择的主播类型范围内瞄准一个对标主播，对其主播形象进行分析，完成表 2–29。同时，结合所选主播类型对形象的要求，给自己和对标主播各个形象相关维度进行评分，将结果填在表 2–30 中。

表 2-29　对标账号直播间主播分析

<table>
<tr><th colspan="3">对标账号：</th></tr>
<tr><th>分析内容</th><th>分析结果</th><td rowspan="7">经验总结：</td></tr>
<tr><td>主播形象与直播间氛围</td><td></td></tr>
<tr><td>主播形象与产品品牌调性</td><td></td></tr>
<tr><td>主播与观众互动方式（情绪、交流、眼神）</td><td>（亲和、叙事、夸张）</td></tr>
<tr><td>主播语气、语调、语言特色</td><td>（夸张、排比、个人招牌）</td></tr>
<tr><td>主播直播节奏</td><td>（快慢高低）</td></tr>
<tr><td>……</td><td></td></tr>
</table>

表 2-30　主播形象力分析对比

<table>
<tr><th colspan="2" rowspan="2">评估维度</th><th colspan="3">个人形象力（30 分）</th><th colspan="3">镜头表现力（30 分）</th><th colspan="2">面肢展现力（20 分）</th><th colspan="2">语言表达力（20 分）</th><th colspan="3">声音掌控力（30 分）</th></tr>
<tr><th>整体外观</th><th>气质</th><th>仪态</th><th>眼神交流</th><th>表情</th><th>动作</th><th>面部表情</th><th>肢体语言</th><th>语言清晰</th><th>清晰表达思想</th><th>音调</th><th>音量</th><th>语速</th></tr>
<tr><td rowspan="2">对标主播</td><td>表现/特点</td><td></td><td></td><td></td><td></td><td></td><td></td><td></td><td></td><td></td><td></td><td></td><td></td><td></td></tr>
<tr><td>评分</td><td></td><td></td><td></td><td></td><td></td><td></td><td></td><td></td><td></td><td></td><td></td><td></td><td></td></tr>
<tr><td rowspan="2">小优</td><td>表现/特点</td><td></td><td></td><td></td><td></td><td></td><td></td><td></td><td></td><td></td><td></td><td></td><td></td><td></td></tr>
<tr><td>评分</td><td></td><td></td><td></td><td></td><td></td><td></td><td></td><td></td><td></td><td></td><td></td><td></td><td></td></tr>
</table>

活动实践 1：根据所给出主播的特长和性格，为他们拟定适合的直播形象，填入表 2-31 中。

表 2-31　拟定主播形象

主　播	特　长	性　格	直播形象
主播 A	精通某一具体游戏	能说会道，外向开朗	
主播 B	擅长特殊的穿搭风格或美妆技巧	乐于分享	
主播 C	在某个学科领域有深厚的专业知识	细致稳重	
主播 D	有卓越的人际沟通能力	善于倾听，共情能力强	

活动实践 2：选择一个跨境电商直播平台，在平台的直播带货榜单中选择不同主播形象类型的主播，对主播的个人形象综合表现力的各个维度进行分析，并完成表 2-32。

表 2-32　热门直播带货账号的主播形象评估

	账号 1	账号 2	账号 3
账号名称			
主播形象类型			
个人形象力			
镜头表现力			
面肢展现力			
语言表达力			
声音掌控力			

2. 主播形象优化

在明确主播形象类别并加以提炼的基础上，还需要对主播形象进行进一步优化。这既要求主播不断进行自我提升以增强形象魅力，同时也需要策划相关话题及营造相应的营销事件，以深化在观众和粉丝心中的形象认知。

步骤①：主播形象力优化。根据主播当前的情况，对主播的表现力提出优化建议和针对训练方法。

请根据上述步骤中小优对自身形象力的评估结果，帮助小优制定提升自身主播形象力的方案，完成表 2-33。

表 2-33　主播形象力优化方案

分析维度	优化方向	针对训练方法
个人形象力		1. 妆容 2.________________ 3.________________
镜头表现力		1. 直播间氛围 2.________________ 3. ________________
面肢展现力		1. 对镜练习 2.________________ 3.________________
语言表达力		1. 演讲训练 2.________________ 3.________________

续表

分析维度	优化方向	针对训练方法
声音掌控力		1.K 歌训练 2.______________________ 3.______________________

步骤②：利用事件、话题丰满主播形象。

请帮助小优策划一次营销活动，通过话题或事件营销，丰满其主播形象。

活动实践 3：小明是一位美食领域的跨境电商主播，他既注重食物的味道，也重视食物的健康，他的口号是“Explore Flavors，Embrace Wellness – Let's Taste Life with Little Joy!”（发现美食，品味养生，小明与你一起开启美好味蕾之旅！）。他计划通过参与平台的热门话题，发布相关的内容来加深观众对其的印象。以下为小明所在平台日常热度较高的几个话题，请帮助小明选择一个可参与的话题，并给出选择原因和内容策划方向。

热搜话题：	选择话题
#Entertainment Buzz（娱乐热点） #Tech Fashion（科技感时尚） #Wellness Wednesday（健康生活日） #Global Health Trends（全球健康动向） #Fashion Week（时尚周） #Movie Highlights（电影盛宴） #Music Chart（音乐榜单） #Pet Life Moments（宠物日常分享） #Foodie Finds（美食发现）	选择原因
	内容策划方向

活动实践 4：国潮渐起，非遗文化正在焕发出新的活力。在此背景下，越来越多出色的非遗文化传承者主播为观众所熟知。请选择一个成功案例，分析其运用了哪些方法与策略来打造和包装自身形象。

活动成果

请根据活动中的活动步骤，完成一个主播形象的包装，并将最终具体的主播形象规划情况整理出来提交给老师。

检查清单

在完成实践活动后，请进行清单自检，并将结果填入表 2-34 中，完成请打√。

表 2-34　检查清单

序　号	检查事项	是否完成
1	是否明确本工作页的任务要求	
2	是否了解直播账号类型	
3	是否能够说出账号定位的关键要素	
4	是否能够列出识别对标账号的原则	
5	是否掌握直播账号定位的策略	
6	是否能够筛选出适合的对标账号	
7	是否能够全面拆解对标账号	
8	是否达成本次任务的工作目标	

任务评价

评价方式采用多元化机制，评价主体由学生、小组与教师构成，评价标准、分值及权重如下表所示：

（1）学生进行自我评价，并将结果填入表 2-35 中。

表 2-35　学生自评表

评价项目	评价标准	分　值	得　分
信息检索	能有效利用网络资源、配套资料查找有效信息	10	
知识掌握	能有效理解学习任务中讲述的知识内容	15	
技能训练	能按任务书要求，按计划完成工作任务	15	
感知工作	能认同工作价值，在工作中获得成就感	10	
团队素养	能与教师、同学之间相互尊重、理解和平等交流	10	
职业素养	能严格遵守相关工作守则和法律法规	10	
思维状态	能发现问题、分析问题并解决问题	10	
参与状态	能发表个人见解，倾听他人意见和看法	10	
创新意识	能在工作中提炼出创新点	10	
合　计		100	

（2）学生以小组为单位，对本工作页的实施过程与结果进行互评，将互评结果填入表 2-36 中。

表 2-36　学生互评表

评价项目	评价标准	分　值	得　分
团队素养	小组成员间合作紧密，能互帮互助	15	
	工作计划周密，组织有序	15	
	态度端正，有较强的吃苦耐劳精神	10	

续表

评价项目	评价标准	分　值	得　分
工作情况	工作效率突出	20	
	工作成果完整且质量达标	30	
	严格遵守相关工作守则和法律法规	10	
合　计		100	

（3）教师对小组工作过程与工作结果进行评价，将评价结果填入表 2-37 中，并将综合评价结果填入表 2-38 中。

表 2-37　教师综合评价表

评价项目	评价标准	分　值	得　分
任务实施情况	能按时提交工作任务	10	
	提交的工作活动成果质量情况	25	
任务实施情况	工作目标达成情况	20	
	关键技能掌握情况	20	
思政素养	课后积极了解各直播电商平台账号信息填写的要求与规定	10	
	在定位规划方案作业中，确保表达和措辞都正面、积极、合规	15	
合　计		100	

表 2-38　综合评价表

综合评价	
自我评价（20%）	
小组互评（30%）	
教师评价（50%）	
综合得分	

案例解析

阅读行业典型案例，带给你一点点灵感

“95后”英语老师成功转型跨境电商主播

案例详情

2023年，美联社的一则新闻关注到中国主播正瞄准欧美市场的短视频用户，用英文直播带货开拓国际市场。报道中提到一位“95后”女生，从教培机构英语老师转型成为跨境电商女主播，在“跨境电商之都”深圳闯出了一片天地。

2019年，这位主播从一所高校的同声传译专业毕业，回到家乡成为一家英语培训机构的口语老师。后来，受疫情影响，学校将线下授课改为线上，不少学生因此陆续离开了培训机构，她的薪资也渐渐缩水。2021年初，她决定辞职前往深圳寻求新机会。起初，她在一家企业担任翻译，因职业发展不如预期，很快转向其他岗位。一次偶然的机会，她加入了一家跨境电商公司，正式开启了直播带货的新尝试。

2021年9月，这位主播的直播首秀开始了。为了这一场直播，她做了充分准备，包括撰写话术文案，练习语气语调，对着镜子反复练习表情管理和肢体语言等等。得益于在学生时代积累的舞台经验和镜头感，直播时她一扫忐忑，滔滔不绝，手舞足蹈，用夸张激情的英文讲解。在这场直播里她卖出了4件瑜伽服，虽然微不足道但是却是公司零的突破。

这位“95后”主播曾提到，她通过观看喜剧节目和英语剧集，学习主持人和演员的语言风格、表现技巧和控场能力，持续打磨自己的直播表现力。

经过长时间的打拼，她凭借流利的英语，极具表现力的直播风格以及高性价比的国产商品，吸引了大量海外粉丝，逐步站稳了脚跟。目前，她已经组建了一个数十人的运营团队。2024年初，她与合伙人在美国某城市中心设立了一家直播基地，全面推进本土化运营，开设多个直播间，每日轮播不同品类的商品，跨境业务逐渐走向规模化发展。

（案例来源：https://apnews.com/article/livestream-ecommerce-china-tiktok-shopping-f1ac4a09ac27e0a43d5f304197357fe7，最后访问日期：2025年3月13日）

课堂小测

即时检验学习成果，小试牛刀见真章

1.【单选】以专业知识、行业见解和技能为特点的主播类型是（　）。

A. 专业型主播　B. 娱乐型主播　C. 时尚型主播　D. 情感型主播

2.【单选】长短发均适合的脸型是（　）。

A. 圆形脸　B. 方形脸　C. 椭圆形脸　D. 菱形脸

3.【多选】服装颜色搭配类型包括（　）。

A. 同类色搭配　B. 近似色搭配　C. 强烈对比颜色搭配　D. 补色搭配

4.【多选】主播在语言表达力方面需要做到（　）。

A. 字正腔圆　B. 咬字清晰

C. 表达流畅　D. 语言通俗易懂

5.【判断】账户头像可以随意更换。（　）

6.【填空】声音是非常复杂的，提高对声音的掌控力，可以从________入手。

竞赛模拟

实战演练竞技场，锤炼本领展锋芒

跨境电商直播主播形象包装赛

每个团队由 3 ～ 5 名选手组成。参赛团队模拟跨境电商企业身份，撰写并提交一份跨境电商主播形象包装方案（PDF 格式，方案文件命名为：作品名称 + 团队名称，方案需包含封面，封面需包含作品名称、团队名称、参赛团队成员和指导教师的姓名及联系电话）。方案撰写要求如下：

（1）准确选择主播形象类型。

（2）在进行主播形象力分析时，流程步骤尽量详细。

（3）主播形象力优化的措施应切实有用。

（4）直播账号包装内容合适贴切。

（5）主播形象包装的措施切忌空泛，要方便操作。

（6）PDF 参赛方案统一发送至负责老师的邮箱。

自我分析与总结

我学会的

我要注意的

整理本节课所学知识点，在下方补充知识链接与实训实操思维导图

跨境电商直播选品

跨境电商直播选品是跨境电商直播运营人员必须掌握的专业技能。本项目基于企业工作场景，主要讲解跨境电商直播选品的分析行业数据、分析竞品、跨境电商直播选品等相关知识点，帮助学生夯实理论基础，提升技能实战水平。

课时：8 课时

跨境电商选品
——数据与创新并重

学生工作页

项目概述

跨境电商直播选品是跨境电商直播策划的核心工作，需要对市场需求进行分析，在数据分析的基础上，挖掘产品，打造爆款。运营人员需要通过数据化选品工具及相应的方法策略来精准选出最佳商品，从而提高产品销量，提升转化率。

项目计划

针对跨境电商直播选品工作，下方梳理出了企业的典型工作流程，并制定了工作计划，同学们可依据该计划实施工作活动。

流程图如下：

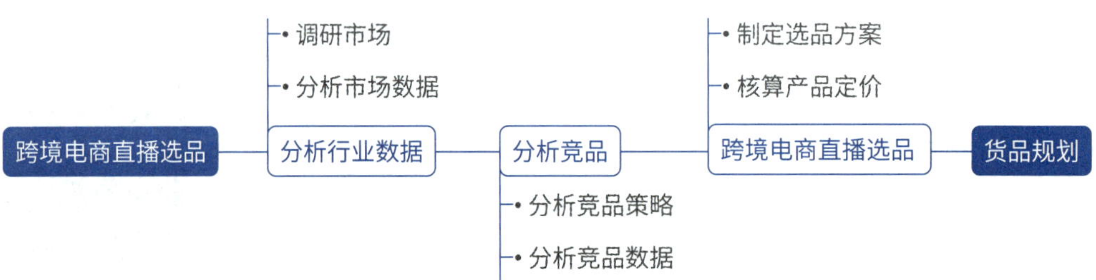

项目任务书

表 3-1 项目任务书

序 号	学习任务	项目任务简介	学 时
1	分析行业数据	利用电商平台和相关工具调研产品市场，分析产品的市场情况，为选品提供数据支撑	3

续表

序　号	学习任务	项目任务简介	学　时
2	分析竞品	分析对标账号的直播促销策略，并运用渠道采集、分析竞品数据，根据分析结果制定差异化竞争策略	2
3	跨境电商直播选品	遵循选品原则及技巧，从各渠道寻找合适产品，并完成产品利润核算，根据利润核算结果，合理制定产品价格策略	3

项目分组

表 3-2　工作任务分配表

<table>
<tr><td>班　级</td><td></td><td>组　号</td><td colspan="2"></td><td>指导老师</td><td></td></tr>
<tr><td>组　长</td><td></td><td>学　号</td><td colspan="4"></td></tr>
<tr><td rowspan="4">组　员</td><td>姓　名</td><td>学　号</td><td colspan="2">姓　名</td><td colspan="2">学　号</td></tr>
<tr><td></td><td></td><td colspan="2"></td><td colspan="2"></td></tr>
<tr><td></td><td></td><td colspan="2"></td><td colspan="2"></td></tr>
<tr><td></td><td></td><td colspan="2"></td><td colspan="2"></td></tr>
<tr><td colspan="7">任务分工</td></tr>
<tr><td colspan="7">在明确工作任务后，将小组成员分工明细填写在下方</td></tr>
</table>

项目工作准备

1. 阅读任务书，理解学习计划中的学习要点及实践活动要求。
2. 了解跨境电商直播选品渠道，对市场中的爆款产品进行分析，归纳出它们的共同之处。
3. 结合学习任务，查看课前学习视频、文章及资讯并记录疑点和问题。

任务 1　分析行业数据

任务描述

跨境电商直播选品是一个紧密相连、环环相扣的过程。为了确保选品方案的准确性和有效性，首先需要进行行业信息收集和数据分析。这些工作是为了验证产品是否与市场需求相符合，以及市场上是否真正需要该产品。这些数据支持是制定选品方案的重要前提，能够为后续的直播销售提供有力的依据。

任务目标

通过本任务的学习，学生应当能够：

1. 了解行业信息搜集的方法。
2. 掌握关键词的类型。
3. 掌握判断选品方向的方法。

1. 在跨境电商直播平台调研行业市场表现。
2. 列举获取专业行业数据报告的渠道。
3. 根据行业数据分析优化选品策略。

1. 具备信息素养，提高获取和筛选信息的能力。
2. 提升批判性思维与概括总结的逻辑思维能力。
3. 学会利用丰富的数字化资源、广泛的数字化工具和泛在的数字化平台，来推动探索和创新。

知识链接

精益求精选臻品，创新自信塑品牌

在大多数情况下，跨境电商选品的初步任务就是要谨慎地确定要选择的行业有哪些，是女装、电子产品，还是其他类别？为实现这一目标，对行业数据进行全面的分析显得尤为关键。

活动 1　行业信息收集

1. 行业数据分析概述

数据导航，洞察行业趋势

（1）行业数据

行业是指具有高度相似性和竞争性的企业群体，是按生产同类产品、具有相同工艺过程或提供同类劳动服务划分的经济类别，如饮食行业、服装行业等。

行业数据是指在特定领域或行业中收集、整理和分析的与该行业有关的各种信息和统计数据，一般包括行业的市场规模、增长态势等，如图 3-1 所示。

市场规模

比较不同行业的市场规模，了解行业的整体容量和潜力

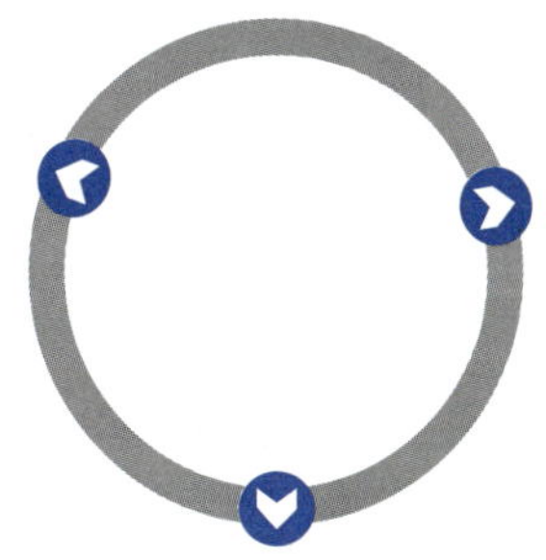

竞争状况

评估行业的竞争程度，包括竞争对手数量、市场份额分布等

增长速度

分析行业的增长速度，判断行业的发展阶段和未来趋势

图 3-1　行业数据指标

（2）跨境电商行业数据分析

跨境电商行业数据分析一般包括以下维度：

① 行业对比分析。

A. 行业细分类分析。

行业细分类分析是对行业内部的不同细分领域进行深入剖析。以服装行业为例，可以进一步细分为女装、男装、童装等细分领域，如图 3-2 所示。

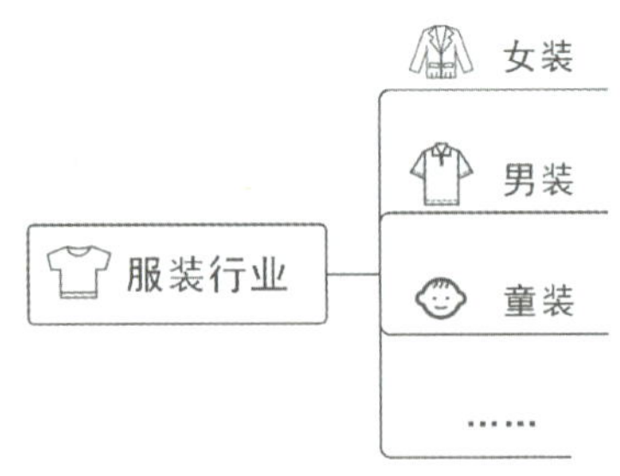

图 3-2　行业细分类分析

B. 同级行业对比分析。

同级行业对比分析是指对处于同一层级的行业进行对比。例如，可以将跨境电商中的服装行业与家居行业进行对比，分析两者在市场规模、增长速度、竞争状况等方面的差异。这种对比有助于商家了解不同行业的发展状况，从而选择更具优势的行业进行选品。

在跨境电商选品过程中，商家常常面临两种行业选择：红海行业和蓝海行业。在跨境电商选品选择行业时，红海行业和蓝海行业各自具有独特的优劣势，如图 3-3 所示。

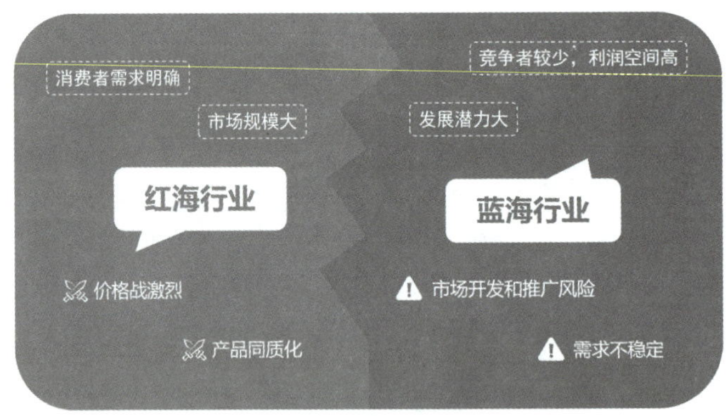

图 3-3　红海行业与蓝海行业

② 行业趋势分析。行业趋势分析主要是通过对行业历史数据和当前市场状况的分析，预测行业的未来发展趋势。这有助于跨境商家把握市场机遇，提前布局选品策略。

红海与蓝海行业的风险与机遇

③ 行业国家分布。行业国家分布分析主要是了解所调研的行业在不同国家站点的市场情况。这有助于跨境商家确定目标市场，制定针对性的选品策略。例如，如果某个行业在某个国家市场表现出较高的增长潜力和消费者需求，那么该行业的商家就可以将更多的资源和精力投入到该市场的开发中。

2. 行业信息搜集

（1）跨境电商直播平台调研

① 前端关键词搜索。此方法指的是在平台搜索引擎中，利用关键词进行搜索操作，随后对搜索结果进行细致地观察与分析。在全面理解搜索结果的基础上，可以进一步对搜索结果进行总结归纳，从而为选品提供具有参考价值的意见。

运用这一方法的一大要点便是要找到所调研行业产品的相关关键词。常见的关键词类型如表 3-3 所示。

表 3-3　常见关键词类型

类　型	行　业	示　例
产品关键词	产品关键词能直接体现产品的类型，正面了解产品用途，属于行业大类关键词	（首饰类） Jewelry、Ring、Earring、Pendant、Necklace
品牌关键词	品牌关键词指的是行业类知名的品牌名称，有助于了解市场上主要的品牌竞争者	（运动鞋类） Nike、Adidas、Puma
用户需求关键词	用户需求关键词通常反映了用户的购买意图或需求点	（化妆品类） Anti-Aging、Moisturizing、For Oily Skin、Budget Friendly
特征关键词	特征关键词描述了产品的特定属性或特点，有助于更精准地定位目标用户群体	（首饰类） Handmade、Diamond、Enamel、Sterling Silver

② 后台数据收集。许多跨境电商平台都为商家提供了数据分析功能，商家可以通过利用平台提供的市场大盘类数据，了解所调研行业在该跨境平台的具体表现。

跨境电商直播平台调研——以 TikTok 为例

③ 社交媒体。社交媒体用户多为喜欢分享、购买能力较强的成年群体，同时社交媒体也是海外消费者获取产品信息、分享购物体验和参与社群互动的主要平台。卖家如果能对目标市场的主流社交媒体进行行业相关信息调研，就能对行业的市场情况有更深入的洞察且能及时了解最新市场动态。

如何在跨境社交媒体平台搜集行业信息呢？卖家可以在相应平台注册目标地点的用户账号，关注当地与行业相关的热门话题，同时积极参与讨论，以此来了解行业动态、消费者需求和市场趋势。同时，也可以使用社交媒体平台的搜索功能来查找相关话题和讨论，或者加入相关的行业社群和论坛。

（2）二手数据搜集

除了调研一手信息，跨境卖家还可以通过搜索相关行业数据报告来获取专业、全面的市场信息。这些数据报告一般由以下几种渠道和机构发布：

行业信息二手数据搜集渠道示例

① 官方统计数据。由政府或相关部门发布，具有较高的权威性和准确性。

② 市场研究报告。一般由专业研究机构发布，通常包含深入的行业分析和预测。这些组织通常会收集和发布与特定行业相关的数据。许多电商平台和数据平台也会定期发布相关研究报告供卖家参考。

活动2 选品决策支持

搜集和分析行业数据，既可以从宏观层面上了解整个行业的发展现状与前景，评估是否要进入该行业，也可以分析在该行业类目下各细分品类的表现情况，以及它们当前市场的具体反馈及存在的风险，从而为选品提供更进一步的参考。

数据赋能，四步七维选品决策

1. 市场可进入性验证

在进行跨境选品时，跨境卖家必须确保所选产品不仅具有足够的市场需求，还能够带来可观的利润空间，且风险性较小，才会考虑进入该市场。

（1）行业需求趋势分析

① 历史销售数据分析。通过收集和分析该行业商品过去一段时间内的销售数据，了解产品的销量、销售额、增长率等关键指标，从而判断产品的市场需求趋势。

② 季节性需求变化分析。不同产品在不同季节可能存在不同的需求变化。对历史销售数据的季节性分析，可以预测未来一段时间内产品的需求变化，为商家制定选品策略提供参考。

（2）产品利润空间分析

需判断本国该行业供应链的运营能力相较于目标市场本地供应链是否具有一定的优势，或能否实现差异化，否则盲目进入市场，将很难占领市场份额。具体可以从以下几个层面分析：

① 跨境成本考量。在核算利润空间时需考虑到跨境物流成本、关税、汇率等多个方面。

② 产品定价策略。定价不仅关系到产品的市场竞争力，还直接影响到企业的利润空间。跨境卖家应充分了解行业目标市场的价格敏感度、消费习惯，以及竞争对手的定

价策略，判断企业的定价策略能否在具备市场竞争力的基础上，覆盖成本并实现盈利。

③ 产品差异化。挖掘相较于目标地的市场情况，跨境电商卖家是否具备满足目标市场消费者需求偏好的差异化优势。

（3）买家反馈分析

卖家可以通过电商平台商品评价、社交媒体评论等多种渠道收集买家的反馈意见。这些反馈可能会涉及产品质量、使用体验、性价比等多个方面，为卖家提供宝贵的信息。卖家应归纳分析反馈，找出产品优缺点。针对不足，考虑改进以提升满意度；优点则可强化，将其作为推广卖点。

卖家还需要关注买家反馈中反映出的市场趋势和消费者需求变化。这些变化可能意味着新的市场机会或潜在风险，卖家需要灵活调整选品策略，以适应市场的变化。

（4）风险识别

① 是否被垄断。分辨这个类目是否被大品牌垄断。在电商平台搜索相关类目的商品关键词，如果搜索首页大多是大品牌，或某相同品牌，那说明该类目市场可操作性空间少，已经被大品牌垄断。如果搜索前三页都来自不同品牌，且都是默默无闻的小品牌，那说明这个类目机会还有很多，没有实力极强的卖家，可以操作。

② 商品评分。低评分可能意味着商品存在质量问题、服务不佳或不符合消费者期望，这会增加退货率和售后成本。因此，在选品时，应关注目标市场中同类商品的平均评分和评分分布。如果某类商品的平均评分明显低于市场平均水平，或者低分评价占比较高，那么这可能是一个潜在的风险信号。

③ 差评。差评是消费者对购买体验不满的直接表达。因此，差评是选品过程中需要重点关注的风险因素。在选品时，应仔细分析目标市场中同类商品的差评内容，了解消费者对商品的不满主要集中在哪些方面。如果某类商品的差评主要涉及核心功能或关键质量问题，那么这类商品可能风险较高。

④ 文化差异。不同国家和地区存在文化差异，可能导致消费者对产品的接受度不同。卖家需要确保所选产品符合当地消费者的需求和偏好。

2. 选品方向参考

对跨境电商市场上该行业当前表现较好的产品进行深入研究，识别其独特的卖点，如价格、功能、设计、材质等方面的优势，为后期选品方向提供指导。

在分析这些数据时，卖家不应仅仅停留在数据的表面，而是要深入挖掘这些数据的内在含义，特别是要进一步分析产品卖点是如何精准地满足了消费者的价值需求。只有这样，才能真正掌握选品的方法论，而非机械地照搬硬套。

其中，消费者价值需求维度是多元化的，它包括了视觉价值、实用价值、认知价值、情感价值、利基价值、趋势价值、热点价值等多个方面，如图 3-4 所示。在分析行业数据时，可以从这些维度对该类目细分产品的表现进行评估，给最终的选品方向提供参考。

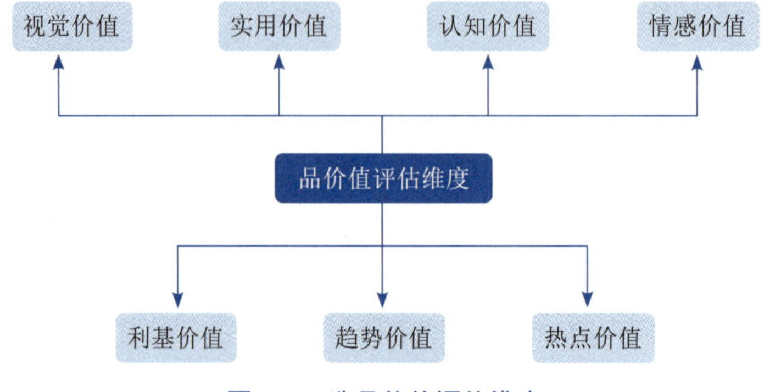

图 3-4　选品价值评估维度

（1）视觉价值

视觉价值不仅仅在于审美价值，还在于产品外观与包装的吸引力，能否迅速吸引消费者注意力，进而激发其购买欲望。不难发现，爆款中往往有很大一部分比例的产品都能给人眼前一亮的效果，或是具备不错的审美价值。所以，评估产品的视觉价值是选品过程中至关重要的环节，它直接影响消费者对产品的第一印象和购买决策。

以在 TikTok 热销的这款发光二极管（以下简称 LED）壁灯为例，如图 3-5 所示，从外观设计来看，这款 LED 壁灯采用了简约的圆形设计，既符合现代家居简约、时尚的设计理念，又能够融入各种风格的室内装饰中，显示出广泛的适用性和高度的百搭性。这种设计不仅容易吸引消费者的目光，还能满足不同消费者的审美需求。其次，壁灯本身暖色系的灯光营造出温馨、舒适的氛围，能与各种道具、装饰物进行搭配，形成和谐、统一的视觉效果。

图 3-5　TikTok 某 LED 灯商品页

（图片来源：https://shop.tiktok.com/view/product/1729401509854547287，最后访问日期：2024 年 4 月 3 日）

（2）实用价值

消费者购买产品，首先考虑的是其能否满足自己的实际需求，实用价值是产品最基础的价值所在。以蓝牙耳机为例，这类产品在热销榜中经常占据重要地位，正是因为它们能满足消费者对于无线音乐体验、通话便利等方面的实际需求。消费者购买蓝牙耳机时，会关注其音质是否清晰、佩戴是否舒适、电池续航是否持久等实用价值因素。这些因素直接关系到消费者在日常使用中的体验感受，因此成为他们选择产品的重要依据。

（3）认知价值

认知价值是指消费者在购买商品或服务时，对于产品特性、功能、品牌、价值等方面的认知差异或认知错位所产生的价值。简单来说，就是卖家和买家之间因为信息不对称而产生的差异，这些差异可能会影响到消费者对于产品的选择、使用和满意度，同时也可能会给卖家带来营销和销售方面的优势。

选品认知价值示例

素养小天地

如今，越来越多的消费者倾向于将品牌的价值观与自身价值观进行比对，以判断是否契合。这一趋势不仅反映了消费者价值观的日渐成熟与多样化，更彰显了消费者对于品牌内涵的深入探索。

这种转变体现了消费者对自我认知和价值观的深化，他们开始更加关注内心的需求和精神层面的追求，寻找与自己价值观相契合的品牌和产品。此外，在选择品牌和产品时，消费者会综合考虑品牌的行为是否符合社会道德标准，是否积极履行社会责任。这种对品牌行为的审视和判断，有助于消费者形成正确的道德观念和社会责任感，进一步推动社会的和谐与进步。

品牌所承载的社会和情感价值愈发显得重要，这也要求品牌方在经营过程中更加注重社会责任和道德担当。品牌方应积极传递正面价值观，引导消费者形成健康的消费观念和行为习惯，为社会的和谐与发展贡献积极力量。这充分展现了企业社会责任和公民道德建设的重要性。

因此，我们在日常生活中不仅要关注个人的物质需求，更要注重精神层面的追求和价值观的塑造。同时，我们也应积极承担社会责任，为社会的和谐与发展贡献自己的一份力量。

（4）情感价值

情绪价值是指产品在消费者心中引发的情感体验。这种体验能够加强品牌与消费者之间的连接，使消费者更愿意购买和使用该产品。

当商品被赋予情感层面的价值，人们的购买欲望便会随之水涨船高。以镶嵌个人照片的纪念项链和相框为例（见图 3-6），这些商品在情感层面给予消费者一定的满足与愉悦，使它们在市场中备受青睐。

图 3-6　亚马逊某定制项链商品页

（图片来源：https://www.amazon.com/-/zh/dp/B004OTXEIS?ref=emc_s_m_5_i_atc&language=en_US，最后访问日期：2025 年 4 月 27 日）

（5）利基价值

利基市场指的是在更大的细分市场中，由一群具有共同兴趣或特定需求的较小规模顾客所组成的市场空间。利基价值指的就是商品如何精准地满足这一特定市场中目标顾客群体的独特需求。例如超大码的鞋服、木制玩具、宠物的墓碑、环保购物袋等都满足了对应利基市场中的独特商品需求。

尽管利基产品所面向的顾客群体相对较小，市场规模有限，但这类产品通常满足的是顾客的刚性需求，卖家往往能够获得长期的稳定收益。

（6）趋势价值

能够迎合跨境电商目标市场当下流行的潮流，满足消费者当前的需求和期待，具有短期内快速赚取利润的潜力就是具有趋势价值的产品。跨境卖家需密切关注目标市场的社会动态，以便识别并把握潜在商机。

（7）热点价值

热点价值指的是产品或服务因关联当下社会热点（事件 / 话题 / 现象）而产生的时效性商业收益。以世界杯为例，作为全球最大规模的足球赛事，这种热点事件能够刺激消费者购买与其相关的产品或服务，为跨境电商卖家提供良好的销售机会。比如，针对世界杯热点，卖家可以推出与足球相关的商品，如足球服、足球鞋、足球、球星卡等。

此外，还可以推出具有地域特色的商品，如世界杯地图、球迷头饰、国旗等，吸引更多的消费者购买。

因此，热点价值可以作为一种选品方法，卖家可以通过关注热点事件及时推出相应的商品或服务，以满足消费者的需求，并获得更多的销售机会。

活动实践

解锁活动任务，进阶之路厚积薄发

活动情境

在完成直播账号风格定位后，小优马上迎来了另一个难题——直播间卖什么产品呢，如何在数据分析的基础上，挖掘产品，找到适合主播账号又有潜力的产品呢？

首先，小优意识到，在确定产品之前，必须先了解行业数据，进行行业数据分析。通过分析行业数据，让她对产品数据有更清晰的认知，从而帮助自己找到更适合市场且具有竞争力的产品。

小优想要考察 silver jewelry、eyebrow pencil 这两类产品在跨境直播电商平台的市场情况，为后期的选品提供数据支持。她计划借助 TikTok 的搜索引擎和推荐算法，来了解这些产品最新的销售情况，从而挑选出行业数据表现较好的产品作为选品备案。

活动流程

活动步骤

1. 市场调研

为确保跨境电商直播的成功，市场调研至关重要。只有获取最新的行业数据，数据分析，接下来的跨境直播带货的成交率才有保证。关键词搜索是跨境电商运营中重要的市场调研方法之一。

步骤①：搜索关键词。需要先列出一组产品的相关关键词，这些关键词应涵盖产品特征、品牌、用途等多个方面，再使用关键词在平台搜索引擎中进行搜索。

> 进行关键词搜索前，小优需要列出她要调研的这两类产品有哪些符合平台用户搜索习惯的关键词，才能使后续检索的结果更全面，请帮助小优思考这两类产品的相关关键词，并将结果填入表 3-4 中。

表 3-4　TikTok 搜索关键词

产　品	关键词分类	对应关键词
silver jewelry	产品关键词	
	品牌关键词	
silver jewelry	用户需求关键词	silver for women（示例）
	特征关键词	
eyebrow pencil	产品关键词	
	品牌关键词	
	用户需求关键词	
	特征关键词	

步骤②：观察搜索结果。在观察关键词检索结果的过程中，挖掘所属产品类目下具有代表性的直播间和具体商品，记录和标记他们的相关信息和商品链接，便于后续分析。

请帮助小优观察所选择的关键词在 TikTok 平台的搜索结果，并在搜索结果中针对每类产品各选择热度较高的 3 个直播间，记录相关信息，填入表 3-5 中。

表 3-5　TikTok 关键词搜索结果记录

产　品	序　号	直播展示产品	价　格	展示方式	直播语种	直播在线人数	直播间粉丝数量
silver jewelry	（示例）	18K 金项链	999 RM[①]	男主播展示	英语	500	1864
	直播 1						
	直播 2						
	直播 3						
eyebrow pencil	直播 1						
	直播 2						
	直播 3						

活动实践 1：某跨境卖家想在菲律宾市场上新一款品牌为 Aurora 的长裙，罗列出了与长裙相关的关键词，请对这些关键词的分类进行匹配，将序号填入表 3-6 中。

① long dress（长裙）　② cotton（棉）
③ middle-aged women（适合中年妇女）　④ casual（休闲）
⑤ white（白色）　⑥ Mothers' Day（母亲节）
⑦ Aurora（欧若拉）

① RM：林吉特，马来西亚货币单位。

表 3-6 关键词分类

关键词分类	对应关键词
产品关键词	
品牌关键词	
用户需求关键词	
特征关键词	

活动实践 2：除了关键词搜索，还有哪些适合跨境卖家运用的市场调研方法？

____

____

____

____

2. 分析市场数据

步骤①：收集关键数据。收集调研产品在 TikTok 平台的销售量、用户评价和反馈数据，包括积极和消极的评论，关注度数据，例如关注量、收藏量等方面的数据。

请帮助小优收集和整理上一步搜集的直播间中出现的商品的关键数据，填入表 3-7 和表 3-8 中。

表 3-7 silver jewelry 商品信息收集

序 号	商品名称	销售量	店铺评分	评论数量	折 扣
1					
2					
3					

表 3-8 eyebrow pencil 商品信息收集

序 号	商品名称	销售量	店铺评分	评论数量	折 扣
1					
2					
3					

步骤②：分析关键数据，比较调研产品之间的销售量、用户评价和关注度数据，找出它们之间的异同，为最终的分析结论提供支持。

请帮助小优对调研商品的关键数据展开分析，填入表 3-9 和表 3-10 中。

表 3-9　silver jewelry 商品信息分析

序　号	商品名称	销售量	评论总结	产品优点如何进行优化	产品缺点是否可以避免
1					
2					
3					

表 3-10　eyebrow pencil 商品信息分析

序　号	商品名称	销售量	评论总结	产品优点如何进行优化	产品缺点是否可以避免
1					
2					
3					

步骤③：总结提出建议。总结所收集到的关键数据，提取有关销售、用户反馈和关注度的信息，对调研产品形成全面的市场图景。根据数据，提出选品备案的建议，推荐表现较好的产品。

请帮助小优结合关键词搜索结果和商品市场数据分析结果，进行总结分析，从而给出选品建议，填入表 3-11 中。

表 3-11　行业分析总结

调研产品	市场需求	品　质	缺　陷	改进点	机会点
silver jewelry					
eyebrow pencil					
选品建议	（产品选择、价格策略、营销策略等）				

活动实践 3：某跨境直播间的运营人员计划在东南亚市场推广护肤类产品，请运用所学的行业数据分析相关知识，给出你的建议，以及你判断的依据。

____

____

____

____

活动成果

请根据活动中的活动步骤，开展一次深入的行业分析，并将具体的数据、分析过程及分析成果整理出来提交给老师。

检查清单

在完成实践活动后，请进行清单自检，并将结果填入表 3-12 中，完成请打√。

表 3-12　检查清单

序　号	检查事项	是否完成
1	是否明确本工作页的任务要求	
2	是否了解直播账号类型	
3	是否能够说出账号定位的关键要素	
4	是否能够列出识别对标账号的原则	
5	是否掌握直播账号定位的策略	
6	是否能够筛选出适合的对标账号	
7	是否能够全面拆解对标账号	
8	是否达成本次任务的工作目标	

任务评价

评价方式采用多元化机制，评价主体由学生、小组与教师构成，评价标准、分值及权重如下表所示：

（1）学生进行自我评价，并将结果填入表 3-13 中。

表 3-13　学生自评表

评价项目	评价标准	分　值	得　分
信息检索	能有效利用网络资源、配套资料查找有效信息	10	
知识掌握	能有效理解学习任务中讲述的知识内容	15	
技能训练	能按任务书要求，按计划完成工作任务	15	
感知工作	能认同工作价值，在工作中获得成就感	10	
团队素养	能与教师、同学之间相互尊重、理解和平等交流	10	
职业素养	能严格遵守相关工作守则和法律法规	10	
思维状态	能发现问题、分析问题并解决问题	10	
参与状态	能发表个人见解，倾听他人意见和看法	10	
创新意识	能在工作中提炼出创新点	10	
合　计		100	

（2）学生以小组为单位，对本工作页的实施过程与结果进行互评，将互评结果填入表 3-14 中。

表 3-14　学生互评表

评价项目	评价标准	分　值	得　分
团队素养	小组成员间合作紧密，能互帮互助	15	
	工作计划周密，组织有序	15	
	态度端正，有较强的吃苦耐劳精神	10	
工作情况	工作效率突出	20	
	工作成果完整且质量达标	30	
	严格遵守相关工作守则和法律法规	10	
合　计		100	

（3）教师对小组工作过程与工作结果进行评价，将评价结果填入表 3-15 中，并将综合评价结果填入表 3-16 中。

表 3-15　教师综合评价表

评价项目	评价标准	分　值	得　分
任务实施情况	能按时提交工作任务	10	
	提交的工作活动成果质量情况	25	
任务实施情况	工作目标达成情况	20	
	关键技能掌握情况	20	
思政素养	课后积极了解各直播电商平台账号信息填写的要求与规定	10	
	在定位规划方案作业中，确保表达和措辞都正面、积极、合规	15	
合　计		100	

表 3-16　综合评价表

综合评价	
自我评价（20%）	
小组互评（30%）	
教师评价（50%）	
综合得分	

案例解析

阅读行业典型案例，带给你一点点灵感

Shopee2024年家居生活饮具品类东南亚市场选品分析

案例详情

在Shopee官方发布的2024年东南亚市场饮具品类选品指南中，介绍了该类目的生意情况、热销饮具情况等，为跨境卖家提供选品建议。

1. 生意情况

2024年饮具生意增长显著，稳步提升，单量提升约30%，GMV提升约20%。菲律宾、泰国为饮具品类热销站点，越南、马来西亚、新加坡为饮具品类高潜力站点。

2. 经营建议

（1）品牌化

从相关品牌维度搜索词体量大，位居TOP1，如图3-7所示。可以看出东南亚用户对品牌饮具接受度高，需求量大。在饮具市场供给端中，国际、本土、出海、中国品牌饮具百花齐放，高客单集中在国际品牌，中国本土出海品牌以中低客单为主。

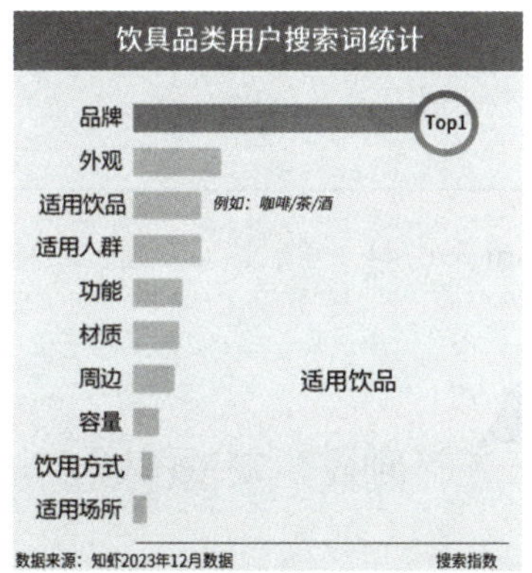

图3-7　Shopee饮具品类用户搜索词统计

（图片来源：https://shopee.cn/edu/article/6744，最后访问日期：2024年3月）

跨境卖家经营建议：

① 明确产品定位，打造高性价比品牌饮具。

② 利用供应链优势，快速响应市场流行趋势，持续实现产品创新。

③ 优化站内外营销渠道，提升品牌在东南亚市场的声量。

（2）差异化

在需求侧，该品类买家画像和需求场景细分明确且丰富。饮具使用频率高，消费受众广，男女老少均会使用，而在不同性别、不同年龄、不同场景下，饮具选择差异大。在供给侧，饮具逐渐从标品演变成拥有众多差异化元素的“非标品”。饮具的构成元素多样，“可玩性”强，而差异化饮具易在直播、短视频等内容渠道中传播销售，饮具品类差异化经营建议如表 3-17 所示。

表 3-17　饮具品类差异化经营建议

差异化趋势	跨境卖家经营建议	选品建议
外观设计向高颜值转型	需密切关注市场流行趋势 高颜值具备社交传播性，可利用站内外营销渠道进行推广	可尝试突破传统设计，造型多样化、图案丰富化、色系多元化，融入时下潮流元素等
功能多样化	可根据饮具不同场景、功能来搭建店铺主页装修，做好细分陈列 维护主图、标题，突出功能点	大容量、保温、带手柄、可调味、双饮口、可折叠、带喷雾等
材质选择健康安全成主流	质量为本，材质严把关 不同材质选择不同物流履约模式 维护主图、标题，突出材质健康安全；对于易碎材质的饮具（瓷具 / 玻璃），商家需注意加固打包发货	不锈钢（304/316） 塑料（tritan/PPSU）等
周边种类丰富	针对不同细分场景，差异化上新饮具周边产品 可采取单独销售 / 捆绑销售 / 买赠等多种销售形式	背带、支架、饮具收纳、杯绳等

（案例来源：https://shopee.cn/edu/article/6744，最后访问日期：2025 年 3 月 12 日）

课堂小测

即时检验学习成果，小试牛刀见真章

1.【单选】关于红海行业，下列说法错误的是（　　）。

A. 产品同质化　　B. 消费者需求明确

C. 市场规模大　　D. 需要承担市场开发和推广的风险

2.【单选】要评估是否进入某行业跨境电商市场，以下说法不正确的是（　　）。

A. 要考虑定价策略能否覆盖成本并实现盈利

B. 核算利润空间时只需将售价减去产品自身成本

C. 需判断产品的市场需求趋势

D. 需关注消费者反馈

3.【多选】以下关键词中，属于用户需求关键词的有（　）。

A.gifts for kids（儿童礼物）　　B.Coconut Oil（椰子油）

C.Huawei（华为）　　D.Bathroom Storage（浴室收纳）

4.【多选】分析行业数据时，可以从哪些维度对该类目细分产品的表现进行评估（　）

A. 视觉价值　　B. 实用价值　　C. 认知价值　　D. 情感价值

5.【判断】要了解行业数据只能靠跨境电商平台的一手数据。(　)

6.【填空】某跨境卖家计划在复活节前上架一批具备相关节日元素的商品，如此选品的依据是该类产品具备__________价值。

实战演练竞技场，锤炼本领展锋芒

跨境电商直播市场细分行业调研赛

每个团队由 3 ～ 5 名选手组成。参赛团队模拟跨境电商企业身份，选择一个行业，对其跨境电商直播市场进行深入的调研分析，并撰写提交一份详尽的调研报告（PDF 格式，报告文件命名为：作品名称 + 团队名称，报告需包含封面，封面需包含作品名称、团队名称、参赛团队成员和指导教师的姓名及联系电话）。方案撰写要求如下：

（1）选择一个具体的行业作为调研对象。

（2）对该行业在跨境电商市场中的整体发展情况进行概述，并详细分析所选行业中不同商品在直播市场的表现情况。

（3）基于调研结果，提出具体的选品策略建议。

（4）在报告中提供充分的数据支撑和案例分析。

（5）PDF 参赛方案统一发送至负责老师的邮箱。

自我分析与总结

我学会的

我要注意的

整理本节课所学知识点，在下方补充知识链接与实训实操思维导图

任务 2 分析竞品

任务描述

数据是一切分析的基础，选品必须依托数据进行，而且竞品的数据也至关重要，如何通过多渠道获取数据是分析竞品最关键的一步。通过多渠道获取竞品数据，对比自家产品和竞品在这些方面的相关表现，才能总结出选品在市场上的优势和劣势。

任务目标

通过本任务的学习，学生应当能够：

知识目标	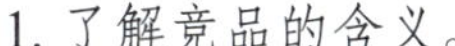1. 了解竞品的含义。 2. 熟悉竞品数据的采集渠道。 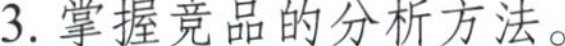3. 掌握竞品的分析方法。
技能目标	1. 准确定位竞品。 2. 完成竞品分析。 3. 根据竞品分析优化选品策略。
素养目标	1. 培养信息素养，在数据采集过程中遵循数据隐私保护原则。 2. 具备数字敏感性、能判断数据的真伪和价值，采集科学有效的数据。 3. 培养自律、敬岗爱业、竞争合作的职业操守。

知识链接

精益求精选臻品，创新自信塑品牌

在跨境电商直播运营中，竞品分析是一项至关重要的工作。它不仅是了解市场、洞察行业趋势的窗口，更是跨境卖家们制定直播选品策略、优化运营流程的重要依据。深入调研竞争对手的数据，能够全面了解竞品的特点、优势，以及销售趋势，从而为卖家自身的直播选品提供有力的指导。

活动 1 识别竞品

在进行竞品分析前，首先要知道谁是竞争对手，确定了竞争对手，才能进一步观察、分析并向他们学习。

竞品解码：跨境直播选品的制胜法则

1. 竞品概述

（1）竞品定义

竞品指在同一市场或品类中，与某一产品具有相似功能、定位或目标受众，且能够相互替代的产品。它们争夺相同的消费者，满足相同或类似的需求，并在市场份额、消费者偏好等方面形成直接竞争关系。竞品的核心特征是其可替代性和竞争性，即消费者在选择时可能将其作为备选方案。

素养小天地

在竞争激烈的市场环境中，企业间的合作往往能够带来更多的机会和可能性。通过了解竞争对手的优势和特点，寻找可能的合作机会，实现资源共享、优势互补，共同开拓市场。这种合作不仅有助于提升企业的整体竞争力，还能够促进市场的健康发展和行业进步。

例如，谷歌和苹果是互联网和移动设备领域的两个巨头，尽管双方在搜索引擎和移动操作系统市场上存在竞争，但谷歌的搜索引擎是苹果设备上的默认搜索引擎，而谷歌支付给苹果一定的费用以保持这一合作关系。这种竞争合作关系使得谷歌和苹果能够共同受益，并为用户提供更好的产品和服务。

所以，竞品分析中的“竞品”并不是一个消极的词汇，它代表着市场上的其他参与者。竞品分析应该是一种全面、客观、开放的过程。它不仅要关注竞争对手的不足，更要看到其优势和值得学习的地方。跨境电商卖家需要以开放包容的心态面对来自竞争对手的挑战。同时，竞品分析也可以为合作提供基础，通过了解竞争对手的优势和特点，寻找可能的合作机会，实现共赢。

（2）竞品类型

根据竞争关系的强弱和表现形式，竞品可以分为直接竞品、间接竞品和潜在竞品三类。

直接竞品是指功能、定位、用户和使用场景相似，能够形成直接竞争的产品。这类竞品竞争最为激烈，消费者通常会直接对比，因此需要通过差异化优势、价格策略或直播专属福利来吸引消费者。

间接竞品是指与直播产品在功能或品类上不完全相同，但能满足消费者同一类需求的产品。例如胶囊咖啡机或手冲器具就是间接竞品。虽然它们不属于同一品类，但都满足消费者对高品质咖啡的需求。竞争策略上，需突出直播产品的独特性和场景化优势，帮助消费者理解其不可替代性。

潜在竞品范围广泛，指当前尚未与直播产品直接竞争、但未来可能进入同一市场并构成威胁的产品，甚至可能不属于同一领域或品类。相较于直接竞品和间接竞品，潜在竞品通常是市场上趋势性产品、品牌延伸产品或其他可能改变用户消费决策的商品。

2. 竞品分析

竞品分析从本质上来说是一种比较研究的方法。卖家进行竞品分析主要是通过与市场上的产品做比较，进而达到两个目的：一是为了分析比较，找到差异；二是为了验证测试，完善自身方案。

（1）跨境电商直播竞品分析的三个层次

跨境电商直播竞品分析需要关注多个层次的竞争对手，如图 3-8 所示，包括相似定位的直播账号、相似定位的直播活动，以及最基础的直播间产品竞品。

① 相似定位的直播账号竞品分析。由于受众群体和市场需求与自身账号高度重叠，可以通过观察并分析相似定位的直播账号的产品类型和受众喜好，为一些达人类型的跨境直播间选品方向提供参考。

② 相似主题的直播活动竞品分析。通过分析相似主题的直播活动所推广的产品类型和市场反应，能帮助卖家把握热点和流行趋势，选择符合当前市场需求的热门产品进

行推广。同时，分析竞品直播活动的促销策略，如折扣力度、赠品搭配等，调整和优化自身直播活动的促销策略，能使选品更具竞争力。

③ 直播间产品竞品分析。深入了解竞品产品的价格、品质和卖点，确保所选产品在价格上具有竞争力，同时在品质上满足目标受众的需求，实现价格与品质的平衡。

本任务主要讲解直播间产品竞品分析这一层次。

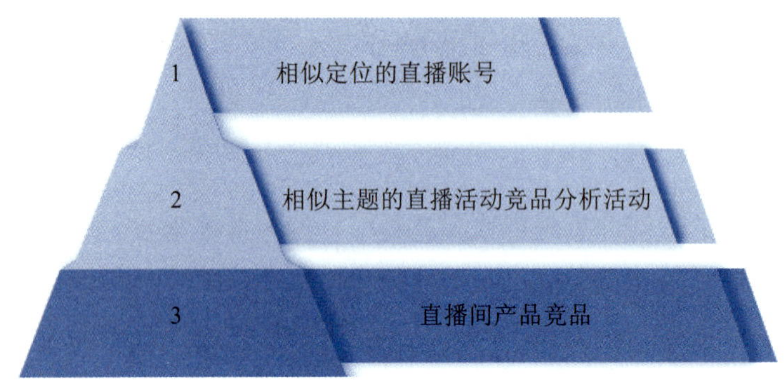

图 3-8　跨境电商直播的竞争对手层次

（2）竞品对比分析步骤

① 确定对比指标。选择竞品不是凭主观判断的，需要先确定用于对比分析的关键指标和指标集。这些指标不仅要考虑产品销售情况、关联直播数等量化指标，还要考虑产品特点、用户体验、品牌忠诚度等定性指标，确保指标能够反映出自身产品与竞品之间的重要差异。

② 筛选竞品。筛选出合适的竞品，确保竞品的可参考性，这样对比分析才有意义。筛选竞品的数量也需适当，具体情况具体分析，如表 3-18 所示。

表 3-18　筛选竞品数量建议

考虑因素	具体情况	建　议
产品类型	大众市场产品	分析的竞品数量需要足够多，以全面了解市场格局
	小众领域产品	可以着重关注几个主要竞争对手
竞争程度	竞争较强	密切关注更多的竞品，以随时了解市场动态和竞争对手的动向
	竞争较弱	适当减少竞品的数量，但仍需确保所选竞品能够代表市场的主要力量
分析深度	初步了解市场概况	选择几个代表性的竞品进行分析
	为进一步制定策略提供依据	需要分析更多的竞品，以获取更全面的数据和信息
资源与时间限制	过多的竞品可能导致分析过程变得复杂	在确保分析结果有效性的前提下，应合理控制竞品数量

③ 收集和整理竞品数据。通过可靠的数据采集渠道，收集与对比指标相关的数据，需要确保数据来源可靠、准确且具有可比性。借助表格或相关工具对数据进行整理，便于后续进一步分析。

④ 进行对比分析。将自身产品与竞品进行对比。除了简单的数值对比，还可以考虑趋势分析、因果分析等更深入的方法，以揭示潜在的原因和机会。

可以使用 SWOT 分析或四象限分析等方法，更直观地展示自身产品与竞品的对比结果，识别自身与竞争对手的优势和劣势。例如，自身的定价相较于竞品是否有优势，产品是否具独特性？

⑤ 识别关键洞察和机会。基于对比分析的结果，识别出关键洞察和机会。看看哪些方面超过了竞争对手，哪些方面有改进的空间。识别市场上未被满足的需求或竞争对手的弱点，以寻找差异和市场机会。

3. 竞品识别

竞品分析要做到“选择与分析并重”，如果选对了竞品会事半功倍，否则会使整个竞品分析的工作毫无意义。

（1）竞品识别定义

竞品识别是指运用系统化方法，从市场中筛选与自身产品存在竞争关系的对象，以支撑后续的竞品分析。其核心在于精准锁定对自身产品可能构成影响的竞争对手，确保所选竞品能够真实反映市场竞争格局，从而为选品优化、定价策略、直播内容策划等提供有价值的决策依据。

（2）竞品识别方法

如何选对有分析价值的竞品呢？

首先需要明确筛选标准。这可以包括产品的相似性、目标市场的重合度、价格区间、销量排名等。根据这些标准，可以快速过滤掉与自身产品不相关或竞争力不强的产品。其次，不要只关注直接竞品，也要关注间接竞品和潜在竞品，以便更全面地了解市场。

以上两点都可以通过罗列选择竞品需考虑的多重因素来实现，以某款大容量水杯为例，其竞品因素分析如表 3-19 所示。

表 3-19 竞品筛选因素

<table>
<tr><th>筛选因素</th><th>自身产品
（大容量保温杯）</th><th>直接竞品
（大容量保温杯）</th><th>间接、潜在竞品</th></tr>
<tr><td>产品类目</td><td>饮具 / 保温杯</td><td>饮具 / 保温杯</td><td rowspan="9">①大容量、便携、简约
↓
【运动水壶】
②大容量、便携、可爱
↓
【儿童大肚杯】
③保温、办公学习
↓
【保温咖啡杯】
……</td></tr>
<tr><td>容量大小</td><td>32oz（盎司）/40oz 两个规格
[≈909 mL（毫升）/1136 mL]</td><td>有大容量规格</td></tr>
<tr><td>材质</td><td>不锈钢</td><td>不锈钢</td></tr>
<tr><td>使用场景</td><td>居家；办公
学校；户外；旅行</td><td>覆盖相同或相似场景</td></tr>
<tr><td>价格区间</td><td>£4.99 ～£18.99</td><td>价格相当或略高 / 略低，但具有竞争力 < £40</td></tr>
<tr><td>月销量</td><td>/</td><td>> 200 件</td></tr>
<tr><td>功能性特点</td><td>带手柄；防泄漏
大容量保温；带吸管</td><td>类似或更多功能性特点，如保温、便携性等</td></tr>
<tr><td>保温时长</td><td>7 ～ 12 小时</td><td>保温性能相当或更好</td></tr>
<tr><td>用户评价</td><td>/</td><td>查看用户评价，关注好评率、使用感受等</td></tr>
</table>

梳理清楚判断因素后，可以从关键词、类目搜寻、目标客户、价格和营销活动等维度识别竞争对手。

① 搜索关键词识别竞争对手。以亚马逊为例，搜索大容量保温杯（Large Insulated Cup），可查看相关商品界面。还可以通过左侧的筛选工具筛选出符合竞品要求的商品，如图 3-9 所示。

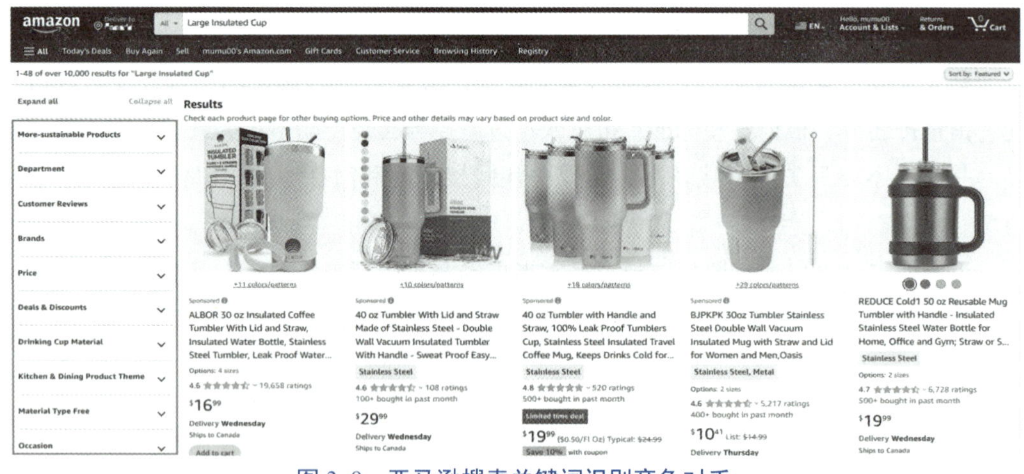

图 3-9 亚马逊搜索关键词识别竞争对手

（图片来源：https://www.amazon.com/ 搜索 Large Insulated Cup，最后访问日期：2024 年 4 月 9 日）

② 通过细分类目识别竞争对手。对于不同跨境电商平台和第三方数据平台来说，类目划分会有一定的差别，但规律都相同，以亚马逊为例，保温杯被划分在家居、厨具、家装 / 厨房和餐厅 / 餐具 / 饮具 / 水杯（Home & Kitchen，Kitchen & Dining / Dining & Entertaining / Glassware & Drinkware / Tumblers & Water Glasses）类目下。而在 TikTok 数据平台 FastMoss 中，保温杯被划分在厨房用品 / 饮具 / 保温杯（Kitchenware / Drinkware / Vacuum Flasks）类目下，如图 3-10 所示。

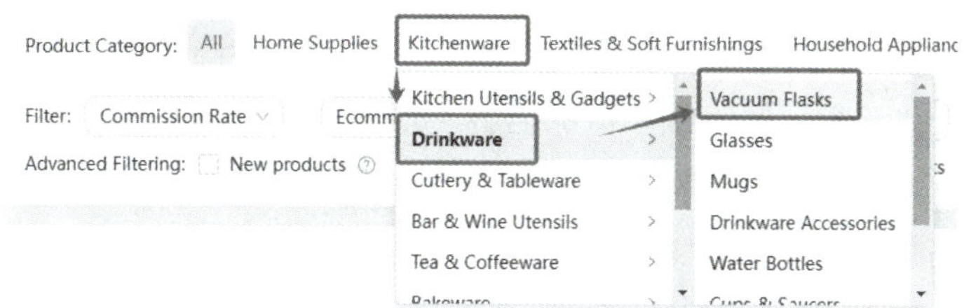

图 3-10　FastMoss 通过类目搜寻进入识别竞争对手

（图片来源：https://www.fastmoss.com/e-commerce/search 设置筛选条件，最后访问日期：2024 年 4 月 9 日）

③ 通过目标消费群体识别竞争对手。针对不同消费群体的产品，其竞争体系的划分往往以目标客户为主要依据。以儿童玩具市场为例，由于不同年龄段儿童的需求差异，使得适用于不同年龄段儿童的玩具产品形成了不同的竞争体系。比如，3 岁以上的儿童和 6 岁以上的儿童，他们在玩具的需求和兴趣点上往往存在明显的差异。3 岁的孩子可能更喜欢那些色彩鲜艳、简单操作的玩具，而 6 岁的孩子则可能更倾向于那些有教育意义、能激发想象力的玩具。通过筛选玩具的适用年龄，商家就能够更准确地识别出潜在的竞争对手。

确定目标消费群体属性后，可以通过搜索关键词或平台给出的筛选条件进行搜索，如图 3-11 所示。

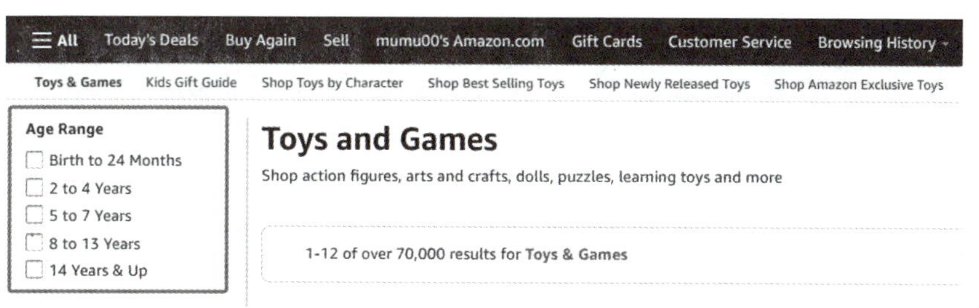

图 3-11　亚马逊通过筛选目标消费群体条件识别竞争对手

（图片来源：https://www.amazon.com/ 选择玩具细分类目，最后访问日期：2024 年 4 月 9 日）

④ 通过产品单价识别竞争对手。在各大跨境电商平台上搜索出大量的相关卖家之后，可以寻找单价相近的店铺作为竞争对手。

活动 2 竞品数据采集与分析

1. 竞品数据采集

（1）数据获取渠道

竞品的基础信息可以从其所在电商平台前端的商品页进行采集整理，但对于大多数跨境电商平台，后台无法直接获取自身店铺外其他跨境电商卖家的具体销售数值，所以在电商平台筛选出竞品后，可以记录下竞品的链接、产品名称、所属店铺名称，再借助第三方数据分析平台获取其相关数据。

竞品分析的“显微镜”：采集、对比与破局

以 TikTok 为例，其第三方数据分析平台有 FastMoss、超店有数、Tabcut 特看等。这些数据一般由第三方平台通过公开渠道获取，再进行统计分析。

利用 TikTok 第三方数据分析平台获取竞品数据

（2）数据指标整理分类

将能获取的竞品数据指标进行整理和分类，以 FastMoss 平台能采集的数据类型为例，可将数据指标分为以下几类，如表 3-20 所示。

表 3-20　FastMoss 平台能获取的竞品数据指标分类及其分析意义

指标类目	需获取数据	能否直接获取	分析意义
产品基本属性	规格	√	分析产品适用场景、覆盖市场、竞争力
	分类	√	市场定位、竞品比较
	产品特点、优缺点	通过商品名称、主图、详情页、用户评价等归纳产品特点	分析商品机会点和风险点、选品优化、运营优化
定价策略	定价	√	了解产品定价策略，分析产品的利润空间和市场定位
	当前售价	√	市场竞争态势、价格敏感度分析
	均价	总销售额 ÷ 总销售量	了解产品实际盈利能力
	历史最低价	√	了解产品历史价格走势，预测未来价格趋势
	佣金比例	√	分析销售渠道的利润空间和市场合作潜力

续表

指标类目	需获取数据	能否直接获取	分析意义
生命周期	上架时长	当前日期至商品上架日期	了解产品在市场中的发展速度和阶段（上市时间长的产品经过市场检验，拥有稳定基础和用户群体，但可能面临市场饱和或增长放缓；而上市时间短的产品尚处于市场导入或成长期，具有较大市场潜力和发展空间）
销售情况	总销量	√	分析产品市场表现
	总销售额	√	分析产品市场表现和盈利能力
市场热度	关联达人	√	评估市场影响力和推广效果，了解产品的销售渠道和销售表现
	关联视频	√	
	关联直播	√	
增长趋势	销量增量额	√	反映产品的销量增长情况，预测产品的市场增长潜力和调整销售策略
	增量额占比	销量增量额 ÷ 总销售额	
热度趋势	新关联直播	√	了解推广热度和市场关注度
	新增关联直播占比	新关联直播数 ÷ 总关联直播数	
用户评价	评论数量	√	了解产品的满意度和口碑
	商品体验分	√	了解产品的质量和用户体验
	用户评价	√	发现产品的优点和不足，为产品改进提供参考

2. 竞品数据分析方法

（1）比较法

比较法是一种直观且易于理解的竞品分析方法，它通过对不同竞品在同一维度上的表现进行对比，帮助卖家发现自身产品与竞品之间的差异和优劣势。比较法通常分为以下两种：

① 打钩比较法。打钩比较法是一种简单的竞品对比方法。首先，列出需要对比的竞品和对比维度（如功能、价格、品牌知名度等）。然后，在每个维度上，根据竞品的表现进行标记，如表 3-21 所示。最后，通过对比各竞品的标记情况，可以直观地看出

各竞品在不同维度上的优、劣势。

表 3-21　运用打钩比较法进行智能手表竞品分析

竞品名称	心　率 监　测	血　氧 监　测	运　动 模　式	睡　眠 追　踪	防　水 功　能	通　知 提　醒	智能语音 助手	电　池 续　航
竞品 A	√	√	√	√	√	√	√	√
竞品 B	√		√	√	√	√		√
竞品 C	√	√		√		√	√	
竞品 D		√	√		√		√	√
自家产品	√	√	√	√	√	√	√	√

这种方法简单易行，但缺点是可能不够深入和细致，难以揭示竞品之间的细微差异。

② 打分比较法。打分比较法是一种更为量化和细致的竞品分析方法。在这种方法中，首先需要为每个对比维度设定评分标准或权重。然后，根据竞品在每个维度上的实际表现进行打分。最后，通过计算总分或加权平均分，可以对竞品进行对比。

如表 3-22 所示，也可以使用打分比较法来作为选品依据。

表 3-22　直播选品评估表

商　品	产品价格	视觉价值	趋势价值	热点价值	推荐指数
商品 1	4	3	3	5	3.75
商品 2	2	3	2	4	2.75
商品 3	4	4	5	2	3.75
商品 4	4	5	5	2	4.00
商品 5	3	2	1	4	2.50
匹配标准（匹配度越高分值越高，分值 0 ～ 5） 产品价格：4 ～ 6 美金为佳 视觉价值：外观有吸引力，商品体验分高为佳 趋势价值：增量销售额与销售额占比高为佳 热点价值：新增关联直播高为佳 推荐指数 =（产品价格 + 视觉价值 + 趋势价值 + 热点价值）÷ 4					

这种方法更为客观和准确，能够更全面地评估竞品的整体实力和市场竞争力。但需要注意的是，评分标准的设定需要具有一定的合理性和客观性，以避免主观臆断和误导。

（2）四象限分析法

四象限分析法是一种通过绘制二维矩阵来评估竞品的方法。这种方法的核心在于确定两个关键竞争要素，并根据竞品在这两个要素上的表现进行分类和定位。其绘制步骤如下：

首先，需要确定两个关键竞争要素。这些要素应该是用户最关注的，或者是对用户最重要、会影响他们购买决策的产品属性，如价格与配置。然后，画出二维矩阵，将这两个关键竞争要素分别作为横坐标和纵坐标。

其次，选择几个主要竞品作为分析对象。根据竞品在关键竞争要素上的实际表现（如价格高低、配置优劣等），将竞品放到矩阵对应的位置。如图 3-12 所示，可以清晰地看出各竞品在市场上的定位和相对优、劣势。

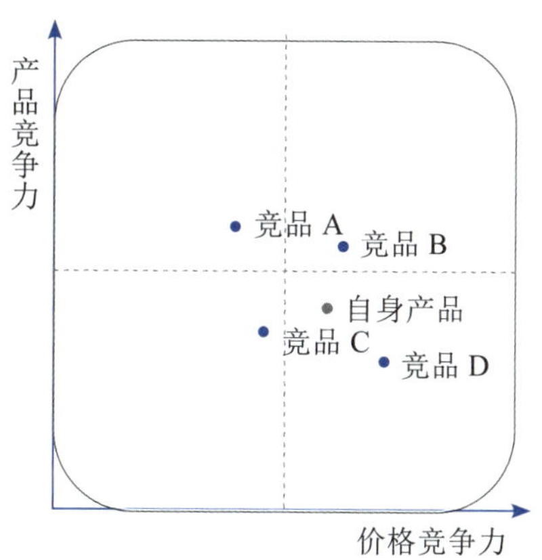

图 3-12　四象限分析法

在矩阵中思考自己产品的位置，可以帮助商家找到自己在市场中的定位和发展方向。同时，通过观察竞品的分布和趋势，商家还可以发现市场空白和潜在机会，为产品优化和市场策略制定提供依据。

（3）波特五力分析法

波特五力分析法是一种用于评估行业竞争力的工具，由迈克尔 · 波特提出。这五个力量包括：同行业竞争对手的竞争、潜在进入者的威胁、替代品的威胁、供应商的议价能力，以及购买者的议价能力，如图 3-13 所示。

图 3-13　波特五力模型

通过分析这五个方面的力量对比和变化，卖家可以了解行业的竞争态势和自身在其中的地位。这有助于卖家制定有效的竞争策略，应对市场挑战和机遇。例如，面对强大的竞争对手，需要通过差异化竞争或成本优化来提升竞争力；面对潜在进入者的威胁，需要加强品牌建设和市场壁垒的构建。

活动实践

解锁活动任务，进阶之路厚积薄发

活动情境

小优在开展选品工作时，需结合行业数据洞察市场行情，并从竞品的角度考察：调研对手的数据，分析竞品特点及销售趋势。通过上述分析，可科学指导直播选品，降低运营风险，并优化选品策略。

活动流程

提出选品——获取竞品数据——分析竞品特点——完成竞品分析

活动步骤

1. 获取竞品数据

小优在进行直播带货选品时，看中了一款装饰胸针，如图 3-14 所示，为了判断这一选品是否科学，她计划借助 FastMoss 这一平台，找到这款产品的竞品，并搜集和整理好竞争对手相关数据与信息，从而了解该产品当前的市场竞争情况。

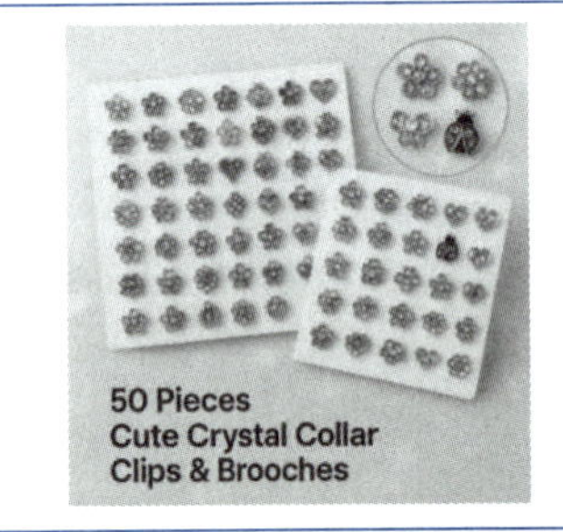	产品：Brooch（胸针） 设计样式：时尚、可爱、镶嵌水钻 商品分类：时尚配件 / 服饰配件 / 领夹 & 胸针 计划售价：7.99 RM 规格：50pc 图案随机

图 3-14　胸针选品基础信息

步骤①：注册并登录平台。首先打开电脑上的浏览器，在搜索栏中输入“FastMoss”并进入其官网。接着完成账号注册，并熟悉平台商品检索方式。

> 小优在 FastMoss 平台进行竞品搜索时，有哪些搜索筛选条件可以使用？
>
> ____
>
> ____

步骤②：竞品搜索和选择。选择和自身产品匹配度较高的竞品，并进行标记。

为了准确选出竞品，小优计划列举出选择竞品时需考虑的因素，小优已列举了两个因素，请帮助小优补充其他相关因素，填入表 3-23 中。

表 3-23　竞品选择考虑因素

序　号	考虑因素	自身产品	目标竞品
1	产品类目	时尚配件 / 服饰配件 / 领夹 & 胸针	时尚配件 / 服饰配件
2	产品功能	用于装饰衣物	用于装饰衣物
3			
4			
5			
……			

步骤③：收集竞品数据。通过上表，在 FastMoss 选择和自身产品匹配度较高的竞品，并进行标记，之后点击查看竞品详细数据与信息，记录与整理好竞品相关信息与数据便于后续分析，如表 3-24 所示。

表 3-24　竞品数据整理

<table>
<tr><td colspan="2">竞品名称</td><td>原价 / RM</td><td>售价 / RM</td><td>商品分类</td><td>佣金比例</td><td>上架时间</td></tr>
<tr><td colspan="2">Kerongsang Premium Korea Baby Brooch</td><td>20.1</td><td>16.78</td><td>时尚配饰</td><td>5%</td><td>2022-11-22</td></tr>
<tr><td>商品体验分</td><td>总销量</td><td>总销售额 / RM</td><td>总关联直播</td><td>销售增量</td><td>销量增量额</td><td>新关联直播</td></tr>
<tr><td>4.8/5.0</td><td>1.82 万</td><td>30.69 万</td><td>1099</td><td>3418</td><td>5.67 万</td><td>270</td></tr>
<tr><td colspan="7">产品信息（功能特点、规格选择、品质、品牌……）</td></tr>
<tr><td colspan="7">提供 50 件和 100 件两种规格的混合包装；多种颜色、设计款式可选；样式简约经典百搭
……</td></tr>
</table>

为了能够快速分析竞品，需要把重要数据提取出来。请思考哪些数据在竞品分析中为重要考察因素，为什么？

____

____

活动实践 1：选择一个自己想要了解的产品，分别通过超店有数、Tabcut 特看这两个第三方数据平台查找其竞品，并将竞品的相关信息与数据填入表 3-25、表 3-26 中。

表 3-25　竞品数据信息搜集 – 超店有数

竞　品	竞品名称	竞品相关信息	竞品相关数据
竞品 1			
竞品 2			

续表

竞　品	竞品名称	竞品相关信息	竞品相关数据
竞品 3			

表 3-26　竞品数据信息搜集 -Tabcut 特看

竞　品	竞品名称	竞品相关信息	竞品相关数据
竞品 1			
竞品 2			
竞品 3			

活动实践 2：请根据上述实训活动与实践，分析 FastMoss、超店有数、Tabcut 特看这 3 个第三方数据平台各自的特点。

____

____

____

2. 分析竞品特点

收集竞品数据之后，需要依靠这些数据更进一步去分析竞品特点，从而为后续的市场竞争状况评估和选品决策提供有力支持。

步骤①：分析竞品价格水平。将竞品的总销售额除以总销量，计算出每款竞品的产品均价，了解竞品的价格水平；

以下为小优在整理好的竞品信息登记表中提取的总销售额和总销量的数据，请帮助小优完成竞品均价的计算，填入表 3-27 中。（以马来西亚林吉特和美元两种货币为单位）

表 3-27　竞品均价表

商　品	总销售额 / 万 RM	总销量 / 万	竞品均价	
			均价 / RM	均价 / USD
商品 1	30.66	1.82	16.85	3.72
商品 2	21.16	3.09		
商品 3	6.14	0.3739		
商品 4	9.61	0.3219		
商品 5	17.06	1.45		
2023 年 7 月 27 日汇率：1 马来西亚林吉特 ≈ 0.2209 美元				

步骤②：分析竞品销售趋势。将销量增量额除以总销售额，计算出每款竞品的增量额占比，了解竞品的销售增长趋势；

以下为小优在整理好的竞品信息登记表中提取的总销售额和销售增量额的数据，请帮助小优完成竞品增量额占比的计算，填入表 3-28 中。

表 3-28　竞品增量额占比表

商　品	总销售额 / 万 RM	销量增量额 / 万 RM	增量额占比 / %
商品 1	30.66	5.67	
商品 2	21.16	0.5204	
商品 3	6.14	3.18	
商品 4	9.61	6.87	
商品 5	17.06	0.2497	

步骤③：分析竞品热度趋势。根据计算公式：新增关联直播占比 = 总关联直播数 ÷ 新关联直播数，计算出每款竞品的新增关联直播占比，了解竞品的热度趋势。

以下为小优在整理好的竞品信息登记表中提取的总关联直播数和新关联直播数，请帮助小优完成竞品新增关联直播占比的计算，填入表 3-29 中。

表 3-29　竞品新增关联直播占比

商　品	总关联直播	新关联直播	新增关联直播占比 / %
商品 1	1098	270	24.59
商品 2	1917	181	
商品 3	30	22	
商品 4	55	37	
商品 5	513	97	

活动实践 3：在完成竞品数据的收集、整理及相应指标计算后，可通过哪些方法进一步提升竞品数据的呈现效果，以便更好地挖掘竞品的市场趋势及特征？

____

____

____

活动实践 4：某跨境电商直播卖家完成竞品数据采集与分析后，还需要进一步将竞品与自己原定的选品（化妆刷便携套装）进行对比分析，判断其选品是否具备可实施性。请根据表 3-30 给出的对比数据进行分析，给出你的选品建议，填入表 3-31。

表 3-30　竞品数据对比分析

产　品	直播均价 / RM	增量额占比 / %	新增关联直播占比 / %	商品体验分	产品优势
自身产品	16.51	27.21	14.11	4.8/5.0	包装形状可爱且易于收纳
竞品 A	13.16	8.06	17.89	4.6/5.0	多种颜色规格可以选择
竞品 B	19.77	13.55	19.88	4.8/5.0	皮质包装简约经典
竞品 C	23.82	19.69	24.16	4.9/5.0	知名品牌加持

表 3-31　分析结果与选品建议

分析维度		分析结果
竞争力分析	产品竞争力	
	价格竞争力	
	品牌与信誉竞争力	
市场表现		
选品建议		

活动成果

请根据活动中的活动步骤，完成一份跨境直播竞品分析，并将最终分析结果整理出来提交给老师。

检查清单

在完成实践活动后，请进行清单自检，并将结果填入表 3-32 中，完成请打√。

表 3-32　检查清单

序　号	检查事项	是否完成
1	是否明确本工作页的任务要求	
2	是否了解直播账号类型	
3	是否能够说出账号定位的关键要素	
4	是否能够列出识别对标账号的原则	
5	是否掌握直播账号定位的策略	
6	是否能够筛选出适合的对标账号	
7	是否能够全面拆解对标账号	
8	是否达成本次任务的工作目标	

任务评价

评价方式采用多元化机制，评价主体由学生、小组与教师构成，评价标准、分值及权重如下表所示：

（1）学生进行自我评价，并将结果填入表 3-33 中。

表 3-33　学生自评表

评价项目	评价标准	分　值	得　分
信息检索	能有效利用网络资源、配套资料查找有效信息	10	
知识掌握	能有效理解学习任务中讲述的知识内容	15	
技能训练	能按任务书要求，按计划完成工作任务	15	
感知工作	能认同工作价值，在工作中获得成就感	10	
团队素养	能与教师、同学之间相互尊重、理解和平等交流	10	
职业素养	能严格遵守相关工作守则和法律法规	10	
思维状态	能发现问题、分析问题并解决问题	10	
参与状态	能发表个人见解，倾听他人意见和看法	10	
创新意识	能在工作中提炼出创新点	10	
合　计		100	

（2）学生以小组为单位，对本工作页的实施过程与结果进行互评，将互评结果填入表 3-34 中。

表 3-34　学生互评表

评价项目	评价标准	分　值	得　分
团队素养	小组成员间合作紧密，能互帮互助	15	
	工作计划周密，组织有序	15	
	态度端正，有较强的吃苦耐劳精神	10	
工作情况	工作效率突出	20	
	工作成果完整且质量达标	30	
	严格遵守相关工作守则和法律法规	10	
合　计		100	

（3）教师对小组工作过程与工作结果进行评价，将评价结果填入表 3-35 中，并将综合评价结果填入表 3-36 中。

表 3-35　教师综合评价表

评价项目	评价标准	分　值	得　分
任务实施情况	能按时提交工作任务	10	
	提交的工作活动成果质量情况	25	

续表

评价项目	评价标准	分 值	得 分
任务实施情况	工作目标达成情况	20	
	关键技能掌握情况	20	
思政素养	课后积极了解各直播电商平台账号信息填写的要求与规定	10	
	在定位规划方案作业中，确保表达和措辞都正面、积极、合规	15	
合 计		100	

表 3-36 综合评价表

综合评价	
自我评价（20%）	
小组互评（30%）	
教师评价（50%）	
综合得分	

案例解析

阅读行业典型案例，带给你一点点灵感

国产泳池清洁机器人逐鹿欧美：竞品策略与市场渗透分析

案例详情

欧美市场泳池机器人起步早，但行业内品牌较少，很长一段时间内销售主要集中在以色列品牌 Dolphin、西班牙品牌 Polaris、英国 BWT 和美国的 Hayward 这四家品牌。由于市场高度集中，行业在 20 多年内几乎没有技术上的突破与创新，为中国品牌后来居上创造了条件。

数据显示，2023 年国产品牌在美亚平台 TOP10 中占据 5 个席位，市场份额合计 31%，与 2022 年的 15.9% 相比增长接近 100%。

老牌泳池机器人 Dolphin、Polaris、Hayward 定位高端市场，各价位段均有产品布局，商品均价集中在 600 美元以上。中国泳池机器人则瞄准中低端市场，整体定价不超过 500 美元，均价大多在 300 美元左右，更有百元级别的 Grennix 品牌。中国出海品牌的加入，极大程度改变泳池清洁机器人的产品线布局，质量高、创新性强且价格亲民的产品让家庭消费群体拥有了更多的选择。

泳池清洁机器人按照使用方法不同可以划分为三类，首先是入门类的手持产品，需要人工操作进行清洁，作为初级产品具有低价的优势；另一类是中、大型“有缆”机器人，单位时间内清洁效率更高，不过需要外接电缆供电，通常用于商业泳池清洁；与有缆对应的是“无缆”，以中小型机器为主，由锂电池供电、无需电缆，清洁时更具灵活性，多用于私人泳池。

近年来，无缆泳池机器人凭借灵活、便捷的特性受到越来越多消费者的青睐，数据显示，在该细分市场中，中国品牌份额高达 81.2%，无缆泳池机器人市场已成为中国泳池清洁出海的主场。

在这个市场中，元鼎智能旗下的出海品牌 Aiper 备受关注。在亚马逊渠道上，Aiper 取得了不错的成绩，其明星产品 AiperSeagull SE 无绳机器人泳池清洁器多次蝉联 Robotic Pool Cleaners 小类目月销榜单的第一名。其独立站渠道（aiper.com）的月均访问总数也已经达到十几万次。

TikTok 是 Aiper 目前扩大销售渠道和提升品牌影响力的重要平台之一。在 TikTok 上，用户可以通过链接查看多个内容，从而引流至官网或其他社交账号，实现多渠道引流。目前，Aiper 的 TikTok 账号拥有 4.4 万粉丝（见图 3-15），与 #Aiper 相关的浏览量已经达到 510 万。KOL 合作和佣金合作是 Aiper 在 TikTok 上的主要运营模式。他们与热门博主 themacfamily（拥有 520 万粉丝）合作，推广产品并获得一定比例的佣金。通过与达人的合作，Aiper 能够快速积累品牌人气，并通过佣金计划，直接在链接中加入产品，扩大销售网络。

图 3-15　Aiper 在 Tik Tok 的账号主页

（图片来源：https://www.tiktok.com/@aiper_official，最后访问日期：2025 年 4 月 22 日）

综上所述，国产泳池清洁机器人凭借技术创新、价格优势、市场趋势把握，以及品牌建设和营销推广等多方面的竞争策略，成功打入了欧美市场，并取得了显著的成绩。

（案例来源：https://it.sohu.com/a/696723770_121637919，最后访问日期：2025 年 3 月 4 日）

课堂小测

即时检验学习成果，小试牛刀见真章

1.【单选】对于跨境电商直播商家，竞品类型不包括（　）。

A. 相似定位的直播账号　　B. 相似定位的直播活动

C. 相似热度的直播间产品　　D. 相似定位的直播间产品

2.【单选】以下不属于 Tik Tok 的第三方数据平台的是（　）。

A.FastMoss　　B. 生意参谋　　C. 超店有数　　D.Tabcut 特看

3.【多选】以下属于识别竞品的方法的有（　）。

A. 搜索关键词识别竞争对手　　B. 通过细分类目识别竞争对手

C. 通过目标客户识别竞争对手　　D. 通过产品单价识别竞争对手

4.【多选】在竞品数据分析时，以下能评估竞品定价策略的数据类型有（　）。

A. 定价　　B. 当前售价　　C. 历史最低价　　D. 佣金比例

5.【判断】筛选竞品时只要记录功能、定位完全一致的直接竞争对手。（　）

6.【填空】__________是一种通过绘制二维矩阵来评估竞品的方法。

竞赛模拟

实战演练竞技场，锤炼本领展锋芒

跨境电商直播竞品分析赛

每个团队由 3 ～ 5 名选手组成。参赛团队模拟跨境电商企业身份，撰写并提交一份跨境电商直播竞品分析方案（PDF 格式，方案文件命名为：作品名称 + 团队名称，方案需包含封面，封面需包含作品名称、团队名称、参赛团队成员和指导教师的姓名及联系电话）。方案撰写要求如下：

（1）介绍直播团队与产品的基础信息，说明此次竞品分析的目的。

（2）识别并分析至少三个具有代表性的竞品，描述使用的竞品识别方法。

（3）根据分析目的，选择合适的对比维度和指标，确保其客观性和可量化性。

（4）总结竞品分析的主要发现和结论，提出针对团队跨境电商直播业务的优化建议和改进措施。

（5）PDF 参赛方案统一发送至负责老师的邮箱。

自我分析与总结

我学会的

我要注意的

整理本节课所学知识点，在下方补充知识链接与实训实操思维导图

任务3　跨境电商直播选品

任务描述

在启动直播项目前，负责人需根据直播间定位和跨境电商直播的目标消费人群来决定直播中售卖什么产品。在选品前要掌握选品原则，了解选品渠道。选完产品后还要针对产品制定相应的定价策略，以便产品更好地售往海外。

任务目标

通过本任务的学习，学生应当能够：

1. 了解直播选品的原则和渠道。
2. 掌握选品优化的方法。
3. 掌握产品价格结构和定价方法。

1. 正确选择适合直播带货的商品。
2. 制定合理的组品方案。
3. 为直播间产品设置科学的定价。

1. 培养学生集体主义和团队协作精神。
2. 自主培养克服困难解决问题的能力。
3. 培养学生的民族自豪感，树立民族自信。

知识链接

精益求精选臻品，创新自信塑品牌

直播选品是直播带货至关重要的一环。日常生活中观看各平台的直播带货就可以发现，直播中选品的影响，小则影响销量，大则影响直播间和品牌的口碑，甚至影响直播市场的秩序和网络生态。跨境直播不仅是商家拓宽商业渠道的方式之一，更是中国顺应经济全球化潮流、增加货物贸易、提升国家实力和影响力的重要方式之一。因此，在跨境电商直播中的选品同样重要，要从各方面综合考虑。

活动 1　制定选品方案

跨境电商直播选品是一项综合性较强的工作，涉及多流程、多环节的工作内容。为了让选品更好地服务于直播，在选品之前要先制定一套选品方案，以市场和直播需求为导向，确定一系列选品方面工作事项，然后按照选品方案选品。

跨境直播选品：打造爆款的秘诀

1. 确定选品方案

制定选品方案，首先要明确最简单直接的几个问题：直播卖什么？这些产品卖给谁？如何选品？这些问题给选品提供一定的依据，能够更好地把握选品方向。

（1）选品原则

在选品上把握原则，也就有了一定的可选范围，跨境电商直播的商家可以结合自身需求和条件进行合理选择。以下是选品的几项基础原则：

选品的三大基础考量点

① 天时。在跨境电商直播中，选品的“天时”是一个至关重要的概念。它指的是在特定的时间节点，某些产品由于其特定的属性或市场需求，更容易获得销售上的成功。这种现象并非偶然，而是由多种因素共同作用的结果。市场需求是不断变化的。随着季节的更替、节假日的到来以及消费者购买习惯的变化，某些产品的需求会相应增加。例如，在寒冷的冬季，保暖用品和户外运动装备的需求可能会上升；而在炎热的夏季，防晒产品和轻便服装则更受欢迎。因此，了解市场需求的变化，并在合适的时机推出相应的产品，是跨境电商直播成功的关键。

在某些特定的时间节点，消费者的购买心理也会发生变化。例如，在节假日期间，消费者可能更愿意为亲朋好友购买礼物；而在年底的促销活动中，他们可能更关注性价比高的产品。

② 人和。“人和”指的是主播人设与直播间粉丝画像之间的契合度。粉丝画像概念

最早由阿兰·库珀提出，他认为用户画像是基于真实数据构建的目标用户模型，用于代表真实用户。粉丝画像通常分为直接画像和延伸画像：直接画像包括年龄、性别等固定属性；延伸画像则涵盖区域分布、消费动机、购买习惯等行为特征。

跨境电商直播需深入分析并了解目标人群的兴趣偏好与消费特征，从而精准吸引潜在买家。不同类型的跨境电商直播间适合销售的产品类型各异，如表 3-37 所示。

表 3-37　各类直播间的选品建议

直播间类型	选品建议
工厂实地直播	在工厂进行直播销售，具有价格低廉、货源充足的优势，一般适用于服装、百货、零食、家电等产品类型
经销商直播	特点是品类丰富，能够快速测品、打造爆品、满足粉丝需求
品牌商直播	知名度较高，研发创新能力较强，通常有固定的忠实粉丝群体，一般适用于服装、化妆品、小家电等产品类型，对直播环境要求较高
达人直播	产品营销能力强，轻松打造垂直领域，能够进行大量组货，并打造爆品

③ 地利。在跨境电商直播场景中，“地利”对应的就是产品维度的基础选品原则。在挑选产品时，商家需要全面考虑其生命周期，确保产品质量上乘，并严格避免任何可能的侵权行为。

素养小天地

侵权行为显然给中国的制造业带来非常不利的影响。首先，它严重影响了中国制造企业的信誉。一家企业的侵权造假或许对一国企业的整体信誉不会有多大的影响，但一批企业的侵权造假将贬低整个中国企业的信誉。当整体信誉受损后，企业将增加很多无形的成本：需要花费更多的营销费用来改善自身形象，需要花费更多的时间来解释自己与其他中国产品的不同……有些中国企业则通过雇佣外国员工或设立外国公司，以隐去“中国背景”，避免任何不必要的麻烦。其次，它阻碍了中国制造企业的创新。当一家企业可以在市场中轻易挣钱的时候，它是没有动力去创新的。

从“大众创业，万众创新”的角度看，保护知识产权一定是实现真正创新的前提。因此，跨境卖家在进行跨境直播时，也应将党的二十大精神“推动货物贸易优化升级，创新服务贸易发展机制”作为指导方针，加快推动智能制造发展，在研发设计、营销服务、品牌经营等环节逐步升级，树立创新国产品牌的意识，达到打造品牌、输出文化的目的。

（2）选品渠道

想要了解市场需求、消费者喜好，到底什么产品符合当今网络时代，什么产品能够畅销，则可以参考多渠道的信息，从国内国外多方面去了解。下面将介绍多种方式以供选择：

① TikTok 标签选品。浏览 TikTok 短视频时，不难发现 TikTok 上大部分视频都会附带若干个标签，通过用户点击标签来获得曝光量。很多产品、品牌就是通过发布视频的同时附带上产品相关的热门标签，在平台算法推荐和用户点击观看的双重影响下，让产品在 TikTok 上走红成为爆品，直接拉动销量增长。

品牌借助短视频标签构筑流量池

一方面，跨境卖家可通过自身电商直播的定位、销售方向和产品关键词来搜索产品标签，标签下视频越多、播放量越多，该（类型的）产品成为爆品的概率也更大，如图 3-16 所示。

图 3-16　TikTok 玩具类产品标签曝光量

（图片来源：https://www.tiktok.com/tag/toys，最后访问日期：2025 年 4 月 27 日；https://www.tiktok.com/tag/toy，最后访问日期：2025 年 4 月 27 日）

另一方面，跨境卖家还能通过 TikTok 的“种草”标签来为选品寻找好的思路。“种草”标签通常不是推荐具体产品，而是具有推荐性质的文案标签。这一类标签更能刺激人们点击浏览，达到种草目的，如图 3-17 所示。

图 3-17　TikTok“种草”标签

（图片来源：https://www.tiktok.com/tag/tiktokmademebuyit，最后访问日期：2025 年 4 月 27 日）

总的来说，在进行 TikTok 标签选品时，既可以自己搜索获得热门标签的信息，然后根据标签播放量挑选产品，又可以关注垂直领域的好物推荐账号或红人，研究他们使用过的标签内容，还可以根据得到的标签内容进行垂直领域拓展。这样一来，选品思路会清晰很多。

② 跨境电商平台。作为跨境电商直播的商家，了解跨境电商平台是最基本的要求。通过平台上各个品类的商品和其他信息，也能给自己的选品提供不错的思路。

③ 第三方数据平台。除了以上几种方式，最重要的还有通过第三方数据平台来选品。如今各种数据都在网络上互联互通，为了方便跨境电商商家能综合、直观地了解产品相关数据，第三方数据平台能够全面提供相关信息，不仅可以提供选品思路，还能够直观展示产品的销售趋势、热度、消费人群的购物喜好、产品推广情况等，是得力的选品助手。一般常见的几种数据平台有 Google Trends（谷歌趋势）、Ahrefs、Bigspy。

借助跨境电商平台选品——以速卖通为例

A. Google Trends（谷歌趋势）

通过谷歌趋势能够了解产品的周期性特点，有利于把握产品销售先机。如图 3-18 所示，进入主页后，可以通过搜索框搜索想要了解的产品近期搜索热度走向。通过搜索热度走向，商家能够有一定的卖货思路。

查询产品热度趋势示例

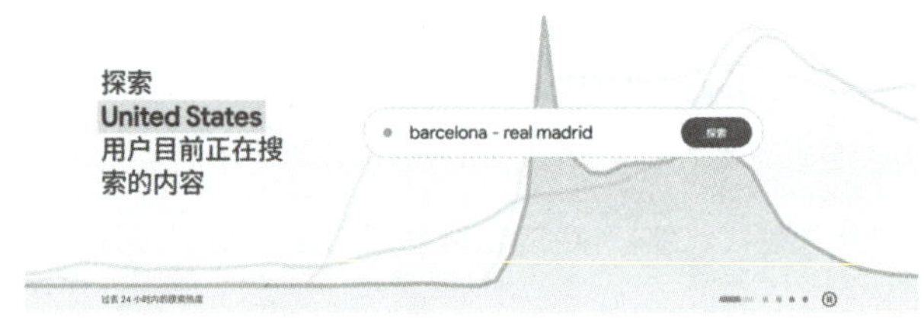

图 3-18　谷歌趋势主页

（图片来源：https://trends.google.com，最后访问日期：2025 年 4 月 27 日）

通过谷歌趋势分析产品销售的周期性，对比不同地区的产品热度差异，根据产品搜索量来决定是否要将该产品纳入选品范围，这不失为一个不错的选品方法。

素养小天地

以制造业手工类产品作为实物载体，融入中国传统文化元素，深入挖掘中国传统产品文化精髓内涵，立足国潮文创时代、扎根人民、深入生活，树立正确的文化价值观，自觉传承和弘扬中华优秀传统文化，全面增强文化自信。例如景德镇的陶瓷，从它的英文名字 china 就可以看出，景德镇陶瓷是中国物质文化遗产走向世界的一张响亮名片。通过跨境直播出口景德镇陶瓷，更加能增强中国的国际影响力。陶瓷制品出现在生活中方方面面，从生活产品中发现文化特色，增强民族自豪感，用英语传播中国文化，突出中国特色，讲好中国故事，展示中国风貌。

B. Ahrefs

Ahrefs 拥有包括谷歌、百度、必应、亚马逊等各大平台的数据以供选择，数据来自美国、欧洲等 171 个国家 / 地区。谷歌趋势能够清晰地展示产品搜索量变化，Ahrefs 则在此基础上具备更加强大的功能。

如图 3-19 所示，在搜索框中输入 healthy juice（健康果汁），显示的数据可以具体地告知这个关键词的搜索量、点击量，以及成交量等。

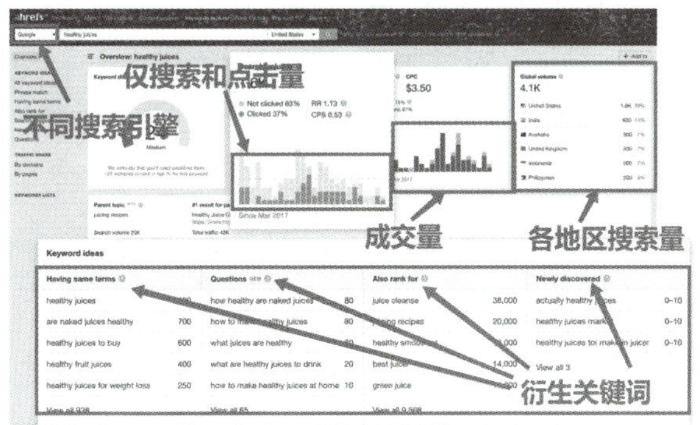

图 3-19　Ahrefs 搜索页面

（图片来源：https://ahrefs.com，最后访问日期：2023 年 12 月 20 日）

C. Bigspy

Bigspy 涵盖了多个跨境电商平台和社交媒体平台的数据，覆盖全球 40 多个国家和地区，具有强大的广告监控功能，帮助商家全方位分析各种产品的广告投放及营销动态。通过搜索广告产品，找出点赞量和互动量高的产品，给自己的选品和广告投放提供思路。

进入 Bigspy 的搜索页面，输入产品关键词，根据设置的各项筛选条件进行精准搜索，来满足商家在不同电商平台的营销需求，如图 3-20 所示。

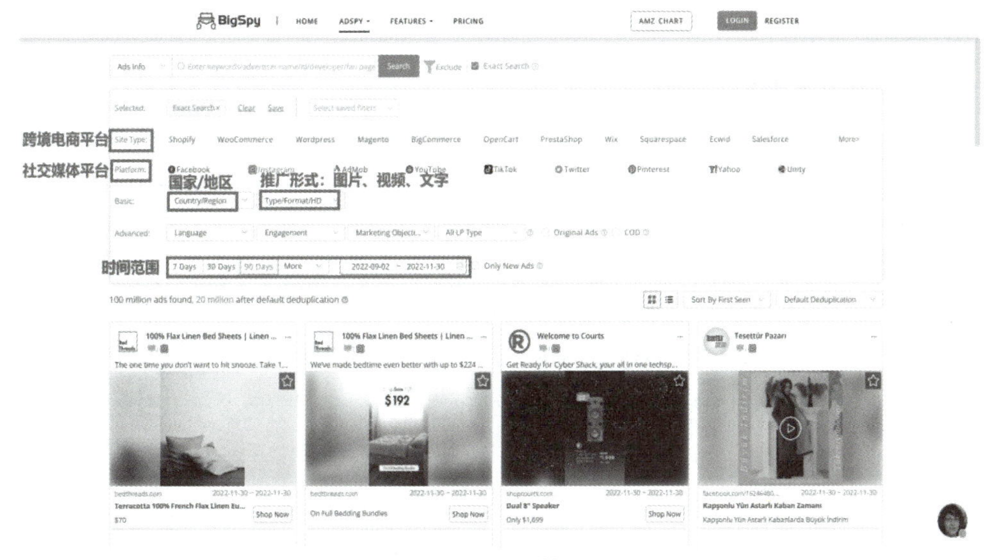

图 3-20　Bigspy 搜索页面

（图片来源：https://bigspy.com，最后访问日期：2023 年 12 月 20 日）

例如，在搜索框中输入 juice blender（榨汁机），出现的结果如图 3-21 所示。

图 3-21　juice blender 搜索结果页面

（图片来源：https://bigspy.com，最后访问日期：2023 年 12 月 20 日）

④ 其他渠道。

A. 国内供应商。直播商家站在消费者角度，以市场需求为导向销售产品，产品供应商则从供应链的角度影响市场趋势。供应商往往会通过对市场趋势的把握，对产品进行研发、更新，刺激消费者需求。直播商家在选品时，可多关注供应商的动向。

B. 国外社交媒体。像国内社交媒体一样，国外社交媒体也能展示国外市场的一些信息，帮助了解国外消费者需求。当前国外较流行的社交媒体包括 Facebook，X（原 Twitter），YouTube，Pinterest，Instagram，以及众筹网站 Kickstarter 等。社交媒体的用户基数大，信息传播范围广且传播速度快，一旦某个产品在社交媒体上迅速传播，便能成为当下爆品。

例如，在 Facebook 上进行选品参考，可以搜索相关关键词或者观看近期种草视频，然后选择视频浏览量高且评论数多的动态，如果该动态近期还有持续性观看量和评论，说明涉及的产品在消费市场还不饱和，可以纳入选品范围内。

2. 优化选品方案

（1）优化产品结构

在优化选品时，可将选品范围内的产品根据销售性质进行组合排列，更好地发挥出选品优势。直播间产品从销售性质可以分为不同类型，如剧透款、宠粉款、爆款、利润款、特供款，如表 3-38 所示。这些分类基于对消费者需求、商品特点和市场趋势等因素的分析，有助于跨境电商直播团队在选品时进行选择和搭配。

各地选品指南示例

表 3-38　直播间产品销售性质

销售性质	选品要点
剧透款	分析目标群体，吸引粉丝眼球
宠粉款	通过掌握粉丝需求，用来长时间留住粉丝的产品
爆款	爆款产品通常市场热度高，价格低廉，符合刚需，使用频率高，展示能力强，容易引起粉丝共情
利润款	采用组合产品的方式，提高利润转化率，可以参考其他直播间的同款数据和消费者的反馈评价
特供款	品牌方的特有产品，用来树立品牌形象

根据直播间定位、直播目标人群、直播销售情况等，在优化选品方案时可以将产品进行相应组合。比如为直播间选择重磅主打产品，打造引流款；选择一直保持不错销售成绩的产品作为利润款；为尽快清理销售低迷的产品的库存，可以将其作为活动款进行促销；打造直播间形象，利用有创新内容、独特设计的常青产品作为直播间形象款。

（2）直播选品优化策略

随着直播销售经验的不断积累，选品团队可以进一步探索并实施个性化、集中化、品牌化及周期化等多元化的选品组品策略，如图 3-22 所示。

选品方案复盘与改进

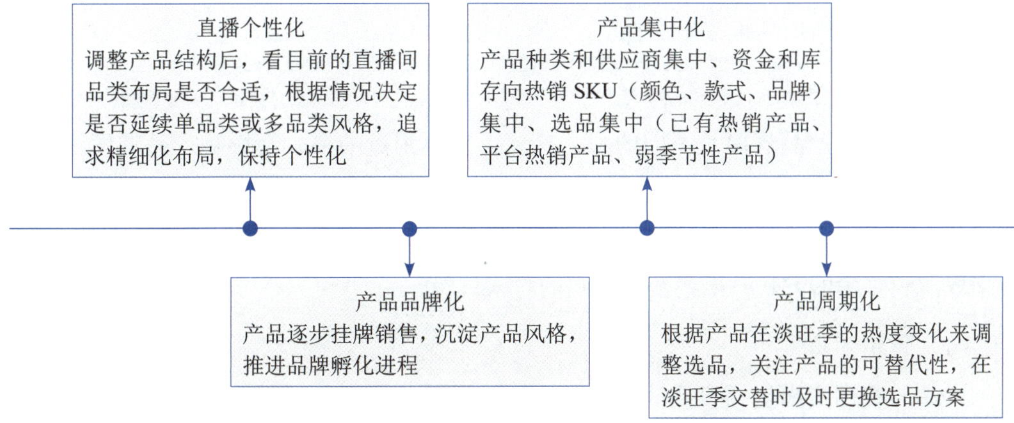

图 3-22　选品优化策略

活动 2 核算产品定价

核算产品定价是直播选品的重要活动之一。跨境电商直播也是一样，对产品的价格水平不了解，没有好的规划，将会直接或间接影响跨境电商直播的效果。定价是一项系统性工程，要明白并重视定价的重要性。

读懂价格结构，玩转跨境直播定价

1. 分析产品价格结构

很多跨境商家在直播后对销售数据复盘时都会疑惑，明明定价时已经保留了一定的利润率，为什么最终还是亏损了？最根本的问题就在于商家并没有准确地了解产品的价格结构究竟由什么组成。影响产品价格的因素有很多，并不仅仅是成本加利润，尤其是跨境直播中售卖的产品，涉及的价格因素更加复杂。

影响跨境直播中的产品价格的因素有以下几种：

（1）产品成本

这里提到的成本指产品生产 / 进货的直接成本，以及产品的生产规模。例如，生产或买进一双袜子的直接成本是 2 元钱，产品规模为 5 000 双，这样一来产品成本就是 2（元）×5 000（双）=10 000（元）。

（2）预设利润率

利润率是指一场跨境直播完成后所得的利润占销售额的百分比或占投入资本额的百分比。利润率能直接反映一场跨境直播的获利能力，是衡量收益水平的指标。因此，利润率是产品价格结构的重要组成部分。

（3）产品销量

产品销量与产品规模是不同的两个概念，实际销量的多少会影响产品的库存积压，销量和库存也就反映了产品的市场需求度和热门程度。产品销量和产品价格组成了跨境直播的收入。很多产品看似利润很高，但销量不佳，最终还是亏损；也有的产品在直播中采取薄利多销的方式，最终获得可观的收入。

（4）费用支出

产品的费用支出包括直播间支出（人工、设备、场地）、运输费用、税收、平台佣金、仓库存储等，这些费用都应该在定价的考虑范围内。其中，运输费用和仓库存储费用比较复杂，以实际产生的费用为准。

（5）营销方式

海外消费者在观看直播过程中，看到的产品价格通常都是活动价格而不是实际价格。跨境直播过程中设计的各种活动，以及针对直播或产品进行的一些推广投放，这些营销方式都会在无形中影响产品的价格结构。

2. 制定产品定价策略

了解了产品的价格结构组成，接下来就要为之前的选品制定价格策略。制定价格策略不仅能在单次直播过程中产生直观效果，也能助力后续直播开展、店铺运营的工作。关于如何制定产品定价策略，下面将从定价要点、定价策略、定价步骤等方面展开。

（1）定价要点

无论是制定定价策略还是执行定价时，都要掌握定价的要点，避免因为价格过高失去市场或价格过低亏本运营。定价要点通常都与产品的价格结构、营销方式、消费市场息息相关。而在跨境直播中，应当注意的定价要点在国内电商直播的基础上更加丰富，如图 3-23 所示。

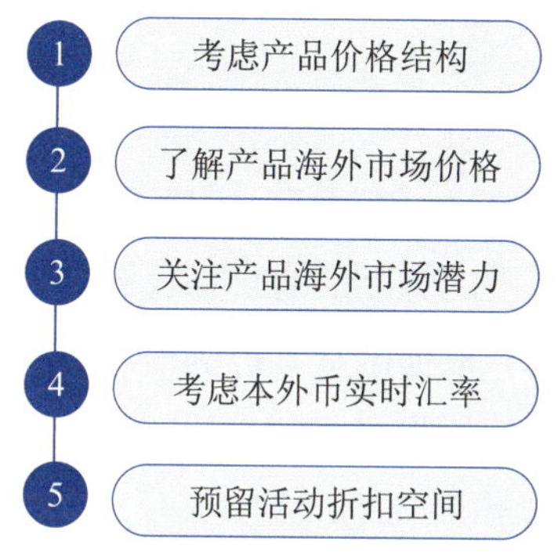

图 3-23　跨境直播产品定价及要点

（2）定价策略

制定定价策略的目标是促进销售，获取利润。这要求跨境直播商家既要考虑影响产品价格的因素，又要考虑海外消费者能否接受这个价格。因此，定价策略从某种程度上来说是互相制约的，它既要遵循定价要点，又要考虑消费者心理，同时有可能影响市场价格波动规律。

跨境产品定价要考虑的因素有很多，如产品的销售性质、产品市场潜力、竞品价格水平、直播商家自身定位等。根据这些因素，制定定价策略有以下几种方法：

① 成本导向定价。依据单个产品的成本来确定价格是最基础的方式。在考虑了产品的所有成本，包括生产成本、直播成本，以及产品出海全流程产生的各类费用后，在此基础上加上跨境直播商家预期的利润，最终的数据作为单个产品的定价。

采用成本导向定价的方式，需要注意两点：一是产品成本要精准核算，二是商家预设利润率要合理。

在对定价策略的技巧掌握更加成熟了之后，还可以在产品成本中加入不可抗的风险成本，比如售后的纠纷赔偿、物流导致包裹丢失等，这些因素都会导致成本上升。

② 竞品导向定价。参考跨境电商平台，以及其他跨境直播商家对同类产品的价格水平来定价，这不仅能够对市场规律有更多的了解，也有了更大的灵活性。竞品导向定价的灵活性体现在，参考同行对产品定价的变化规律，可以随时对价格水平进行调整。

当然，在根据竞品定价时，也要考虑自己的产品与竞品之间的差异性。因为通过分析竞品就可以发现，同类竞品在不同的竞争对手手中价格也会有差别，根本原因就是同类产品的实际差异。

例如，一个跨境直播商家计划上架一款指尖陀螺，定价时可以参考同款指尖陀螺在跨境直播市场上的价格水平。但并不是说一定要比竞争对手的价格低才是最佳方案，而是要在竞争对比中突出自己产品与众不同的卖点，通过差异性来找到合理的价格定位。

需要注意的是，因为获取的信息不全面，所以无法确定竞品的成本和营销策略，如果竞争对手降价，自己也一味跟随变动的话，就很可能在获得市场份额前就已经无力在市场生存，这种亏损风险是一定要规避的。因此，竞品导向定价方法不适合长期使用。

③ 市场导向定价。根据市场的产品情况来确定价格，范围比参考竞品来定价更加广泛。这也是跨境直播商家在跨境电商平台，以及其他跨境直播间确定产品价格水平的方法。不同的是，商家将市面上的竞品所有价格分布划分为若干个价格区间，然后对比不同价格区间中消费者的比例，根据消费者比例为自己的产品选择相应的价格区间。

这样一来，市场导向定价的根本思路就是拓宽视野，为自己找到价格定位，而不是一味地在价格上追求与同行竞争。

④ 消费者导向定价。根据当地消费者的消费特征和消费能力来调整价格，能够更快地融入当地消费市场，有希望获取当地一批忠实的消费人群，同时又保证价格的灵活性和产品的竞争力。

这种方法要求直播商家要仔细研究目标消费市场的消费者特点，如海外消费者的网上购物频率、观看直播的喜好、购买渠道的种类、当地习惯传统等。

⑤ 营销导向定价。营销导向定价就是根据产品的销售性质、直播间的营销方式来专门设定的价格，这个价格有别于日常定价方式，通常更能提高直播间的产品销量，如表 3-39 所示。

表 3-39　直播间产品销售性质

销售性质	定价要点
剧透款	处于价格浮动区间的中间偏低水平，在保证微薄利润的前提下，用低廉的价格冲刺销量
宠粉款	可以参考市场上的普遍价格，上下浮动 10% ～ 20%
爆款	在直播过程中设置活动定价，与直播外较高的日常定价产生对比，显示出较大的折扣力度，或是与宠粉款或剧透款产品组合成售卖套餐来定价，让观众觉得物超所值
利润款	有一定利润空间的产品，同时也要用比平时优惠的价格来留住直播观众

续表

销售性质	定价要点
特供款	目的是树立形象而不是冲销量，所以可以设置较高的价格，打造高档次形象

（3）定价步骤

掌握了定价要点和定价策略，接下来就要考虑，到底该如何定价？以下就是定价的一系列步骤：

① 明确定价目标。首先要明确针对这款产品的定价，最终是为什么目标服务的。商家最普遍的想法是：定价是为了卖出产品、获得利润，这当然可以作为定价目标之一。此外，跨境直播商家还可以赋予产品更重要的意义，如表 3-40 所示。

表 3-40　定价目标

定价目标	定价方向
生存目标	想要依靠这款产品在跨境直播市场中生存下去，那么价格只需要能覆盖产品成本即可
利润目标	想要实现产品利润的最大化，因此可以在考虑需求和成本的情况下，定价尽可能地追求高利润，获得短期利益
市场目标	想要尽可能多地占领市场份额，这就可以通过市场最低价进入市场
产品目标	想要打造产品相关领域的头部形象，通常价格较高但又没有超出消费者的接受能力范围，也就是属于中高档价位

明确了定价目标，产品定价影响的范围也会因此更广，而不仅局限于影响产品本身。

② 确定市场需求。产品的市场需求是确定其最高价格的关键因素。在给产品定价时，需要考虑其需求属性，即是否为刚性需求或弹性需求。刚性需求产品由于其不可替代性，价格波动通常不会对销量产生显著影响。相反，对于弹性需求产品，定价时需格外谨慎，确保价格不超过市场的接受范围，以维持销量和市场份额。

③ 核算产品成本。产品成本决定了这个产品的最低价。成本分为固定成本和可变成本：固定成本就是产品无论有没有卖出都会产生的一系列费用，如直播间场地租金、人工、设备费用，仓库保管费，平台佣金，等等；可变成本则随着产品的情况变化而变化，如原材料、包装、售后赔偿、海外运输费用等产品成本。

所以为了更好地定价，跨境直播商家需要考虑不同情况，核算产品成本。

④ 选择定价策略。根据产品定价目标、市场需求和成本核算，选择合适的产品定价策略，确定最终价格。

素养小天地

工匠精神助力跨境直播产业行稳致远。新时代技术竞争、人才竞争愈发激烈，要想在行业中勇立潮头，无论扮演什么角色都要有工匠精神，不应该有“差不多思维”。为实现党的二十大报告中“发展数字贸易，加快建设贸易强国”的目标，作为跨境直播的商家，企业应当加强研发，打造中国商品品牌，要具备长远的发展眼光，保证输出产品的品质，在贸易领域树立中国自信。因此，跨境企业要有“人无我有，人有我优”的技术追求和商业品位，有志气、骨气、底气，花时间和精力追逐远大目标，精益求精，让技术和产品向一百分努力。长此以往，跨境直播产业就能持续、健康发展。人人都有工匠精神，中国智造、中国品质便能在国际舞台产生巨大感召力、影响力。

活动实践

解锁活动任务，进阶之路厚积薄发

活动情境

小优作为一名跨境电商商家，也想试试通过直播的途径，把跨境产品卖得更好。在选择好跨境电商直播的平台后，小优想，如果直播中选择市场上销售成绩很好的产品，竞争一定会非常激烈，这样可能会陷入价格战，反而导致产品不好卖；但是如果选择销售量不佳的产品在直播间中售卖的话，竞争对手确实会比较少，但消费者会愿意买单吗？产品会不会滞销？因此小优陷入了苦恼，不知道应该如何确定跨境直播要卖什么产品。

小优意识到，要想做好跨境直播，现在面临的问题是为跨境直播选品和定价。在选品方面，小优需要了解选品的原则和渠道，针对不同的消费人群制定不同的选品方案；在产品定价方面，既要了解跨境直播的价格影响因素，又要考虑跨境的复杂因素，掌握定价要点，还要针对消费者来严格制定定价策略。

活动流程

选品准备 — 制定选品方案 — 核算产品定价 — 完成直播选品

活动步骤

1. 制定选品方案

好的食材才能烹饪出美味的佳肴。同样，在跨境电商直播中，精心挑选的商品是吸

引海外消费者的关键。一场成功的直播带货，离不开对选品的深思熟虑。商家不能仅凭主观臆断或片面了解来选择产品，需要为每场直播制定合理的选品方案。

步骤①：确定选品方案。通过了解选品有哪些原则和渠道，再结合跨境直播针对的不同国家和地区的消费人群，了解其消费特征和喜好，为跨境直播确定选品方案。

小优计划在 TikTok 平台开展一次直播带货，时间初步定在 2 月底 3 月初。其在 TikTok 的粉丝群体画像为：粉丝群体集中在年轻女性，主要分布在东南亚国家，关注化妆技巧和护肤攻略，消费能力以中等消费为主。请帮助小优为这次带货直播制定选品方案，并完成表 3-41。

表 3-41　选品方案

序　号	产品基本信息	选品渠道	选品原因
选品 1			
选品 2			
选品 3			
选品 4			
选品 5			
选品 6			

步骤②：优化产品结构。在了解直播间不同销售性质产品的特征和作用的基础上，合理规划直播间排品，优化直播间产品结构。

请帮助小优将选品范围内的产品根据销售性质进行组合排列填入表 3-42，可以做出一定取舍，从而优化这场直播的产品结构，以便更好地发挥出选品优势。

表 3-42　选品优化

序　号	产品基本信息	销售性质（剧透款、宠粉款、爆款等）	排品原因
选品 1			
选品 2			
选品 3			
选品 4			
选品 5			
选品 6			

活动实践 1：Ann 是 TikTok 平台的一个跨境电商主播，其直播主要面向的是马来西亚的消费者，表 3-43 是 Ann 的粉丝后台数据，请总结其粉丝用户画像，并依据其画像，给出你的选品建议，填入表 3-44 中。

表 3-43 粉丝后台数据

直播间粉丝数量	粉丝年龄区间	粉丝男女比例	粉丝地区分布
1k	40 岁以上（20%）	男 54%	吉隆坡（25%）
	30-40 岁（30%）		槟城（21%）
	20-30 岁（30%）	女 44%	马六甲（9%）
	20 岁以下（20%）		新山（7%）

表 3-44 直播间用户画像和排品

直播间用户画像	
直播间选品建议	

活动实践 2：最近带有中国传统文化的产品在海外越来越受欢迎。为了响应国家政策，增强文化输出，许多品牌都致力于开发国潮产品。请将下列国产品牌和它们的产品类型一一连线对应。

良品铺子　　回力　　自然堂　　太平鸟

护肤品　　食品　　服装　　鞋帽

2. 核算产品定价

产品定价不仅关乎商家的利润，更直接影响到消费者的购买决策。一个合理的定价策略能够平衡商家与消费者的利益，提升直播间的销售转化率。然而，如何科学、准确地核算直播间产品的定价？跨境电商商家需要综合考虑多重因素。

步骤①：分析决定产品定价的因素，明确价格结构。要确定直播间商品的价格，需要先分析商品的价格结构，确定产品的最低保本价，同时还需要注意其他相关影响因素，以保证后期定价的合理。

小优在为这次直播间产品定价核算成本时，除了产品自身的成本价还需考虑哪些成本？

____

____

____

步骤②：完成产品定价。了解跨境电商直播中的定价要点，掌握定价策略，按照步骤来定价。

在一位经验丰富的运营人员的指导下，小优完成了销售性质为宠粉款的一款选品的最低成本价的核算，为人民币 27 元。请按照定价步骤，结合前两个任务所学的知识，帮助小优完成这一选品的最终定价填入表 3-45，并给出直播的折扣方案填入表 3-46。

表 3-45　定价步骤

定价步骤	结　果
明确定价目标	
确定市场需求	
核算产品成本	
选择定价策略	
确定最终价格	

表 3-46　产品定价方案（以马来西亚林吉特和人民币两种货币为单位）

产　品	保本最低价	实际定价	直播折扣	折后价格（交易价格）
某宠粉款选品	27 元			

活动实践 3：下表为某美妆产品跨境电商直播中各类商品的销售情况，请分析它们在这场直播中的销售性质是什么，并填入表 3-47 中。

表 3-47　跨境电商直播产品分类

名　称	定　价	直播间价格	销　量	销售性质
Makeup Mystery Box 美妆盲盒套装	£30	£30	948	
A Brand New Chapter Palette - Chapter Three 全新篇章眼影盘 - 第三章	£40	£38	48	
Boss Your Brows Eyebrow Bundle 眉笔眉粉眉胶套装	£15	£8	200	
It's Giving Princess Lip Oil Set 唇釉套装	£25	£25	26	
Pre-Order：How Do You Like Yours Easter Egg 复活节美妆彩蛋盲盒预售	£49	£49	87	

活动实践 4：某商家拟在美国跨境电商直播中针对某商品推行买二赠一活动，以吸引美国消费者。根据其定价策略及流程，商家核算该商品定价为人民币 49 元。请根据定价、实时汇率和活动力度，计算美国消费者在参与该促销活动后，平均每件产品的实际花费是多少美元（忽略其他额外费用）。

活动成果

请根据活动中的活动步骤，完成一次跨境电商直播的选品和定价，并将最终选品和定价情况整理出来提交给老师。

检查清单

在完成实践活动后，请进行清单自检，并将结果填入表 3-48 中，完成请打√。

表 3-48　检查清单

序　号	检查事项	是否完成
1	是否明确本工作页的任务要求	
2	是否了解直播账号类型	
3	是否能够说出账号定位的关键要素	
4	是否能够列出识别对标账号的原则	
5	是否掌握直播账号定位的策略	
6	是否能够筛选出适合的对标账号	
7	是否能够全面拆解对标账号	
8	是否达成本次任务的工作目标	

任务评价

评价方式采用多元化机制，评价主体由学生、小组与教师构成，评价标准、分值及权重如下表所示：

（1）学生进行自我评价，并将结果填入表 3-49 中。

表 3-49　学生自评表

评价项目	评价标准	分　值	得　分
信息检索	能有效利用网络资源、配套资料查找有效信息	10	
知识掌握	能有效理解学习任务中讲述的知识内容	15	
技能训练	能按任务书要求，按计划完成工作任务	15	
感知工作	能认同工作价值，在工作中获得成就感	10	
团队素养	能与教师、同学之间相互尊重、理解和平等交流	10	
职业素养	能严格遵守相关工作守则和法律法规	10	
思维状态	能发现问题、分析问题并解决问题	10	
参与状态	能发表个人见解，倾听他人意见和看法	10	

续表

评价项目	评价标准	分 值	得 分
创新意识	能在工作中提炼出创新点	10	
合 计		100	

（2）学生以小组为单位，对本工作页的实施过程与结果进行互评，将互评结果填入表 3-50 中。

表 3-50 学生互评表

评价项目	评价标准	分 值	得 分
团队素养	小组成员间合作紧密，能互帮互助	15	
	工作计划周密，组织有序	15	
	态度端正，有较强的吃苦耐劳精神	10	
工作情况	工作效率突出	20	
	工作成果完整且质量达标	30	
	严格遵守相关工作守则和法律法规	10	
合 计		100	

（3）教师对小组工作过程与工作结果进行评价，将评价结果填入表 3-51 中，并将综合评价结果填入表 3-52 中。

表 3-51 教师综合评价表

评价项目	评价标准	分 值	得 分
任务实施情况	能按时提交工作任务	10	
	提交的工作活动成果质量情况	25	
	工作目标达成情况	20	
	关键技能掌握情况	20	
思政素养	课后积极了解各直播电商平台账号信息填写的要求与规定	10	
	在定位规划方案作业中，确保表达和措辞都正面、积极、合规	15	
合 计		100	

表 3-52 综合评价表

综合评价	
自我评价（20%）	
小组互评（30%）	
教师评价（50%）	
综合得分	

案例解析

阅读行业典型案例，带给你一点点灵感

玩具相机在 TikTok 平台上热销

案例详情

一家集工贸于一体的玩具工厂公司，近年来凭借精准选品与营销创新的双重策略，在跨境电商领域取得了令人瞩目的成绩。特别是在 TikTok Shop 平台上，其多款爆款玩具销量持续飙升，成为行业的领军者。

其中，一款益智型玩具相机尤为引人注目。这款相机不仅外观设计时尚，还推出了与热门 IP 合作的特别款式，为孩子们提供了丰富多样的选择，充分满足了他们的个性化需求。家长们对这款玩具也赞不绝口，认为它不仅能带给孩子欢乐，还能培养他们的摄影兴趣，让他们学会用镜头捕捉生活中的美好瞬间。

该公司的运营团队凭借过往的成功销售经验和精准的价格数据，在确保产品质量的同时，制定了极具竞争力的价格策略，成功引领了这款玩具相机的销售热潮。爆单现象频现，充分证明了市场对这款产品的热烈追捧。

除了产品本身的独特性外，选品策略也起到了关键作用。团队深谙市场趋势和节日热点，他们提前进行测品，根据商品表现进行分层管理。对于具有潜力的产品，团队果断加大备货量，并精心拍摄短视频素材，与达人团队合作进行海外直播带货。这种精准而有效的营销策略，使得该公司的产品在 TikTok Shop 平台上获得了更多曝光，销量也持续增长。

凭借自有工厂以及与多家工厂的深度合作，该玩具公司在价格和款式上具有强大的竞争优势。多款产品拥有 CE 认证（欧盟强制性产品认证）&CPC 认证（儿童产品证书认证），确保了产品的品质和性价比。这些优势使得产品在市场上更具吸引力，也为其赢得了更多消费者的信任和支持。

此外，团队会根据不同节日选择相应的产品进行推广，例如在情人节时，会选择永生花、毛绒玩具等具有节日氛围的产品进行重点推广。这种精准的市场定位和产品选择，使得该公司在节日期间实现了销售的最大化。

通过 TikTok Shop 平台的内容场，该玩具公司的商品销量不断攀升，成功打造出多款热销爆品。最高时日销量甚至突破 1000 多件，大促期间店铺 GMV 的增长率更是呈现出惊人的 200%。

（案例来源：https://mp.weixin.qq.com/s/irsB9peeS4RkixrFie1kxw，最后访问日期：2025 年 3 月 16 日）

课堂小测

即时检验学习成果，小试牛刀见真章

1.【单选】在跨境电商直播的选品过程中，下列哪项不属于“地利”原则考虑的范畴？（　）。

A. 考量产品生命周期，选择生命周期短的产品以打造爆品

B. 严格筛选产品品质，确保所售商品的质量上乘

C. 深入了解产品的外观设计是否侵犯了相关专利

D. 直播间主播的魅力和口才，以吸引更多粉丝关注

2.【单选】根据产品的销售性质、直播间的营销方式来专门设定的价格，属于（　）。

A. 消费者导向定价　B. 营销导向定价

C. 市场导向定价　D. 成本导向定价

3.【多选】以下关于第三方数据平台的说法正确的是（　）。

A. 通过谷歌趋势能够了解产品的周期性特点，有利于把握产品销售先机

B. Bigspy 不仅能够显示产品搜索和点击量，还能显示成交量

C. Ahrefs 能够帮助跨境直播商家全方位分析产品的广告投放和营销动态

D. 通过直观的数据呈现，跨境直播商家可以利用第三方数据平台选品

4.【多选】产品根据销售性质划分的话，可以分为（　）。

A. 爆款　B. 利润款　C. 宠粉款　D. 特供款

5.【判断】一味地参考竞品来定价，最终可能会导致亏损。（　）

6.【填空】做跨境电商直播时，也应树立________的意识，达到打造品牌、输出文化的作用。

竞赛模拟

实战演练竞技场，锤炼本领展锋芒

跨境电商直播选品方案赛

每个团队由 3 ～ 5 名选手组成。参赛团队模拟跨境电商企业身份，撰写并提交一份跨境电商直播选品策划及运营方案（PDF 格式，方案文件命名为：作品名称＋团队名称，方案需包含封面，封面需包含作品名称、团队名称、参赛团队成员和指导教师的姓名及联系电话）。方案撰写要求如下：

（1）运用跨境电商数据分析方法论证开发该直播产品的可行性。

（2）主要开发的国家和市场分析。

（3）确定产品的定位和定价策略。

（4）新产品的英文文案。

（5）优质产品图片（主图、细节图）。

（6）PDF 参赛方案统一发送至负责老师的邮箱。

自我分析与总结

我学会的

我要注意的

整理本节课所学知识点，在下方补充知识链接与实训实操思维导图

项目四

跨境电商直播间搭建与维护

跨境电商直播间搭建与维护是跨境电商直播运营人员必须掌握的专业技能。本项目基于企业工作场景，主要讲解跨境电商直播间运营的搭建直播间、维护直播间等相关知识点。

课时：6 课时

跨境电商直播间搭建与维护——内外兼修，务实为本

学生工作页

项目概述

直播间搭建与维护在跨境电商直播运营中扮演着至关重要的角色，它不仅关系到直播间的形象，更是吸引用户、提高用户黏性的关键因素。一个高品质、专业的直播间不仅能够提升观众的观赏体验，还能加强主播与观众之间的互动，从而提高直播效果。

项目计划

针对跨境电商直播间搭建与维护工作，下方梳理出了企业的典型工作流程，并制定了工作计划，同学们可依据该计划实施工作活动。

流程图如下：

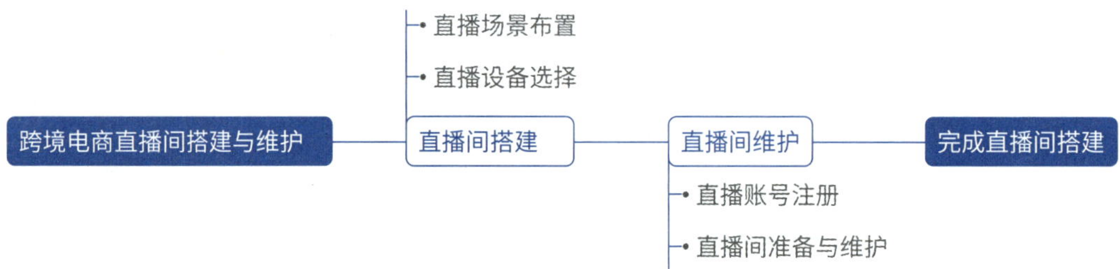

项目任务书

表 4-1　项目任务书

序　号	学习任务	项目任务简介	学　时
1	直播间搭建	介绍直播间直播设备，掌握直播间布置方法，保障直播带货活动顺利开展	3
2	直播间维护	依据各平台规则，提供相关材料，完成直播账号开通及主页信息完善等开播基础操作，准备好直播期间需要的物料，及时维护直播秩序	3

项目分组

表 4-2　工作任务分配表

<table>
<tr><td>班　级</td><td></td><td>组　号</td><td></td><td>指导老师</td><td></td></tr>
<tr><td>组　长</td><td></td><td>学　号</td><td colspan="3"></td></tr>
<tr><td rowspan="4">组　员</td><td>姓　名</td><td>学　号</td><td>姓　名</td><td colspan="2">学　号</td></tr>
<tr><td></td><td></td><td></td><td colspan="2"></td></tr>
<tr><td></td><td></td><td></td><td colspan="2"></td></tr>
<tr><td></td><td></td><td></td><td colspan="2"></td></tr>
<tr><td colspan="6">任务分工</td></tr>
<tr><td colspan="6">在明确工作任务后，将小组成员分工明细填写在下方</td></tr>
</table>

项目工作准备

1. 阅读任务书，理解学习计划中的学习要点及实践活动要求。
2. 了解常见的跨境电商直播间布置样式，搜集典型的跨境电商直播间搭建案例。
3. 结合学习任务，查看课前学习视频、文章及资讯并记录疑点和问题。

任务 1 搭建直播间

任务描述

在跨境电商直播间搭建当中，根据直播类型的不同，需要的场地大小也有所差异，合理地选择适合的场景，才能营造出更好的直播效果。其中对于直播设备的搭配也是需要相对应的调整，只有按需选择才能营造出一个高质量的直播间，让直播画面呈现效果更加优质。

任务目标

通过本任务的学习，学生应当能够：

知识目标

1. 了解直播人员的组成。
2. 掌握直播场景搭建的方法。
3. 掌握直播设备的选择方法。

技能目标

1. 正确选择直播场地。
2. 合理选择直播背景。
3. 科学选择直播设备。

素养目标

1. 具备成本意识，养成勤俭节约的好习惯。
2. 具备工匠精神，培养认真负责的工作态度，为全面建设社会主义现代化强国贡献力量。

知识链接

匠心筑台聚人气，恒守品质固根基

直播间是直播的载体，也是直播顺利开展的基石，直接影响着直播的整体效果。一个高质量、设计精良的直播间，能够让用户沉浸其中，产生情感连接。因此，在搭建直播间时，从直播人员配置到直播场景搭建，再到直播设备选择，每一个细节都尤为重要。

活动 1　直播人员配置

一场好的电商直播不仅依赖主播的专业能力，通常还需要直播团队人员的默契配合。随着直播行业的竞争日益激烈，筹划组建一支高效的直播团队是提升直播竞争力的重要前提。进行直播人员配置一般从直播团队、店铺团队、拍摄团队三个方面着手。

直播人员配置：打造协同作战的直播战队

1. 直播团队

（1）运营

运营就是针对直播间进行计划、组织、实施、控制的人。对于直播运营而言，需要做的工作有很多。如表 4-3 所示。

表 4-3　运营工作职责

时　间	职　责
直播前	学习掌握平台规则
	管理直播间人、货、场所有工作
	策划直播间所有优惠活动内容
	确定直播间选品、价格、优惠策略并安排落地
	配合主播整理直播话术并配合演练
	直播间场景布置、协调与优化
	发布预热视频
直播中	把控直播间节奏、协调主播、场控，以及助播状态
	通过控制人、货、场为直播间持续提升曝光率
	直播期间配合直播流程进行粉丝互动、弹幕发放等工作
	记录直播中存在的问题
直播后	直播间数据统计、整理、分析
	与直播团队进行直播复盘

（2）主播

主播是直播的直接执行者，在直播间中起着主持人的作用。其工作职责如表 4-4 所示。

表 4-4　主播工作职责

时　间	职　责
直播前	将直播脚本的内容、商品的特性与卖点、活动、粉丝福利等内容了然于心，以便在直播过程中统筹全场，流畅地进行商品介绍并与粉丝互动，引导粉丝关注和下单
直播中	掌控直播节奏，活跃直播间的氛围
直播后	参与直播复盘，与直播团队一起分析直播效果

（3）助播

助播的主要职责是辅助主播。一般情况下助播要协助主播带动直播间气氛。而在直播间很忙或者主播无暇顾及其他事情的时候，助播就需要给粉丝讲解活动，引导粉丝点点关注，让粉丝下单。此外每当主播短暂离开镜头时，助播要暂时接手直播间顶替主播。

（4）场控

场控是指在直播过程中负责现场管理和调度的人员。场控的作用主要是执行直播策划方案，在直播现场协助主播按照方案、计划进行，保证直播现场顺利进行。其主要职责包括：

①直播前搭建与调试直播软、硬件设备。

②跟进主播的直播进程，进行相关的直播后台操作，如红包发放、商品上下架等。

③指令的接收及传达。比如直播运营有传达的信息，场控就要传达给主播和助理，由他们把信息转达给观众。

（5）中控

直播中控是负责管理和监控直播平台的专业人员。他们的主要职责包括直播节目的开播、直播画面的切换、特效的添加和编辑、文字与图片的更新等。此外，还需要保证直播的稳定性，及时处理直播中出现的故障和问题，确保直播的正常进行。

（6）投手

直播投手指负责直播间流量采买的角色。投手的任务就是通过数据分析和用户分析推导出更适合当下的引流策略，把目标客群引进直播间。具体工作职责有：

① 熟悉直播信息流平台操作规则，负责信息流广告渠道投放。

② 监控和分析投放的数据效果，围绕数据效果持续优化和调整投放方案。

③ 把控投放成本，提升投放效率和水平。

2. 店铺团队

（1）选品

选品是一种新型职业，主要指店铺和直播产品的选择者。选品者在决定一件商品前，需要充分了解商品的特点和功效，把握商品质量。除此之外，还要负责与商家对接，进行直播时间的安排，商品的上线时间，等等。在直播结束后，选品者还需要跟踪用户的使用体验、反馈，以做好下回的产品调整。

要想做好选品工作，选品者应具备产品趋势分析能力，做到对产品价格敏感、对产品卖点敏感、对产品质量敏感，有效分析产品的潜力，这些都直接影响店铺与直播的产品转化率。

（2）美工

美工是产品视觉效果的制造者。他们的主要工作为制作直播海报、店铺主图、详情页等。一位合格的美工应具备产品审美能力，对产品卖点、使用场景、空间构图敏感，只有这样才能制作出对客户具有视觉冲击力的作品。

（3）客服

客服是店铺的维护者、客户疑问的解决者。他们主要负责直播期间的用户咨询和订单处理工作，做到在最短时间内解决好相应问题，为观众提供良好的购物体验。对客服来说，只有具备强大的心态，才能够应对客户的疑问推动问题的向良性方向解决。

（4）仓储

仓储人员是货品的管理者，需要对货品入库出库负责。在入库管理方面，仓储人员需要对货物进行验收、记录，将货物正确放置到相应的库位中。在出库管理方面，则需要了解产品的销售情况、不同区域的运输时间，以确保货物及时、准确地送达客户手中。

3. 拍摄团队

（1）策划

策划是账号视频内容和直播活动流程的策划者。其主要工作为根据产品或品牌特点，制作吸引人的活动或内容。合格的策划应具备创作能力，能使内容、产品、人物、事件、文案高度关联，并且对活动及视频内容的质量负责。

（2）拍摄

视觉的呈现者，负责拍摄直播期间的画面和账号视频的内容，并确保画面质量和角度的稳定与合适。拍摄者除应具备优秀的摄影能力外，还须统筹时间维度，精准把控场景中的环境风格要素。

（3）剪辑

剪辑人员负责对直播过程中的录像素材或拍摄的视频内容进行剪辑、调色和后期制作，以确保视频质量和流畅度，对最终呈现效果负责。

活动 2 直播场景搭建

搭建出符合直播需求的场景，可以营造愉悦、积极的观看氛围，增强直播的互动性和观感度，让观众更加专注于主播的讲解，理解主播传达的信息。下面将从直播场地选择、直播背景选择、其他物料选择三个方面进行直播场景搭建的内容讲解。

直播场景搭建：用设计点亮流量的舞台

1. 直播场地选择

直播场地是直播内容输出的重要载体，它要根据直播的内容和形式进行选择。基于大小和布置的不同，可以将直播间分为大型直播间、中型直播间、小型直播间。

（1）大型直播间

大型直播间的场地规模一般在 60 平方米以上，能够满足直播区、样品区、运营区、休息区，以及化妆区等多功能区域配置，实现直播场地一体化。基于其充足的场地空间，直播出镜人员可增至 10 人以上。如图 4-1 所示。

（2）中型直播间

中型直播间一般占地面积在 20 ～ 40 平方米，可根据实际情况合理布局直播区、样品区、运营区等区域。中型直播间可满足坐播、站播两种形式和大多数产品的直播场景需求，出镜人员可增至 2 ～ 3 人。如图 4-2 所示。

图 4-1　大型直播间示例

图 4-2　中型直播间示例

（3）小型直播间

这类直播间一般占地面积在 8 ～ 15 平方米左右，一般会将直播区和运营区合并，将场地使用最大化。小型直播间普遍适用于 1 ～ 2 人出镜的坐播直播场景中，适用的直播类目为美妆、玩具等小型物品。如图 4-3 所示。

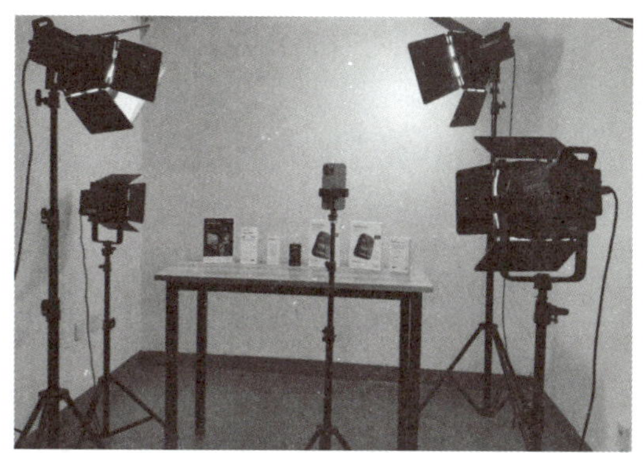

图 4-3　小型直播间示例

2. 直播背景选择

直播间背景有多种形式，常见的为以下四种：

（1）KT 背景板

KT 背景板（聚苯乙烯覆膜发泡展示背景板，以下简称 KT 板）是一种非常常见的直播布景方式。很多时候由于近景直播所展示的背景区域有限，一些直播间会专门制作相应的 KT 板，装饰成直播间背景，如图 4-4 所示。它的优点有：布景方式较为简单、适用于绝大部分直播间、不受场地限制、可以根据需求更换不同的背景板。但也存在效果一般、灵活度低的局限性。

（2）实景背景

实景背景指通过搭建真实的背景为用户提供更具层次的视觉感受，如图 4-5 所示。它需要较大的空间去进行布置，对于装饰的要求也较高，因此人员和道具的投入也较大。实景背景的优势是真实感强、视觉体验好、便于消费者记忆关键信息。劣势为成本较高、灵活度低、更换麻烦。

图 4-4　KT 背景板示例

图 4-5　实景背景示例

（3）LED 背景

LED 屏背景是一种成本很高的布景方式，适合预算较大的企业使用。它以一块或者多块 LED 屏幕作为直播背景，其展示效果与绿幕极为相似，可以把背景任意换成自己想要的场景，如图 4-6 所示。LED 屏背景动态效果自然，视觉体验较好，更换方便，操作简单。但也容易设置过度，造成视觉疲劳。

（4）绿幕背景

绿幕背景是指通过抠图置换技术将绿幕替换成自己想要的场景，如图 4-7 所示。它一般应用于影视行业，后来随着直播行业的发展，逐渐应用到直播间。绿幕背景操作方便、成本低、易于搭建且能带来良好的视觉效果。但也有效果受设备限制、对产品和人员着装颜色有要求的劣势。

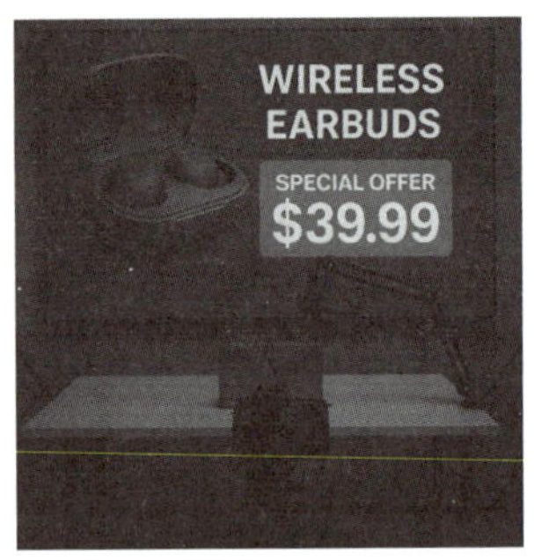

图 4-6　LED 背景示例

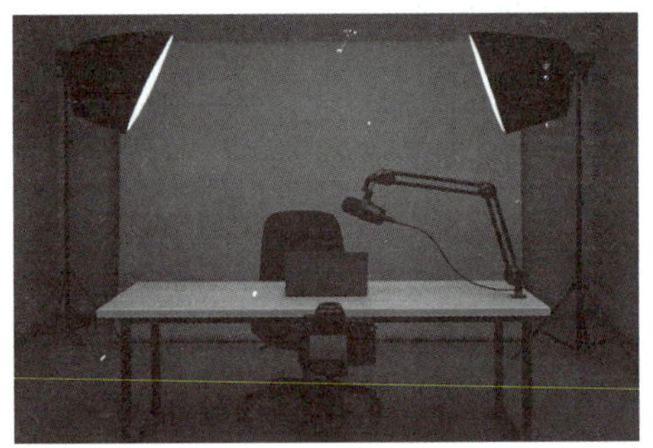

图 4-7　绿幕背景示例

3. 其他物料选择

在直播场景搭建中，除了上述内容外，直播运营团队还可以根据实际需要准备其他相关的直播物料。

（1）布置物料

布置物料主要指用于搭建和装饰直播空间的物品。借助布置物料可让直播间更加专业且吸引人。以下是布置物料的主要类型：

① 照明设备。用于提供充足且均匀的光线，确保直播画面清晰明亮。

② 展示架或展示台。用于摆放产品、道具或宣传资料，方便观众了解直播内容。

③ 产品。可将所卖产品的样品陈列在直播间。

④ 绿植或装饰物。增加直播间的美感和活跃度，提升观众的观看体验。

（2）氛围物料

直播间氛围物料主要有：

① 音乐设备。播放与直播内容相契合的背景音乐或特效音乐，营造轻松愉快的氛围。

② 道具。如玩具、服装、饰品、迎合主题的桌面摆件、配合活动的手牌等，可增加直播的趣味性和互动性。

③ 互动设备。方便观众与主播进行实时互动，提升直播的活跃度。

④ 气氛道具。如烟雾机、泡泡机等，用于营造梦幻般的视觉效果，增强观众的沉浸感。

素养小天地

2023 年 3 月 12 日，在由山东省商务厅联合快手举办的“好客山东、好品山东——爱心助农专场直播”中，当地某企业家为家乡代言，给全国观众带来一场兼具民俗特色和山东好物的直播盛宴。

直播现场整体布置高度还原农家丰收的氛围，除了在院子里摆满花生、红辣椒、玉米等，还安排了剥玉米的大妈、围成一圈烤火的叔叔阿姨们……直播时内容精彩纷呈，民俗文化持续“上新”。热情嘹亮的山东秧歌、充满特色的沂蒙小调，让开场氛围就达到了高点，直播间观众纷纷在线点赞，直呼“刷新直播带货的视听高度”。

对于跨境直播团队而言，在搭建直播间时，除了学习上述案例的实景搭建技巧提高直播效果外，还要做到尊重直播各国的风俗民情，避免使用可能引起观众不满的物料设备，确保直播活动的顺利进行。

（参考来源：https://swj.linyi.gov.cn/info/1181/12795.htm，最后访问日期：2025 年 3 月 12 日）

活动 3 直播设备选择

1. 直播摄像设备

摄像设备是呈现直播现场必备的工具，摄像设备质量好坏会直接影响到直播的效果。直播间常用的摄像设备有手机、摄像头、摄像机等。

直播设备选择：提升观众体验的黄金配置

（1）手机

手机是直播最方便、最基础的摄像设备。主播在手机中安装直播软件后，通过手机摄像头即可进行直播。一般来说，手机配置越高，效果越好。因此选择手机进行直播时需要确保选择的手机内存充足、摄像头像素高、性能稳定。在直播开始之前，还要保证手机电量充足，并避免电话或无关信息的打扰。

(2) 摄像头

直播间想用较少的预算实现较好的直播画面效果时，直播摄像头是优选。目前市场上的摄像头主要有带有固定支架的摄像头、软管式摄像头、可拆卸式摄像头三种。直播团队在挑选直播摄像头时应充分考虑直播场景需求，摄像头的画质表现、变焦能力、操作是否便利等因素。

(3) 摄像机

如果普通的手机和摄像头无法满足需求的话，可以使用较高规格的摄像机。摄像机在视频方面有着得天独厚的优势，通过专业摄像机拍摄的视频清晰度高，对焦准，色温色差均衡，画质更加稳定。同时，可以更专业地处理声音并融入背景音乐，提升整体声音收听效果。

2. 直播灯光设备

灯光设备是十分重要的，有时候产品品质展现不佳、直播画面暗淡模糊、直播画面出现色差等问题都是因为没有选对灯光设备造成的。选对专业的直播灯光设备，不仅可以让直播间画面干净明亮，还能增加直播间的互动率和留存率。

(1) 常用灯光设备

① 环境灯。环境灯主要起照明的作用，负责整个直播间的亮度，通常以冷色调的灯光为主，一般是顶灯或者独立的 LED 灯。

② 主光灯。主光灯一般选择环形灯。如图 4-8 所示。它可以使主播的脸部受光均匀，起到磨皮美白的效果。此外，环形灯还有使用方便、便于携带的优点。

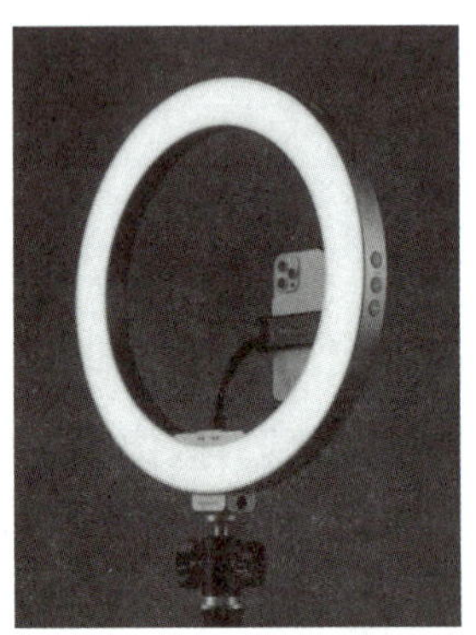

图 4-8　环形灯

③ 补光灯。直播中常用的补光灯主要包括柔光灯和球形灯，如图 4-9、4-10 所示。柔光灯，主要用于双侧面补光，通过搭配环形灯可以实现 180 度全方位补光。而球形灯主要用于整个空间补光、变亮。

直播时补光灯一般选择球形灯，因为它打出来的光足够柔和，在主播前侧左右各放一盏，既能补光又能柔光，起到美颜的效果。

图 4-9 柔光灯

图 4-10 球形灯

④ 背景灯。背景灯一般安装在主播身后的背景墙上，起到装饰和烘托氛围的作用，让直播间的明暗对比更加立体。

（2）不同灯光作用

直播间的不同光源类型及作用如表 4-5 所示。

表 4-5 不同光源类型及作用

光源类型	概念及作用
主光	指与摄像头同一方向映射的光线。主光承担起主要照明的作用，在照亮整体直播间和产品表面的同时还可以使主播脸部受光匀称
辅助光	指从主播左右侧面呈 90° 照射的光线。辅助光能增加立体感，起到突出主播侧面轮廓的作用
轮廓光	指从主播后面照射过来的光线。轮廓光能使主播轮廓分明，提升直播画面氛围感
顶光	指从上面照射下来的光线。能增加背景和地面照明，并且对主播有修容的效果
背景光	指照亮直播间，使其各点亮度都尽可能统一的光线。背景光能融合室内其他灯光效果，使灯光更加和谐

（3）灯光使用搭配

在为直播间布光时，由于主播和商品的受光程度与其所处位置有关，所以位置不同，受光效果也不同。因此，做好直播间灯光使用搭配，可以使主播或商品呈现的画面效果更佳。

直播间常用的灯光使用搭配方案

直播辅助设备

活动实践

解锁活动任务，进阶之路厚积薄发

活动情境

在完成直播风格与确认直播选品之后，小优面临了另一个难题，就是如何搭建直播间。为了营造更好的直播效果，从直播场景的布置到直播设备的确认，都需要根据产品特性来进行，这样才能够让直播画面的效果更好。

活动流程

直播间搭建 —— 直播场景布置 —— 直播设备选择 —— 完成直播间搭建

活动步骤

1. 直播场景布置

直播场景的布置与所直播的产品息息相关，有些产品适合坐播，有些适合站播，不同的产品对于场地大小的要求有所不同，而不同的场地所需要的布置方式也完全不同，所以只有根据产品再去确认场地，最终再进行场地布置，才能更加匹配。

步骤①：直播场地确认。直播间搭建首先需要确认的就是直播场地，根据需要直播的产品，来确定场地的大小。

经过前期的直播风格和选品确定之后，小优最终打算进行运动鞋服销售，请问该类产品适合哪一种直播场地（在相应选项前的括号里勾选）：

（ ）小型直播间　　（ ）中型直播间　　（ ）大型直播间

步骤②：直播背景布置。确认完直播场地的大小之后，我们再结合产品进行布置。

确认直播场地后，小优还需思考如何布置直播间的直播背景，帮助小优梳理运动服饰类目直播间的背景布置细节与注意事项，并将其填入表 4-6 中。

表 4-6　背景布置表

	背景布置细节	背景布置注意事项
运动服饰类目		

步骤③：布置物料选择。直播间的大小和产品的不同，所需的布置物料也会有所差异，要根据实际直播间需求来进行采购。

假设小优这场运动鞋服类目产品的直播主题为“陪你过暖冬”，请问小优可能需要用到哪些布置物料？

活动实践 1：选择三个直播间，分析这些直播间的场景布置信息，并将分析结果填入表 4-7 中。

表 4-7　场景布置信息表

直播间名称	直播间类型	直播场地	直播背景	布置物料

活动实践 2：观看三个不同类别的 TOP 直播间，分析场景布置对直播间带来哪些方面的提升，并将分析结果填入表 4-8 中。

表 4-8　场景效果分析表

账号名称	场景分析

2. 直播设备选择

在跨境电商直播中，有很多的直播类型，不同的直播类型对于直播设备的需求是完全不一样的。只有根据实际场景，再去进行直播设备的选择，才能呈现出更好的直播效果。

步骤①：摄像设备选择。摄像设备的选择取决于直播类型和场地，根据实际场景需求，再去选择合适的设备，避免冗余，节约直播采购预算。

假设小优决定搭建一个大型直播间来进行运动鞋服产品的直播，她该选择什么摄像设备？请在表 4-9 中进行选择，并阐述原因。

表 4-9　摄像设备选择表

摄像设备选择	原　因
手机	
摄像头 + 电脑	
摄影机 + 电脑	

步骤②：灯光设备选择。场地的大小和直播的类型，决定了对于灯光的需求，合理地选择灯光配置，才能够营造更好的直播画面效果。

假设小优要去服装生产车间进行这场直播，你觉得选择什么样的灯光设备最合适？请在下列选项后的括号中勾选。

环形补光灯 1 盏 + 箱形补光灯 1 盏（　）

环形补光灯 2 盏 + 箱形补光灯 2 盏（　）

环形补光灯 1 盏 + 箱形补光灯 2 盏（　）

环形补光灯 2 盏 + 箱形补光灯 1 盏（　）

步骤③：其他设备选择。选择完主要的摄像和灯光之后，还有一些辅助设备也需要根据实际需求进行采购，这有利于提升直播效果。

请根据以下直播类型，帮助小优填写其可能需要准备的直播辅助设备，完成表 4-10。

表 4-10　辅助设备选择

序　号	直播类型	辅助设备
1	运动鞋服	
2	美妆产品	
3	原产地直播	

活动实践 3：请浏览一下 TOP 级别的直播间，分析一下他们采用的是什么直播设备，这些设备对于直播间起到什么作用。

____

____

活动实践 4：在带货直播中，场景对于设备的选择非常重要，合理的搭配才能塑造更好的直播画面效果。请问在什么场景下使用手机直播会比较好？并简述一下手机直播的优、劣势。

____

____

活动实践 5：请根据所学知识，思考 3C（计算机、通信、消费类电子产品的统称）电子类产品直播间的场景布置要求和需要的直播设备，完成表 4-11。

表 4-11　布置与设备清单

直播类别	直播场地	直播背景	布置物料	摄像设备	灯光设备	其他设备
3C 电子类产品						

请根据活动中的活动步骤，完成直播场景布置与直播设备选择，并将最终完成的布置与设备清单提交给老师。

检查清单

在完成实践活动后，请进行清单自检，并将结果填入表 4-12 中，完成请打√。

表 4-12　检查清单

序　号	检查事项	是否完成
1	是否明确本工作页的任务要求	
2	是否了解直播账号类型	
3	是否能够说出账号定位的关键要素	
4	是否能够列出识别对标账号的原则	
5	是否掌握直播账号定位的策略	
6	是否能够筛选出适合的对标账号	
7	是否能够全面拆解对标账号	
8	是否达成本次任务的工作目标	

任务评价

评价方式采用多元化机制，评价主体由学生、小组与教师构成，评价标准、分值及权重如下表所示：

（1）学生进行自我评价，并将结果填入表 4-13 中。

表 4-13　学生自评表

评价项目	评价标准	分　值	得　分
信息检索	能有效利用网络资源、配套资料查找有效信息	10	
知识掌握	能有效理解学习任务中讲述的知识内容	15	
技能训练	能按任务书要求，按计划完成工作任务	15	
感知工作	能认同工作价值，在工作中获得成就感	10	
团队素养	能与教师、同学之间相互尊重、理解和平等交流	10	
职业素养	能严格遵守相关工作守则和法律法规	10	
思维状态	能发现问题、分析问题并解决问题	10	
参与状态	能发表个人见解，倾听他人意见和看法	10	
创新意识	能在工作中提炼出创新点	10	
合　计		100	

（2）学生以小组为单位，对本工作页的实施过程与结果进行互评，将互评结果填入表 4-14 中。

表 4-14　学生互评表

评价项目	评价标准	分　值	得　分
团队素养	小组成员间合作紧密，能互帮互助	15	
	工作计划周密，组织有序	15	
	态度端正，有较强的吃苦耐劳精神	10	
工作情况	工作效率突出	20	
	工作成果完整且质量达标	30	
	严格遵守相关工作守则和法律法规	10	
合　计		100	

（3）教师对小组工作过程与工作结果进行评价，将评价结果填入表 4-15 中，并将综合评价结果填入表 4-16 中。

表 4-15　教师综合评价表

评价项目	评价标准	分　值	得　分
任务实施情况	能按时提交工作任务	10	
	提交的工作活动成果质量情况	25	
	工作目标达成情况	20	
	关键技能掌握情况	20	
思政素养	课后积极了解各直播电商平台账号信息填写的要求与规定	10	
	在定位规划方案作业中，确保表达和措辞都正面、积极、合规	15	
合　计		100	

表 4-16　综合评价表

综合评价	
自我评价（20%）	
小组互评（30%）	
教师评价（50%）	
综合得分	

案例解析

阅读行业典型案例，带给你一点点灵感

霍尔果斯跨境电商直播人才团队壮大，打造贸易新桥梁连接中亚市场

案例详情

霍尔果斯片区充分发挥跨境合作区与陆上边境口岸型国家物流枢纽的区位优势，积极发展跨境电商与跨境电商直播业务，推动线上线下交易同步进行，有效推动了中国与中亚、西亚及欧洲市场之间的贸易联系日益紧密。

在中哈霍尔果斯国际边境合作中心义乌国际商贸城内，跨境电商直播活动每日持续进行，众多主播用哈萨克语、俄语等语言进行商品推广，覆盖中亚及周边市场。以某跨境电商直播团队为例，该团队共有 25 人，按 2 ～ 3 一组，负责 8 个不同品类的线上店铺运营与直播推广。团队实行高频次直播排班制，每日安排早、中、晚三场直播，每位主播平均每日直播时长不少于 6 小时。通过系统化运营与本地化语言推广，团队在 2023 年度累计在中亚市场吸引粉丝数超过 300 万人，实现直播带货销售额逾 2000 万元人民币。

根据该团队销售部门负责人的介绍，团队规模预计将在 2024 年 7 月扩充至 200 人，以进一步提升跨境电商直播服务能力。目前，团队已与中亚地区多所高校开展联合培养计划，积极引进海外年轻人才，打造多语种、多文化背景的直播运营团队。该团队计划以中哈霍尔果斯国际边境合作中心为核心，建设面向中亚地区的跨境电商直播采购基地，助力更多优质中国产品开拓海外市场，增强区域跨境贸易主体的核心竞争力。

（案例来源：https://mp.weixin.qq.com/s/4sXss0Hnu1LpjQok5w0mCw，最后访问日期：2025 年 1 月 23 日）

课堂小测

即时检验学习成果，小试牛刀见真章

1.【单选】主播在直播中的工作职责是（　　）。

A. 掌控直播节奏，活跃直播间的氛围　　B. 直播间数据统计、整理、分析

C. 与直播团队进行直播复盘　　D. 学习掌握平台规则

2.【单选】直播间流量采买的角色称为（　　）。

A. 场控　　B. 中控　　C. 投手　　D. 客服

3.【多选】以下是直播间氛围物料的是（　）。

A. 音乐设备　　B. 道具　　C. 摄像机　　D. 互动设备

4.【多选】下面是直播中常用的补光灯的是（　）。

A. 环境灯　　B. 柔光灯　　C. 球形灯　　D. 背景灯

5.【判断】轮廓光指从主播左右侧面呈 90° 照射的光线。（　）

6.【填空】直播时补光灯一般选择＿＿＿＿＿＿＿＿。

竞赛模拟

实战演练竞技场，锤炼本领展锋芒

跨境电商直播间搭建赛

每个团队由 3 ～ 5 名选手组成。参赛团队模拟跨境电商企业身份，撰写并提交一份跨境电商直播间搭建方案（PDF 格式），方案文件命名为：作品名称＋团队名称，方案需包含封面，封面需包含作品名称、团队名称、参赛团队成员和指导教师的姓名及联系电话。方案撰写要求如下：

（1）阐明直播人员配置原因。

（2）确保直播场景满足直播需求。

（3）直播设备选择做到合适全面。

（4）PDF 参赛方案统一发送至负责老师的邮箱。

自我分析与总结

我学会的

我要注意的

整理本节课所学知识点，在下方补充知识链接与实训实操思维导图

任务 2 维护直播间

任务描述

跨境电商直播是实时进行的一场活动，直播间氛围的维护是确保直播成功的关键要素之一，直接影响着观众对品牌的认知和信任度，以及他们在直播间的购买决策意愿。然而，这一过程并不简单，从开播前周密的准备工作，再到直播过程中的氛围维护，每一个环节都至关重要。

任务目标

通过本任务的学习，学生应当能够：

知识目标

1. 了解平台开播前直播团队所需完成的各项准备工作。
2. 掌握直播账号的注册方法与流程。
3. 掌握直播间维护的方法。

技能目标

1. 合理选择直播平台站点，完成直播账号注册。
2. 做好开播准备，在直播平台完成电商直播间的创建。
3. 维护直播间的秩序与氛围。

素养目标

1. 勇于应对挑战，能积极主动地解决工作中出现的问题。
2. 培养踏实肯干、吃苦耐劳的工作作风。
3. 致力于提升直播内容的内涵和品质，弘扬主流价值、传递正能量。

知识链接

匠心筑台聚人气，恒守品质固根基

在跨境电商直播中，开播只是起点，保障直播的顺利进行才是更大的挑战。现实中，直播间常会面临诸如评论区不良言论影响直播氛围、用户快速流失甚至设备突发故障等问题。这些问题不仅会影响观众的观看体验，还可能直接导致销售目标无法完成。因此，直播间的维护工作至关重要。

活动 1　开播准备

1. 直播账号注册

直播账号注册是开播准备的第一步，也是关键的一步。账号不仅是主播在直播平台的身份标识，更是主播与观众建立联系、传递信息的桥梁。一个正规、专业的直播账号，能够给观众留下良好的第一印象，增加观众对主播的信任度。本节将以 TikTok 平台为例，介绍直播账号注册的相关知识。

开播准备：打造直播间前的系统准备

（1）TikTok 站点选择

TikTok 账号注册地区的选择极为重要，切不可盲目。如果商家已经确定了目标市场所在地，则需注册目标市场的 TikTok 账号。若还未确定，则需要根据商家自身情况和站点市场情况进行分析选择。

TikTok 站点概述与账号注册流程

（2）TikTok 注册与设置

下载并安装 TikTok App 后，进入注册界面，选择注册方式（TikTok 支持手机号、邮箱和第三方平台账号注册三种方式。邮箱注册方式不受地域限制，操作简便，推荐优先选择），填写信息，完成身份验证，即可创建账号。注册完成后需设置密码与昵称。

新账号注册完成后，需尽快补充个人资料，包括头像上传、账号简介撰写等。资料设置应真实、规范，展示内容应体现账号定位与直播属性，有助于增强用户信任与平台推荐效果。

素养小天地

《中华人民共和国消费者权益保护法实施条例》（以下简称《条例》）将于2024年7月起正式施行，为新征程上推进消费环境建设强化了法治保障。

《条例》中规定，在强化信息披露方面，经营者通过网络、电视、电话、邮购等方式提供商品服务的，应当在其首页、视频画面、语音、商品目录等处以显著方式标明或者说明其真实名称和标记。由其他经营者实际提供商品服务的，还应当向消费者提供该经营者的名称、经营地址、联系方式等信息。直播带货必须明确“谁在带货”“带谁的货”，这是营销的前提和底线。

尽管不同国家和地区的法律法规存在差异，但企业在开展跨境电商直播营销时，都应确保直播信息的真实性和合法性，这样才能更好地获得用户信赖，实现更好的直播效果。

（参考来源：https://www.gov.cn/zhengce/zhengceku/202403/content_6940159.htm，最后访问日期：2025年3月15日）

2. 直播团队准备

在上一节“搭建直播间”任务中已简要介绍了直播团队中各个岗位需要在直播前做好的工作内容。本节再从人、货、场的角度介绍要开启一场跨境带货直播需做好的工作，只有做好了准备工作，才能让一场直播取得更好的效果。

（1）人——主播预备

在开播前，主播要熟悉直播流程和商品详细信息，同时调整好自己的状态，态度积极、情绪饱满地面对用户。

① 身体状态。主播需要保持良好的精神状态，以便在直播中展现出最佳的表现。同时主播也要注意自己的仪表和着装，保持整洁、得体的形象。这不仅可以提升主播的专业形象，还可以给观众留下良好的第一印象。

② 专业知识储备。主播需要对直播流程与直播内容有充分的了解，包括商品的详细信息、使用方法等。这样可以确保在直播中能够准确、流畅地介绍商品，提高观众的购买欲望。此外，主播还需要关注行业动态和时事热点，以便在直播中引入相关话题，增加直播的趣味性和吸引力。

③ 技术准备。主播需要熟悉直播设备的使用方法，确保在直播过程中能够熟练操作设备，避免出现技术故障而影响直播效果。

④ 互动准备。主播需要提前了解观众的反馈和意见，并准备好相应的回应方案。在直播过程中，直播需要积极回应观众的评论和反馈，建立良好的互动关系。

（2）货——商品上架

开播前运营团队需根据直播脚本规划确定直播商品上架顺序。同时，必须确保直播间内的商品齐全，并按照预设的摆放位置进行整理，这样主播在直播时就能轻松展示商品。此外，针对每个商品，运营团队还需准备相应的讲解物料，并进行全面核查，保证物料齐全且无误。这样的准备能确保主播在直播过程中快速找到应介绍的商品和相关物料，维持直播节奏的紧凑和流畅。最后，运营团队还需对商品物料和直播平台上的电商信息进行再次核对，确保信息的准确性和完整性，避免给观众带来误导，减少不必要的损失。

（3）场——直播环境

在直播间开播前，对直播环境的核查尤为关键，特别是从电、光、网这三个角度进行细致地检查，如表 4-17 所示。

表 4-17　直播环境核查

检查项目	检查事项
电	确保所有需要用电的直播设备如摄像头、麦克风、灯光等均已充满电或连接至稳定的电源，以防在直播过程中出现电量不足的情况 同时准备好备用电源设备，如移动电源，以防万一出现紧急情况，确保直播能够持续进行
光	如果直播时间在白天，可以充分利用自然光，通过调整窗户位置或窗帘开度等方式，使自然光能够均匀地照射在直播间内 在直播前进行光线调试，检查不同角度和距离下的光线效果，选择最佳的灯光设置，使直播画面更加明亮、清晰
网	跨境电商直播需要一定的网络环境支持，包括网络速度和稳定性、网络类型、硬件和软件要求等。只有在确保这些要求得到满足的情况下，才能进行高质量的跨境电商直播

3. 直播物料准备

直播物料在直播时可以对直播间起到锦上添花的作用，提高直播的精致度和趣味性。直播间物料可以分为线上物料和线下物料。线上物料一般指直播间会用到的图片、视频、音频等。线下物料为主播需要使用的道具，如手举牌、装饰物、直播道具、服装等。

常见的直播间线上物料类型

4. 创建直播

在确认直播团队与直播间均已准备就绪，具备开播条件后，应及时在所属直播平台创建并启动直播活动，确保按时开播。

（1）直播标题与封面设置

一个吸引人的直播标题和封面图是吸引观众点击进入直播间的关键。在直播标题上，要简明扼要地描述直播内容，突出亮点，引发观众的好奇心，其技巧如下：

① 设置流行或者关键词 Hashtag。

例如，2024 年，Tiktok 热门的家居类 Hashtag 有：

# cleaninghacks 清洁妙招	# cozyvibes 舒服氛围	# carpet 地毯
# cozyathome 居家舒适	# blanket 毛毯	# cleaningtips 清洁技巧
# decorating 装饰	# homegoods 家居好物	# antiques 古董
# easydiy 简易 DIY	# homestyle 家居风格	# moderndesign 现代设计

② 可以使用表情符号、标点符号（感叹号等），如图 4-11 所示。

图 4-11　直播标题使用表情符号、标点符号示例

（图片来源：https://www.tiktok.com/@glad2glow_id/live，最后访问日期：2025 年 4 月 30 日）

③ 突出直播特征，比如名人、美妆博主等。

④ 建立群体标签，用一些关键词与特定的群体联系起来，比如斋月大促、男装专场等。

⑤ 巧用营销词汇，如 best deal 等。

封面图则可以选择与直播内容相关的图片或视频截图，尽量做到美观大方，与直播主题相契合。需注意标题和封面和直播内容相关，不相关的、具有欺骗性的标题，会引起用户的反感，不利于提升直播间人气。

直播标题常用营销词汇

（2）画面与声音调试

在直播开始前，务必对摄像头和麦克风进行调试。首先，检查摄像头是否清晰，确保画面无抖动、无模糊现象。其次，测试麦克风音质，确保声音清晰、无杂音。如有需要，还可以调整摄像头角度和麦克风音量，以达到最佳效果。

跨境电商直播平台如 TikTok 一般都提供了丰富的滤镜和美颜功能，可以帮助主播提升画面效果，展现最佳状态。在直播过程中，商家可以根据呈现效果和直播内容选择合适的滤镜和美颜等级。要注意不要过度依赖滤镜和美颜功能，保持自然真实的直播风格。

（3）添加商品至直播间

直播团队需在开播前将产品添加至直播间然后调整产品顺序。

以 TikTok 为例，其支持多种渠道添加商品。App 和电脑端都可以从商家自己的店

铺中直接添加商品至直播间。直播间中新上架的商品会位于顶部。

在直播过程中，主播或运营需要通过固定商品让观众了解直播中的商品。

Pin 是 TikTok 后台的一种功能，场控可以在主播讲解产品时，选择 Pin 按钮置顶商品，选择 Unpin 按钮取消置顶商品，如图 4-12 所示。

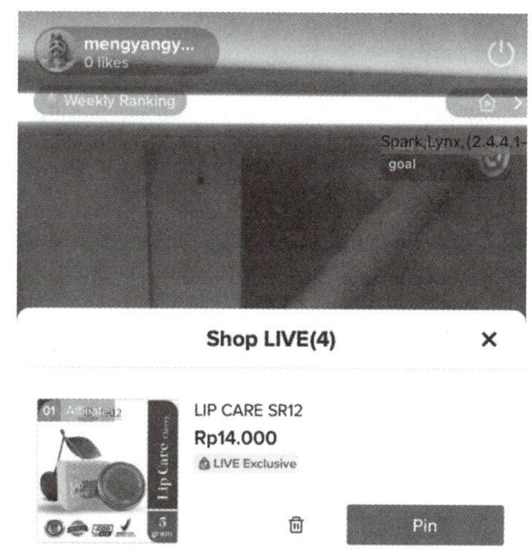

图 4-12　“Pin”直播间商品

（图片来源：https://seller.tiktokglobalshop.com/university/essay?knowledge_id=6837845927479041&role=1&course_type=1&from=search%7BcontentIdParams%7D&identity=1，最后访问日期：2022 年 12 月 13 日）

（4）添加贴片素材

在电商直播中，观众看到的画面往往都不仅仅是商家拍摄的画面，还会有商家事先准备的贴片素材。这里的贴片可以理解为直播间的信息展示工具。它可以根据需要进行定制，以适应不同的直播场景和需求。

TikTok 的直播间公告牌贴片

直播间贴片有多种内容主题，如基础信息类（主播信息、直播预告等）、特色卖点类（上新产品、秒杀商品等）、优惠折扣类（直播间优惠券、红包等），以及直播氛围类（符合节日氛围的设计）。

活动 2　直播间维护

维护直播间是确保直播内容质量和效果传递的重要基础。它能确保直播内容质量、提升观众体验和增强直播间竞争力。

1. 直播间管理员设置

一些跨境电商直播平台支持直播账号可以设置另一个账号为直播间管理员。在直播间销售过程中，直播管理员可以帮助主播

直播间维护：如何用细节提升观众的停留时间

添加、删除、置顶商品。除此之外，直播间管理员还能通过管理评论、禁言、拉黑、屏蔽用户等措施来维护直播间氛围。

2. 直播时秩序维护

直播间作为主播与观众互动的主要场所，其秩序和环境直接影响着直播内容的呈现和观众的体验。如果直播间秩序混乱，弹幕中充斥着恶意攻击、无意义的闲聊或广告，那么直播内容很可能被淹没在这些嘈杂的声音中，导致观众难以集中精力，甚至失去对直播的兴趣。因此直播时，直播团队需时刻保持高度警觉，密切关注直播间的实时动态，维护直播间秩序。

（1）设置屏蔽词

在直播间设置屏蔽词可以过滤掉不适当、不礼貌或者是冒犯性的言论，维护直播间的氛围，同时也能防止一些侮辱、攻击的言论对主播和观众造成伤害。不仅国内直播平台设置了屏蔽词功能，许多跨境电商直播 App 同样如此。

如 TikTok 推出的“Keyword Filters”功能。在直播前，主播可在设置中选择关闭评论或添加屏蔽关键词，以限制直播过程中出现相关评论。在直播过程中，主播同样可以将需要屏蔽的关键词添加到列表中，如图 4-13 所示。此外，在观众可能发布不友好或有害评论前，TikTok 会进行“Consider Before You Comment”的提示，提醒观众考虑其评论内容可能会造成的影响。

图 4-13　添加屏蔽关键词

（图片来源：www.TikTok.com，最后访问日期：2024 年 6 月 3 日）

（2）直播间评论维护

评论区是直播间的关键要素，进行评论区维护主要是希望提高对直播精准流量有益的互动率，将主播的销售节奏引导到正确的方向上，在直播间做侧面用户调研、产品调研，并解决客户购买前犹豫的问题。

一般采取以下几种方式维护直播间：

① 快速响应和处理。对于出现的负面或不当言论及时删除，防止其扩散，并对违规者进行警告或禁言。

② 积极互动与引导。主播通过积极与观众互动，引导观众发布相关评论，营造和谐的直播间氛围。

③ 设置评论快捷回复。主播还可以有针对性地在后台做一对一回复，如果相同问题较多，还可以直接做统一回复。

对直播间进行维护有利于营造一个积极的交流氛围，提升直播质量和直播间的品牌形象与知名度。

素养小天地

互联网作为当今社会信息传播的重要渠道，其影响力和覆盖范围日益扩大。无论是个人还是企业，在网络上发表言论、开展业务时，都必须严格遵守相关法律法规，维护网络空间的秩序与安全。

在跨境电商领域，这一原则同样适用。随着全球化的推进和消费者需求的多样化，跨境电商作为一种新型贸易模式，正逐渐成为推动经济发展的重要力量。企业在网络上宣传商品、发表言论时，应注意言辞的规范性和合法性。避免使用虚假宣传、误导性言论等不当手段，以维护消费者的知情权和选择权。同时，企业还应积极回应消费者的质疑和投诉，加强与消费者的沟通与交流，提升企业的信誉度和品牌形象。

活动实践

解锁活动任务，进阶之路厚积薄发

活动情境

在完成直播间搭建之后，小优须进行下一阶段的运营筹备工作。经过深入调研，小优决定在 TikTok 平台入驻并进行直播。随着直播前期准备工作的完成，小优接下来需完成直播账号的注册，并做好开播准备，以及直播间维护的相关工作。

活动流程

注册材料准备 —— 直播账号注册 —— 直播间准备与维护 —— 完成直播间维护

活动步骤

1. 直播账号注册

TikTok 账号的站点比较多，例如泰国、马来西亚、新加坡、英国等等。不同的地区所推送的人群不同，各地的风土人情、语言文化也都不一样。只有合理地选择站点去进行注册，才能带来更高的转化率，对于运营工作才能做到事半功倍。

步骤①：直播站点选择。TikTok 的站点较多，只有根据站点的特性和自身的产品进行选择，才能提高账号的竞争力。

小优所在的公司是从事运动鞋服生产与销售的，在国内电商深耕多年，门店遍布线上线下，你觉得他应该选择什么站点进行注册呢？请填写在表 4-18 中，并阐述原因。

表 4-18　站点选择表

站　点	原　因

步骤②：注册方式选择。TikTok 账号的注册方式有很多种，选择一个最为安全且便捷的方式，才能确保后期账号的持续运营。

请帮助小优完成账号注册方式的选择（在相应选项后的括号里勾选）：

国外手机号码注册（　）　邮箱注册（　）　社交媒体账号注册（　）

步骤③：账号信息设置。在完成 TikTok 账号注册之后，需要对账号信息进行设置，其中就包括头像、用户名、名称、个人简介的编辑等。

小优打算趁新账号有流量扶持的阶段开启一场直播，请问在账号信息哪个部分放上宣传信息比较合适？请在相关选项后的括号里勾选。

头像（　）　用户名（　）　名称（　）　个人简介（　）

活动实践 1：请选择三个 TikTok 站点，分析与总结每个站点的差异及优势所在，将结果填入表 4-19 中。

表 4-19　TikTok 站点分析表

站　点	差　异	优　势
美国 （示例）	相较于其他地区，美国站点的用户群体更加多元化，内容类型丰富，包括搞笑、娱乐、时尚、美食等多个领域。此外，美国站点在商业化方面较为成熟	美国站点用户基数大，且用户消费能力较强，为商家提供了广阔的市场空间。同时，TikTok 在美国的影响力也在不断扩大

活动实践 2：TikTok 的足迹遍布全世界，如果你打算注册一个账号进行运营，会选择哪个站点？为什么？

____

____

____

2. 直播间准备与维护

在跨境电商直播中，直播氛围和直播间的吸引力是影响直播间销售业绩的最直接因素。做好开播准备，提升直播间的氛围和吸引力，都能为直播间带来更高的转化。

步骤①：编辑直播公告。直播公告是直播间最容易，也是最直接的宣传手段。所以在直播前，直播运营相关人员需先准备好直播公告并及时进行发布。

小优在开播前需设置好直播公告，请问小优编辑的直播公告中需包含哪些关键信息，才能达到更好的宣传效果？

____

____

____

步骤②：直播物料准备。在正式开始直播前，直播物料的准备工作是十分重要的，只有做好充足的准备，才能避免手忙脚乱。

假设小优正在筹备一场运动鞋服类产品推广的跨境电商直播，请充分思考，小优在直播时需要用到哪些物料？哪些物料可能有助于小优提升直播效果？请在下列选项后的括号里勾选（多选）。

直播样品（ ）　　直播文稿（ ）

直播道具（ ）　　直播人员信息（ ）

其他补充：

______

______

______

步骤③：直播间维护。在直播过程中，无法避免出现观众发布恶意评论或弹幕的情况，为确保直播氛围不受干扰，相关运营人员需要及时采取措施，维护直播间的氛围。

假设在直播的过程中，小优直播间出现有人发恶评带节奏等影响直播间氛围的行为，应如何应对？

______

______

______

活动实践 3：观察 3 个电商直播间，整理这些账号直播过程中出现的高频问题并对粉丝提出这些疑问的原因进行分析，将结果填入表 4-20 中。

表 4-20　跨境电商直播间高频问题

直播账号	高频问题	提问原因

活动实践 4：假设直播间的粉丝在购物后发现所购商品与直播间展示的不一致，直接来到直播间发布相关投诉评论。作为相关运营人员，应如何应对这一情况？

______

______

______

活动成果

请根据活动中的活动步骤，完成直播间维护工作，并将最终完成的结果提交给老师。

检查清单

在完成实践活动后，请进行清单自检，并将结果填入表 4-21 中，完成请打√。

表 4-21 检查清单

序 号	检查事项	是否完成
1	是否明确本工作页的任务要求	
2	是否了解直播账号类型	
3	是否能够说出账号定位的关键要素	
4	是否能够列出识别对标账号的原则	
5	是否掌握直播账号定位的策略	
6	是否能够筛选出适合的对标账号	
7	是否能够全面拆解对标账号	
8	是否达成本次任务的工作目标	

任务评价

评价方式采用多元化机制，评价主体由学生、小组与教师构成，评价标准、分值及权重如下表所示：

（1）学生进行自我评价，并将结果填入表 4-22 中。

表 4-22 学生自评表

评价项目	评价标准	分 值	得 分
信息检索	能有效利用网络资源、配套资料查找有效信息	10	
知识掌握	能有效理解学习任务中讲述的知识内容	15	
技能训练	能按任务书要求，按计划完成工作任务	15	
感知工作	能认同工作价值，在工作中获得成就感	10	
团队素养	能与教师、同学之间相互尊重、理解和平等交流	10	
职业素养	能严格遵守相关工作守则和法律法规	10	
思维状态	能发现问题、分析问题并解决问题	10	
参与状态	能发表个人见解，倾听他人意见和看法	10	
创新意识	能在工作中提炼出创新点	10	
合 计		100	

（2）学生以小组为单位，对本工作页的实施过程与结果进行互评，将互评结果填入表 4-23 中。

表 4-23　学生互评表

评价项目	评价标准	分　值	得　分
团队素养	小组成员间合作紧密，能互帮互助	15	
	工作计划周密，组织有序	15	
	态度端正，有较强的吃苦耐劳精神	10	
工作情况	工作效率突出	20	
	工作成果完整且质量达标	30	
	严格遵守相关工作守则和法律法规	10	
合　计		100	

（3）教师对小组工作过程与工作结果进行评价，将评价结果填入表 4-24 中，并将综合评价结果填入表 4-25 中。

表 4-24　教师综合评价表

评价项目	评价标准	分　值	得　分
任务实施情况	能按时提交工作任务	10	
	提交的工作活动成果质量情况	25	
	工作目标达成情况	20	
	关键技能掌握情况	20	
思政素养	课后积极了解各直播电商平台账号信息填写的要求与规定	10	
	在定位规划方案作业中，确保表达和措辞都正面、积极、合规	15	
合　计		100	

表 4-25　综合评价表

综合评价	
自我评价（20%）	
小组互评（30%）	
教师评价（50%）	
综合得分	

案例解析

阅读行业典型案例，带给你一点点灵感

某美妆品牌在印尼市场的直播运营策略

案例详情

某中国美妆品牌自 2016 年创立以来，积极布局海外市场，成为近年来中国品牌出海的成功代表之一。该品牌在 TikTok 平台开设的印尼小店，在一场为期 7 天的直播活动中，实现了 1.01 万件的销量，总销售额达到 7.47 亿印尼盾，折合人民币约 34 万元。其出色的业绩表现，得益于一系列精准有效的直播运营策略：

1. 注重主播及内容的本土化运营

为了更好地融入印尼市场，该品牌选用能够流利使用印尼语的主播进行直播。这些主播不仅能与观众顺畅交流，及时解答疑问，还能更好地理解并尊重当地的文化价值观，避免因文化差异带来的沟通障碍，提升了品牌亲和力。

2. 多账号运营，稳定且高频次直播

该品牌在 TikTok 平台设有多个账号，均设定了固定的直播时间，并保持较高的开播频率。以印尼小店为例，在 7 天内共直播 15 场，其中 11 场为带货直播。这种高频次且有计划的直播安排，有效提升了品牌曝光度，扩大了用户触达面。

3. 针对市场特点，优化产品特性

虽然直播销售的产品主要为品牌自有产品，但在产品设计上，该品牌针对东南亚地区气候特点进行了专门优化。考虑到当地天气炎热、紫外线强烈的环境因素，品牌在彩妆产品中增加了控油、防水、防汗等功能性设计，进一步满足了当地消费者的实际需求，为在印尼市场取得优异成绩的目标打下了坚实基础。

（案例来源：https://baijiahao.baidu.com/s?id=1794577889748265470&wfr=spider&for=pc，最后访问日期：2025 年 3 月 14 日）

课堂小测

即时检验学习成果，小试牛刀见真章

1.【单选】截至 2023 年，TikTok 用户数量排名第一的国家是（　　）。

A. 巴西　　B. 美国　　C. 英国　　D. 泰国

2.【单选】在进行 TikTok 注册时，一般推荐的注册方式是（　　）。

A. 手机号注册　　　　B. 邮箱注册
C. 谷歌账号注册　　　　D. Twitter 账号注册

3.【多选】截至 2023 年，在 TikTok 用户数量排行榜前十的东南亚国家有（　）。

A. 印度尼西亚　　B. 越南　　C. 菲律宾　　D. 泰国

4.【多选】属于菲律宾站点主流产品的有（　）。

A. 3C 数码　　　　B. 办公用品
C. 母婴相关用品　　　　D. 高信誉的产品

5.【判断】悬浮卡可以以动态文字的形式展示活动产品、福利等信息。（　）

6.【填空】TikTok 的"Keyword Filters"功能可以选择关闭评论或添加＿＿＿＿＿＿，以限制直播过程中出现相关评论。

竞赛模拟

实战演练竞技场，锤炼本领展锋芒

跨境电商直播间维护赛

每个团队由 3 ～ 5 名选手组成。参赛团队模拟跨境电商企业身份，撰写并提交一份跨境电商直播间维护方案（PDF 格式），方案文件命名为：作品名称 + 团队名称，方案需包含封面，封面需包含作品名称、团队名称、参赛团队成员和指导教师的姓名及联系电话。方案撰写要求如下：

（1）分析跨境电商直播间维护的现状和问题，明确方案设计的背景和必要性。

（2）详细阐述实现直播维护的策略和方法。

（3）描述方案实施后的预期效果。

（4）对可能遇到的风险和挑战进行分析，并提出相应的应对措施。

（5）PDF 参赛方案统一发送至负责老师的邮箱。

自我分析与总结

我学会的

我要注意的

整理本节课所学知识点，在下方补充知识链接与实训实操思维导图

项目五 跨境电商直播内容策划

跨境电商直播内容策划是跨境电商直播运营人员必须掌握的专业技能。本项目基于企业工作场景，主要讲解跨境电商直播内容策划的规划直播内容、撰写直播脚本等相关知识点。

课时：8课时

跨境电商直播内容策划——言之有物，以文化赋能

学生工作页

项目概述

本项目主要学习内容为跨境电商直播内容的策划，从规划直播内容和撰写直播脚本两个角度，学习跨境电商直播的策划过程。学生需通过了解如何制定直播方案、策划直播活动、撰写直播脚本、运用直播话术，做好跨境电商直播内容策划，为后续的直播工作做好铺垫。

项目计划

针对跨境电商直播内容策划工作，下方梳理出了企业的典型工作流程，并制定了工作计划，同学们可依据该计划实施工作活动。

流程图如下：

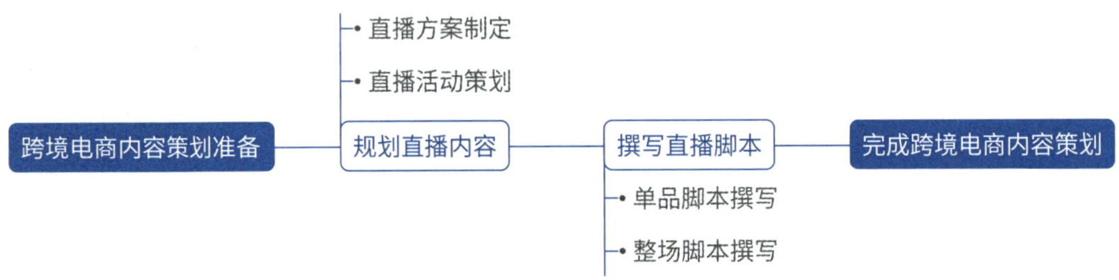

项目任务书

表 5-1 项目任务书

序 号	学习任务	项目任务简介	学 时
1	规划直播内容	通过学习直播方案的搭建和直播活动的策划，掌握如何对直播整体进行规划	2
2	直播脚本撰写与话术运用	通过学习单品脚本和整场脚本的内容构成，掌握跨境直播脚本的撰写要点并能合理运用直播话术	6

项目分组

表 5-2 工作任务分配表

<table>
<tr><td>班 级</td><td></td><td>组 号</td><td></td><td>指导老师</td><td></td></tr>
<tr><td>组 长</td><td></td><td>学 号</td><td colspan="3"></td></tr>
<tr><td rowspan="4">组 员</td><td>姓 名</td><td>学 号</td><td>姓 名</td><td colspan="2">学 号</td></tr>
<tr><td></td><td></td><td></td><td colspan="2"></td></tr>
<tr><td></td><td></td><td></td><td colspan="2"></td></tr>
<tr><td></td><td></td><td></td><td colspan="2"></td></tr>
<tr><td colspan="6">任务分工</td></tr>
<tr><td colspan="6">在明确工作任务后，将小组成员分工明细填写在下方</td></tr>
</table>

项目工作准备

1. 阅读任务书，理解学习计划中的学习要点及实践活动要求。
2. 了解跨境电商直播间有哪些活动方式、主题，尝试分析不同类型直播间的差异。
3. 结合学习任务，查看课前学习视频、文章及资讯并记录疑点和问题。

任务 1　规划直播内容

任务描述

直播需要有周密的计划。直播活动的规划并不仅限于主播开播至结束的这段时间，直播前的策划工作同样占据着举足轻重的地位。精心把控直播的整体规划和活动设计，不仅能够帮助商家清晰地梳理直播思路，还能确保参与直播的团队成员对活动流程的熟悉程度，从而保障直播活动的顺利进行。

任务目标

通过本任务的学习，学生应当能够：

	1. 了解直播方案的策划要点。 2. 熟悉跨境电商直播间的互动玩法。 3. 掌握直播活动的规划方法。
	1. 合理制定跨境直播活动主题。 2. 完成直播方案设计。 3. 撰写直播活动文案。
	1. 具备计划与组织能力，能制定落地且细致的方案。 2. 面对变化和挑战时，具备迅速应对和解决问题的能力，适应新情况。 3. 培养敬业精神，尽职尽责，能对自己的工作成果负责，并愿意承担相应的责任。

知识链接

精策内容展格局，深撰脚本蕴匠心

一场好的直播离不开对各个流程内容的规划把控。它要求直播团队在有限的时间内，精准把握受众需求，巧妙设计环节。在规划直播内容时，不仅要确保直播方案的合理性，更要注重直播的互动性和趣味性，以激发观众的参与热情，达到良好的传播效果。

活动 1　制定直播方案

在直播开始前，直播团队需要进行直播方案的制定工作，以确保直播运营和营销思路的准确传达。

打造跨境直播方案：主题设计＋思维拆解

1. 直播主题概述

（1）直播主题的定义

直播主题是直播间的核心内容，是直播间的灵魂，具体指为某场直播选择的核心话题。直播主题内容多样，通常需要根据直播目的、产品特点、用户需求等多个因素来确定。只有先确定了直播主题，才能将直播进行下去，并展开后续工作。

（2）直播主题的作用

直播主题的主要作用是吸引用户进入直播间。合适的直播主题，不仅可以吸引目标用户的注意力，提高用户的参与度，还可以有效传达品牌形象、推广产品或服务，实现营销目标。

（3）直播主题的特点

直播主题具有众多特点，如表 5-3 所示。

表 5-3　直播主题特点

特　点	说　明
针对性	针对性是指直播主题需要根据直播目的、产品等因素进行设计，以满足用户需求和欲望，达到预期的效果
时效性	时效性是指直播主题在当前时间段或特定时间段的适用性。直播主题通过与直播热点相关联吸引用户
独特性	独特性是指其能与其他直播间区分开并吸引更多用户

（4）直播主题的技巧

如何制定一个合适的直播主题吸引用户、提升产品知名度呢？以下有几点技巧：

① 了解目标受众。制定直播主题前首先要考虑目标受众，了解受众需求和感兴趣的点，根据受众画像，更加准确地选择直播主题。

② 突出产品特点。不论是打造个人品牌还是进行产品推广，直播主题内容都应当紧密围绕产品特色展开。

③ 具备创新性。直播平台上直播内容丰富，直播只有具备创新性和独特性才能吸引更多观众。因此在规划直播主题时就要将其规划得独具特色，为观众带来独特的体验。

④ 贴近生活。贴近生活也是规划直播主题的技巧之一。这样不仅能吸引观众进入直播间，还能加强与观众的互动，让他们获得更多的信息。

2. 直播方案

一场成功的直播活动需要一个完备的直播方案。直播方案是指对直播活动流程的整体规划，有了直播方案，直播团队人员才能根据方案内容展开具体的工作，确保直播活动顺利进行。一份完整的直播方案需包括直播目标、直播人员分工、直播时间等要素。

（1）直播目标

直播目标主要有拉新、促活和转化 3 种。如表 5-4 所示。一场直播通常以一个目标为主，其他目标为辅。

表 5-4　直播目标

目　标	说　明
拉新	最直接的指标是新增用户数。包括直播间访问数、直播间新增粉丝数、粉丝群新增粉丝数等
促活	提高粉丝活跃度。指标包括：直播间用户点赞数、直播间用户评论量、直播间分享率、直播间用户观看时长等
转化	使粉丝产生付费行为。其指标包括：商品点击率、用户购买率、商品销售额等

设定直播目标时，应遵循 SMART 原则，确保目标具备具体化（Specific）、可衡量性（Measurable）、可实现性（Achievable）、相关性（Relevant）、时限性（Time-bound），即：

① 具体化。语言具体明确地表达要达到的目标。如：借助直播实现 100 个粉丝增长。

② 可衡量性。指目标是数量化或行为化的。如：通过 2 小时的直播带货，销售 10 款商品，销售额达到 10 万。

③ 可实现性。指目标在付出努力的情况下是可以实现的，并非天马行空。

④ 相关性。指目标与直播团队其他目标相关。例如直播团队有的工作人员负责粉丝群运营，那么“粉丝群人数增长 100 人”就是具有相关性的目标。

⑤ 时限性。指在一定期限内完成既定的目标。

（2）直播人员

在直播方案中明确直播人员分工能保证直播团队成员各司其职，高效协作。根据直播规模不同，直播人员分工也不同。

常见的直播人员分组及工作内容如表 5-5 所示。若原有直播团队人员不足，需要根据实际需求增加相应的工作人员。同时可以根据工作内容进行人员分组，并安排负责人负责工作交接。

表 5-5　直播人员分组及工作内容

组　别	工作内容
宣传组	负责准备直播宣传物料，发布直播预告、图文和视频等宣传内容
直播组	负责直播、讲解商品，与客户互动等
策划组	负责规划直播内容，操作直播后台，复盘直播等
技术组	负责直播间软硬件设备调试，直播摄像、录屏等
客服组	负责售前售后解答等

（3）直播时间

直播方案要包含的时间有两部分：直播整体时间和直播中各环节的时间。

① 直播整体时间。直播整体时间包括前期准备、直播现场、直播进行时、直播结束四个节点。直播整体时间安排示例如表 5-6 所示。

表 5-6　直播整体时间安排示例

直播环节	内　容	时间要求
前期准备	制作直播宣传海报、视频	提前 5 ～ 7 天
	直播活动前期推广	提前 3 天
	准备直播道具、样品	提前 1 ～ 3 天
	确定直播人员	提前 1 ～ 7 天
	…	…
直播现场	直播人员到达直播现场	提前 1 小时
	布置场地、调整灯光	提前 3 ～ 6 小时
	直播现场人员分工及就位	提前 0.5 小时
	…	…
直播进行时	各司其职	2 ～ 4 小时（视情况而定）

续表

直播环节	内 容	时间要求
直播结束	清点整理道具、样品及直播间设备	直播后 2 小时
	提取后台相关数据，以便分析及宣传	直播后 2 小时
	直播复盘	直播后 4 小时
	剪辑精彩直播视频并上传	直播后 24 小时内
	…	…

② 直播中各环节节点。直播团队需要明确直播的主要环节及每个环节的开始时间和截止时间，防止由于某个环节延误而导致直播的整体延误。直播主要环节有：暖场、引流商品介绍、重点商品介绍、普通商品介绍、直播结束、清场、直播复盘。直播中各环节时间节点撰写示例如表 5-7 所示。

表 5-7　直播中各环节时间节点撰写示例

序 号	时 间	环 节	说 明
1	19:00—19:30	暖场	主播自我介绍、直播背景介绍，以及整场直播的商品、福利介绍等
2	19:30—20:00	引流商品介绍	对引流商品做详细的介绍
…	…	…	…

跨境电商直播团队需要注意，由于各个国家与我国之间存在着或多或少的时间差异，因此在安排直播流程、撰写直播时间节点时要将此因素考虑进去，以直播国的时间为准，以避免因为时间不合适而影响直播效果。

直播费用投入预算

(4) *直播活动预算*

在策划直播活动时，预算的设定和分配都是不可或缺的重要环节。直播团队需要在直播方案中详细阐述整体预算的概况，以及各个环节的预算分配情况。

活动 2　直播活动设计

1. 直播互动玩法

随着直播行业的兴起，直播互动已成为吸引观众目光的重要元素之一。在直播间增添一些互动玩法不仅可以增强观众与主播之间的交流，更能够显著增强观众的参与热情与满意度，为直播活动增添无限魅力。

跨境电商直播活动设计：打好“玩法＋文案”的组合拳

（1）福利活动

① 福袋。福袋是直播平台提供的一种直播间抽奖工具。主播在直播间发起抽奖活动，观众通过参加活动进行抽奖，中奖后可以根据福袋内的奖品信息进行兑换。具有一定的随机性和神秘感。一般在需要提升直播间在线人数和快速涨粉提高关注率时使用。福袋不仅可以激励观众参与，增加互动的活跃度，还可以激发观众的购买欲望，提高直播销售额。

② 红包。为了提升直播间人气，主播可以在直播时发放一定金额的红包，与观众进行互动。

③ 抽奖。直播间抽奖是直播带货中重要的互动方式之一。一般通过互动评论和问答展开。互动评论是指观众在直播间内发表评论参与抽奖。主播根据关键词随机筛选出中奖评论，并公布中奖者；问答抽奖流程一般为主播在直播过程中提出问题，观众通过留言回答问题参与抽奖，回答正确的观众将获得抽奖资格。

需要注意的是抽奖过程一定要确保公平、公正，只有公平、公正的抽奖才能获得观众的认可和信任。

素养小天地

当前直播抽奖活动已成为各个直播间吸引观众、提高用户参与度和黏性的重要手段。但它相应地也会出现一些问题。常见的直播抽奖活动存在以下问题：

中奖后不兑现。消费者中奖后，经营者以各种理由不兑现或故意拖延长时间不发货。

中奖概率不明。经营者在直播间醒目位置宣传中奖概率 100%，但实际中奖概率极低或奖品多为虚拟商品。

虚标奖品价格问题。经营者对直播间抽奖奖品标注价格远高于相同商品实际价格。

基于以上问题，直播平台应加大对直播抽奖活动的监管力度，同时强化主播、商家的责任，督促其履行奖品发放、奖品保障措施、商品退换货等义务。

（参考来源：http://e.mzyfz.org.cn/paper/2219/paper_59464_12212.html，最后访问日期：2025 年 3 月 14 日）

（2）优惠活动

① 优惠券。在直播间，观众有机会获得各种面额的优惠券，这些优惠券可以让观众在购买商品时直接抵扣现金，享受到更实惠的商品价格。优惠券发放的形式多种多样，可以是主播随机发放，也可以是观众参与互动环节赢取。

② 秒杀活动。直播间会不定期推出秒杀商品，这些商品的价格远低于市场价，且数量有限，需要观众在极短的时间内下单购买。秒杀活动不仅考验观众的手速和反应能力，更能让他们在抢购中体验到购物的乐趣和刺激。

③ 满减活动。满减活动也是直播间常见的优惠形式。当观众购买的商品金额达到一定数额时，就可以享受一定的金额减免。这种优惠方式不仅可以提升销售额，还能让观众切实感受到优惠。

④ 买一赠一。买一赠一指在直播间购买指定商品，即可获得同等价值或指定商品的赠品。直播间开展买一赠一活动可以大大提升观众的购物满足感。

2. 活动文案撰写

在撰写直播活动文案时，要做到文案具备吸引力、可读性和互动性，并与直播内容、品牌形象和目标受众相符，跨境电商直播文案对此要求更甚。如何判断一份活动文案是否达标呢？判断标准如表 5-8 所示。

表 5-8　活动文案达标判断标准

维　度	说　明
文化敏感性	是否考虑到直播市场的文化背景，避免文化冲突
市场针对性	是否符合直播市场的消费者需求
互动设计	是否能够靠互动环节吸引观众参与
购买激励	是否明确活动优惠，激发观众购买欲望
语言表述	是否贴近直播市场的消费者，易于理解和接受

素养小天地

诚信是经营之本。我国法律规定经营者不得对商品的性能、功能、质量、销售状况、用户评价、曾获荣誉等作虚假或者引人误解的商业宣传，欺骗、误导消费者。

《中华人民共和国刑法》和《中华人民共和国消费者权益保护法》对于直播间带货虚假宣传的处罚有以下规定，

1. 如果经营者虚假宣传，会被责令停止虚假宣传，单处或并处警告、没收违法所得、同时处以违法所得一倍至十倍的罚款；没有违法所得的，处以五十万元以下的罚款。

2. 如果情节严重的，责令停业整顿，吊销营业执照。

3. 如果直播带货时的虚假宣传被认定为虚假广告罪，会被判处二年以下的有期徒刑或者拘役，并处或者单处罚金。

直播团队及商家只有诚信带货，带好货，才能在激烈的市场竞争中立于不败之地，实现长期稳定发展。

（参考来源：https://m.thepaper.cn/baijiahao_29168316，最后访问日期：2025 年 4 月 12 日）

活动实践

解锁活动任务，进阶之路厚积薄发

活动情境

经过前期的几次直播尝试之后，小优发现直播间的吸引力不足，进来的观众寥寥无几，且停留时间短。在请教过资深运营之后，对方给了小优一个优化方向，那就是要明确直播主题，策划直播活动，并且做好直播规划，这样才能吸引到粉丝的关注，带来业绩的转化。

活动流程

活动步骤

1. 直播方案制定

做好直播方案能提升整体直播人员的配合度，特别对于初创团队而言尤为重要。通过确定好直播主题进而依据主题进行直播方案的制定，能够明确整场直播的方向，避免因为经验不足或者准备不足所导致的意外。

步骤①：直播主题制定。直播工作是需要围绕直播主题进行的，而直播的主题的制定方式主要可以根据产品活动或者热门事件去进行提炼。

许多受中国文化影响的东南亚国家，如越南、马来西亚等也有过春节的习俗。多数东南亚国家都把春节列为法定节假日，在华人聚集的地方，春节是一年最热闹的节日。

在农历新年即将到来之际，小优计划在东南亚跨境电商直播平台开一场直播，他挑选了一系列精致的鞋服准备在直播间销售，做一次年底大促销活动，请帮助他制定一个直播主题：________________________________。

步骤②：制定直播方案。确定直播主题之后，需据此分工并制定目标，以提升整体团队效率。

以步骤①的回答作为此次直播的主题，帮助小优梳理直播思路，制定一份直播方案，填入表 5-9。

表 5-9 直播方案

直播主题	
直播目标（涨粉 / 销售额 / 宠粉）	
直播基本信息	
时间安排	
人员分工	
投流预算	

活动实践 1：电商直播主题策划是直播间提高吸引力和推广效果的关键步骤。选择三个优秀直播间的主题作为案例，分析他们的直播主题吸引力在哪里，并将分析结果填入表 5-10。

表 5-10 直播主题分析表

直播间名称	直播主题	吸引力分析

活动实践 2：在策划直播活动时，若设计方案中任一环节处理不当，都可能成为制约整体成效的关键因素。请综合考量直播主题、目标规划、团队分工、时间调配及预算管理等要素，思考实际操作中最可能碰到的难题，并针对这些挑战提出切实可行的解决方案，填入表 5-11。

表 5-11 直播活动方案设计面临的关键挑战与应对措施

序　号	挑　战	应对措施
1		
2		
3		
……		

2. 直播活动策划

直播间的活动很大程度上决定了直播间的吸引力，人群购物的欲望会随着活动力度

逐渐放大，所以很多时候饥饿营销都能成功。根据产品特点合理策划直播活动，才能为直播间带来更好的销售额和转化率。

步骤①：活动方式策划。了解所在平台的直播活动工具及其使用规则，同时根据产品的不同特点，选择合适的活动类型，刺激观众下单购买。

小优本场直播打算用一款低价的产品来作为福利，吸引粉丝下单，请问以什么活动方式进行会比较合适？请在相应选项后的括号里勾选。

秒杀（　）　　抽奖（　）　　满赠（　）

步骤②：活动文案撰写。一般活动文案是起宣传的作用，结合时下相关的热门话题与产品优惠去进行，才能带来更高的关注度。

请结合以上步骤的回答结果，帮助小优为直播间的福利活动撰写一份宣传文案。

____

____

活动实践3：请观看三个直播间，记录一下直播间主要采用什么产品作为粉丝福利，这些产品的价格是多少，并分析这些直播间的福利产品有什么共性特点，填入表5-12中。

表5-12　直播间福利品分析

直播间名称	福利产品	产品价格	共同点

活动实践4：假如你是一家中国电子产品品牌的营销专员，公司计划在东南亚地区开展一场跨境电商直播活动，名为“探索智能音箱的无限可能”。此次活动的目的是推广公司的王牌单品——智能音箱，并吸引东南亚市场的潜在消费者。考虑到东南亚市场的文化背景和消费习惯，你需要设计一段活动营销文案，以通过活动引出产品的特点和优势，其具体要求和提示如下：

要求：

（1）文案开头应简短介绍活动背景，并强调与东南亚市场的紧密联系。

（2）针对东南亚市场消费需求，突出智能音箱的本地化功能和特点，如语言支持、音乐内容多样性等。

（3）利用东南亚的文化元素和节日氛围，设计互动环节，增加观众的参与感和归属感。

（4）结合跨境购物的便利性和优惠政策，激发观众的购买欲望。

（5）文案语言应贴近东南亚市场的消费者，避免使用过于复杂或生僻的词汇。

提示：

（1）可以考虑加入东南亚的热门音乐或相关元素，营造欢快的直播氛围。

（2）强调智能音箱与东南亚本地音乐平台或服务的兼容性，提供更多元化的音乐内容选择。

（3）推出优惠活动或福利活动，增加购买的吸引力。

活动成果

请根据活动中的活动步骤，完成直播内容规划，并将最终完成的结果提交给老师。

检查清单

在完成实践活动后，请进行清单自检，并将结果填入表 5-13 中，完成请打√。

表 5-13　检查清单

序　号	检查事项	是否完成
1	是否明确本工作页的任务要求	
2	是否了解直播账号类型	
3	是否能够说出账号定位的关键要素	
4	是否能够列出识别对标账号的原则	
5	是否掌握直播账号定位的策略	
6	是否能够筛选出适合的对标账号	
7	是否能够全面拆解对标账号	
8	是否达成本次任务的工作目标	

任务评价

评价方式采用多元化机制，评价主体由学生、小组与教师构成，评价标准、分值及权重如下表所示：

（1）学生进行自我评价，并将结果填入表 5-14 中。

表 5-14　学生自评表

评价项目	评价标准	分　值	得　分
信息检索	能有效利用网络资源、配套资料查找有效信息	10	
知识掌握	能有效理解学习任务中讲述的知识内容	15	

续表

评价项目	评价标准	分　值	得　分
技能训练	能按任务书要求，按计划完成工作任务	15	
感知工作	能认同工作价值，在工作中获得成就感	10	
团队素养	能与教师、同学之间相互尊重、理解和平等交流	10	
职业素养	能严格遵守相关工作守则和法律法规	10	
思维状态	能发现问题、分析问题并解决问题	10	
参与状态	能发表个人见解，倾听他人意见和看法	10	
创新意识	能在工作中提炼出创新点	10	
合　计		100	

（2）学生以小组为单位，对本工作页的实施过程与结果进行互评，将互评结果填入表 5-15 中。

表 5-15　学生互评表

评价项目	评价标准	分　值	得　分
团队素养	小组成员间合作紧密，能互帮互助	15	
	工作计划周密，组织有序	15	
	态度端正，有较强的吃苦耐劳精神	10	
工作情况	工作效率突出	20	
	工作成果完整且质量达标	30	
	严格遵守相关工作守则和法律法规	10	
合　计		100	

（3）教师对小组工作过程与工作结果进行评价，将评价结果填入表 5-16 中，并将综合评价结果填入表 5-17 中。

表 5-16　教师综合评价表

评价项目	评价标准	分　值	得　分
任务实施情况	能按时提交工作任务	10	
	提交的工作活动成果质量情况	25	
	工作目标达成情况	20	
	关键技能掌握情况	20	
思政素养	课后积极了解各直播电商平台账号信息填写的要求与规定	10	
	在定位规划方案作业中，确保表达和措辞都正面、积极、合规	15	
合　计		100	

表 5-17　综合评价表

综合评价	
自我评价（20%）	
小组互评（30%）	
教师评价（50%）	
综合得分	

案例解析

阅读行业典型案例，带给你一点点灵感

某马来西亚主播直播间互动策略剖析

案例详情

2022 年 7 月 25 日至 8 月 5 日，TikTok 在马来西亚推出了为期 12 天的促销活动“Sama Sama！ Hot Deal”，约上千名达人和商家参与直播排位赛。其中，某主播凭借其出色的表现，脱颖而出，斩获达人号冠军。在大促中，这名达人号冠军实现了单场 GMV 增长 118 倍，订单增长 151 倍的好成绩。基于这样的成绩，工作人员深入剖析了 TikTok 直播间的互动策略。

1. 话术提升互动

运营人员表示，相较于国内，东南亚的直播市场尚处于发展阶段，因此需要对消费者进行教育和引导。在主播方面，会优先启用本地红人，以减少文化隔阂，进而提升销售转化率。同时，内容团队会站在朋友的角度为消费者考虑，用真诚打动消费者。例如指导他们如何搭配购买以获取更优惠的价格，努力为消费者争取到全网最低价等。

（1）引导用户评论。当直播间人较少时，主播会跟用户逐一互动，解答他们的疑问，消除顾虑，并通过介绍热门产品来吸引并留住用户，从而逐步提升直播间的权重。

此外，直播间还注重与用户的情感交流。例如，通过让用户发表评论选择最想看的商品，并根据呼声高低来决定讲解哪款产品，这样既尊重了用户的意愿，又有效提升了互动率。

（2）引导用户关注。当直播间人数较多的时候，主播会对代表性问题进行着重讲解，并通过发放福袋、推出秒杀款等福利来吸引更多关注。

由于 TikTok 特殊的推送模式，直播间进入新粉丝的概率很高，因此主播会针对新粉设置专门的话术。在选品方面，运营人员通过长时间的测款，精选出具有潜力的爆款商品，并在直播中巧妙运用这些爆款，吸引用户下单。在组品和活动策划上，运营人员 Jojo 会根据官方政策和活动力度进行合理的规划，有效引导用户关注。

2. 借力营销工具

除了话术策略，该主播直播间还巧妙地借助了营销工具来提升直播效果。当直播间流量下降时，运营人员通过发放福袋有效地拉回了用户，并通过发送优惠券增加消费者的黏性和期待值，提高商品点击率，增加直播间的销量。

（案例来源：https://mp.weixin.qq.com/s/kMmj3vwb6QBncakmxyRWjQ，最后访问日期：2025 年 4 月 1 日）

课堂小测

即时检验学习成果，小试牛刀见真章

1.【单选】设定直播目标时，应遵循（　）原则。

A. SMART　　B. SWOT　　C. PDCA　　D. 4P

2.【单选】（　）指提高粉丝活跃度。

A. 拉新　　B. 促活　　C. 转化　　D. 留存

3.【多选】以下属于直播主题特点的有（　）。

A. 针对性　　B. 时效性　　C. 独特性　　D. 单一性

4.【多选】直播活动预算要考虑的费用投入包括（　）。

A. 基础投入　　B. 直播福利活动费用

C. 前期宣传活动　　D. 后期宣传活动

5.【判断】直播间抽奖一般通过互动评论和问答展开。（　）

6.【填空】直播活动文案达标判断标准中的文化敏感性是指__________________。

竞赛模拟

实战演练竞技场，锤炼本领展锋芒

跨境电商直播内容规划赛

每个团队由 3 ～ 5 名选手组成。参赛团队模拟跨境电商企业身份，撰写并提交一份跨境电商直播内容规划方案（PDF 格式，方案文件命名为：作品名称 + 团队名称，方案需包含封面，封面需包含作品名称、团队名称、参赛团队成员和指导教师的姓名及联系电话）。方案撰写要求如下：

（1）直播方案制定要详细，明确到每一步骤每句话。

（2）直播活动要有创新性和趣味性。

（3）直播活动实施时间节点要恰当。

（4）PDF 参赛方案统一发送至负责老师的邮箱。

自我分析与总结

我学会的

我要注意的

整理本节课所学知识点，在下方补充知识链接与实训实操思维导图

任务 2 直播脚本撰写与话术

任务描述

许多初次涉足直播带货的达人，常常面临镜头前言语匮乏、难以调动直播氛围、难以吸引并留住粉丝，以及不会有效推销产品以提高转化率等挑战。直播脚本在这里扮演着至关重要的角色，它不仅能够把控直播的节奏，还能规范直播流程。因此，撰写直播脚本成为直播前不可或缺的准备工作之一。

任务目标

通过本任务的学习，学生应当能够：

知识目标

1. 了解直播脚本的作用、类型和结构。
2. 熟悉各类直播话术的应用场景及撰写要点。
3. 掌握直播脚本的撰写重点。

技能目标

1. 准确提炼产品卖点。
2. 完成单品直播脚本和整场直播脚本撰写。
3. 在直播过程中合理应用直播话术。

素养目标

1. 以专业水准来要求自己，提高专业能力与职业素养。
2. 培养持续改进的态度，在完成工作后进行自我检查和修改，不断地反思和改进。
3. 具有国际视野和跨文化交流能力，确保信息的准确传达和观众的良好体验。

知识链接

精策内容展格局，深撰脚本蕴匠心

直播脚本是影响直播活动成功与否的关键因素之一。对于电商直播而言，直播脚本一般分为整场直播脚本和单品直播脚本两种类型。

活动 1 单品直播脚本

1. 什么是单品直播脚本

单品直播脚本，顾名思义就是针对单个产品撰写的脚本。它聚焦于单个商品，致力于对商品特性进行精确描述，凸显其独特卖点。直播时针对每一款产品都会制定一份简单的单品直播脚本，一般以表格形式呈现。

单品直播脚本撰写：黄金五步＋四大模型打造爆款单品脚本

2. 单品直播脚本的作用

（1）结构化内容展示

单品直播脚本为主播提供了一个清晰、结构化的内容框架。确保主播在直播过程中能够有条不紊地介绍产品，避免遗漏关键信息或陷入混乱。

某品牌裤子单品直播脚本示例

（2）凸显产品卖点

脚本通过精心设计的商品卖点介绍，帮助主播突出产品的独特性和优势，从而吸引潜在消费者的注意。

（3）规范主播表达

通过单品直播脚本，主播可以更加规范地表达产品信息和优势，避免使用过于夸张或不实的言辞，有助于维护品牌形象，提升消费者对产品的信任度。

（4）提升直播效率

有了脚本的指引，主播在直播过程中能够更加高效地传递信息，减少不必要的停顿和重复，从而节省时间成本，提高直播的整体效果。

3. 单品直播脚本的内容

单品直播脚本的内容一般包括商品导入、商品卖点、商品利益点、优惠活动、催单话术等，各内容呈层层递进的关系。如表 5-18 所示。

表 5-18　单品直播脚本基础要点

要　点	说　明
商品基础信息	罗列产品基础信息和产品基础属性，让主播熟悉产品
商品导入	为引出商品做铺垫，常用的方法是话题引出
商品卖点	介绍商品的属性、功能作用等，告诉消费者“为什么值得买”
商品利益点	商品能给消费者带来的好处，告诉消费者“为什么必须买”
优惠活动	告诉消费者目前的活动优惠，让他们觉得“值得买”
催单话术	引导消费者“马上买”

开启电商直播后，主播需按照直播脚本依次对产品进行讲解、展示，对观众提出的问题进行解答，推进直播节奏，并运用话术引导观众下单。

4. 产品销售类话术运用

除了上文介绍的这一单品直播脚本结构，还可以灵活应用多种产品销售话术来填充脚本的具体内容，确保主播在直播过程中能够更加高效地达成销售目标。

（1）直播话术概述

直播销售已经从“人与货”的连接演化升级为“人与人”的交流，话术就是主播与用户实现双向交流的桥梁。直播话术是主播在直播销售过程中表达的技巧和方法。在电商直播中，主播所运用的话术技巧对商品的营销效果具有直接且显著的影响。

直播话术的特点与作用

（2）产品话术内容提炼

产品话术的核心点在于提炼产品的核心卖点，建立话术体系，同时也是来增强产品的价值感和用户获得感，以及代入感。在撰写直播话术前，需梳理出产品卖点的三大核心要素：

① 产品特点。对应的是产品的核心卖点，可以是产品的功能特征、工艺，需要将 3 ～ 4 个优秀的核心卖点罗列。在产品销售的过程中，切记不能将产品吹成神品，会让消费者抓不住重点，同时可能导致用户记忆困难。所以产品特点是来解决用户购买产品的需求。

② 用户体验。对应的是卖点的依据。主播需要为产品卖点寻找支撑点，要让用户知道主播并不是空口白话，而是有佐证、有依据的，可以直接理解为让核心卖点变得可视化。

③ 解决问题。对应的是卖点与用户之间的联系。商家要深度挖掘用户的核心利益点，每个点能帮助用户创造怎样的价值，带来怎样的切身利益，解决了什么样的实际需求，或者满足什么样

产品卖点提炼示例
——户外露营椅

的精神享受。

（3）产品话术理论

在撰写直播产品话术时，利用成熟的营销理论可以帮助主播更系统地构建话术，提升销售效果。

① AIDAS 理论。AIDAS 原理是用来说明营销对消费者产生的不同作用，它包括五个阶段，其在产品话术中具体的应用方法如图 5-1 所示。

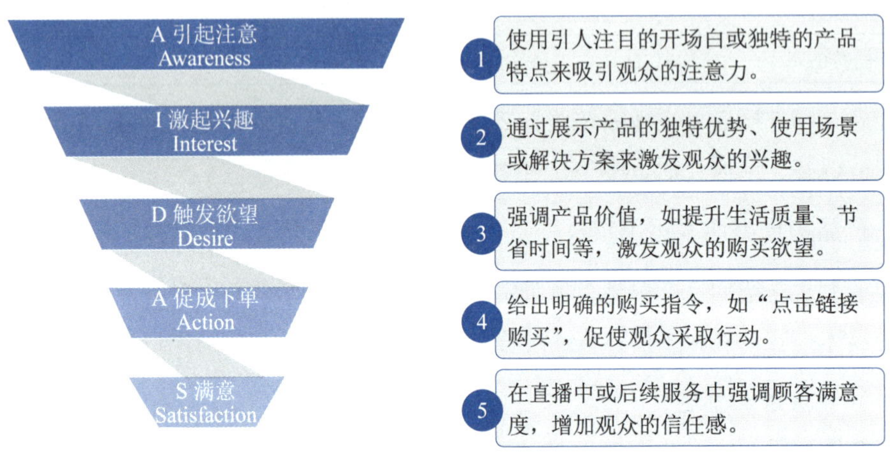

图 5-1　AIDAS 理论

② FABE 理论。FABE 理论是具体、可操作性很强的利益推销法。它通过四个关键环节处理顾客关心的问题，从而顺利地实现产品的销售，如图 5-2 所示。

图 5-2　FABE 理论

基于该理论，产品销售话术的撰写可从梳理产品基础信息、提炼产品卖点优势、利用利益点刺激用户购买、运用证据增强说服力，打消用户顾虑这几步出发。FABE 理论适用于推销产品品质好、创新性强等产品卖点较为突出的产品。

③ SCQA 理论。SCQA 模型由 4 个部分组成，即 Situation（情景），Complication（冲突），Question（疑问）和 Answer（答案）。该模型是一个“结构化表达”工具，通过“场景 + 问题 + 解决方案”在产品与用户之间迅速建立联系，有效提高产品的吸引力，从而促进用户购买，十分适合用于产品营销话术的撰写。具体应用如表 5-19 所示。

表 5-19　运用 SCQA 理论撰写产品销售话术

SCQA 理论	撰写要点
S（Situation 情景）	以情境作为开头，由大家都熟悉的场景、事实引入
C（Complication 冲突）	承接情景，表达实际情况和用户的要求是有冲突和差异的
Q（Question 疑问）	提出问题，遇到这样的冲突，怎么来解决
A（Answer 答案）	陈述产品提供的解决方案

④ ASBC 理论。ASBC 理论是 TikTok 平台介绍的话术撰写公式，其含义如表 5-20 所示。

表 5-20　运用 ASBC 理论撰写产品销售话术

ASBC 理论	撰写要点
A（Appeal 吸引）	通过提问互动 / 自问自答来引入产品
S（Sales 销售）	销量背书
B（Benefit 利益点）	向用户公布直播间的真实福利内容，并突出福利的限时限量性
C（Customer 用户）	圈定人群，对比产品。例如：体重 5kg（千克）～ 8 kg 的可以拍 7 号链接，它对比 8 号的优势

（4）促单话术

在直播过程中，主播需要运用有效的促单话术来刺激观众的购买欲望，促使他们下单购买。以下是一些促单话术的建议：

五类海外流行播品产品话术示例

① 强调限时优惠。如“这款产品今天直播间有特别优惠，错过今天就没有了！”

② 突出产品稀缺性。如“这款产品的库存不多了，想要的朋友们要抓紧时间下单哦！”

③ 提供购买保障。如“我们提供七天无理由退换货服务，让您购物无忧。”

④ 利用从众心理。如“已经有很多朋友下单了，这款产品真的很受欢迎！”

⑤ 创造紧迫感。如“倒计时开始，还有最后 5 分钟，想要的朋友们要抓紧时间了！”

通过运用这些促单话术，主播可以在直播中营造出紧张、热烈的氛围，激发观众的购买欲望，从而顺利完成销售任务。

活动 2　整场直播脚本

1. 什么是整场直播脚本

整场直播脚本是对直播流程和内容的细致说明，可以让直播团队各岗位人员根据工作职责实现默契配合。在直播过程中，最重要的就是对直播环节的规划和安排，因此在撰写整场直播脚本时要注重逻辑和玩法，合理把控直播节奏。

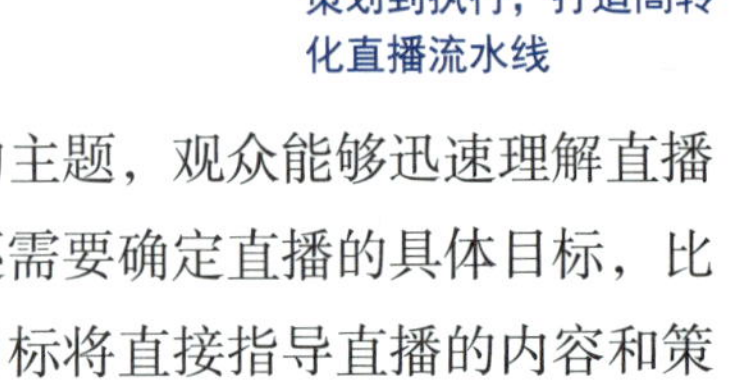

整场直播脚本设计：从策划到执行，打造高转化直播流水线

2. 整场直播脚本的作用

整场直播脚本的作用具体体现在：

（1）明确直播主题和目标

一个清晰明确的主题是直播的灵魂所在。有了明确的主题，观众能够迅速理解直播的核心内容，从而更容易产生共鸣和兴趣。同时，脚本还需要确定直播的具体目标，比如提高品牌知名度、推广新产品、增加销售额等。这些目标将直接指导直播的内容和策略，确保直播活动能够精准地达成预期效果。

（2）把控直播节奏

一场成功的直播需要有一个紧凑而流畅的流程，既要保证信息的充分传达，又要避免冗长拖沓。通过脚本，直播团队可以合理安排各个环节的时间，确保直播内容有序展开。

（3）指导主播、助播、策划等直播参与人员的动作、行为、话术

直播脚本是直播参与人员的行动指南。它规定了主播、助播、策划等人员在直播中的具体动作、行为和话术。主播需要根据脚本的指引，准确传达信息，引导观众参与互动；助播需要协助主播完成各项任务，确保直播流程的顺畅进行；策划需要根据脚本的要求，精心安排各个环节的内容和形式。通过脚本的规范指导，各个人员能够更好地协同工作，共同打造一场精彩的直播活动。

（4）控制直播预算成本

在脚本制定过程中，直播团队需要根据直播的目标和预期效果，合理分配各项资源，包括场地租赁、设备购置、人员费用等。通过合理的预算规划，可以在保证直播质量的前提下，有效控制成本支出。

借助整场直播脚本，主播能对直播流程和产品更加熟悉，能更好地找到直播重点，掌握直播节奏。

3. 整场直播脚本的内容

（1）直播脚本模块

一份整场直播脚本主要包括直播主题、直播目标、直播时间、直播物料、直播人员安排和直播流程几大模块。

① 直播主题。直播主题是直播的核心，整场直播的内容需要围绕中心主题进行拓

展。只有在确定了直播主题以后，才能制定后续计划。

② 直播目标。需明确是以积累粉丝为主，还是以提高销售额为主等。目标的设定要尽可能量化，以便衡量直播效果。

③ 直播时间。直播时间不宜频繁更改，确定好的直播时间要严格执行。同时可以设置固定的直播时间，这有利于养成粉丝准时观看直播的习惯。

④ 直播物料。直播物料包括直播间需要用到的基础设备、布置物料、氛围物料等。

⑤ 直播人员安排。每一场直播都会有很多工作人员，比如主播、助理，以及后台客服人员等。在撰写整场直播脚本时，需要对人员分工进行具体安排，比如主播负责引导观众、介绍产品、解释活动规则；助理负责现场互动、回复问题、发送优惠信息等；后台客服负责修改产品价格、与粉丝沟通、转化订单等。

⑥ 直播流程。直播流程指的是直播现场流程的设计，是整场直播脚本的重中之重，要具体到每一分钟。在撰写时要明确写出产品展示、粉丝互动、问题解答等流程的时间范围，并定时抛出直播福利，比如买一送一、整点抽奖等。

（2）直播环节流程

在直播带货过程中，优秀的直播脚本需要细化到每一个直播现场环节，以及该环节主播需要说的话和做的事。一般的直播现场流程包括开场预热、话题引入、产品讲解、粉丝互动和结束预告五个环节，其中粉丝互动穿插在各个流程中。

① 开场预热。主播进行自我介绍并向进入直播间的观众问好，介绍直播主题，利用现场活动吸引观众停留等。

素养小天地

2023 年 10 月 30 日，杭州市司法局官网发布了《直播电商产业合规指引（征求意见稿）》公开征求意见的公告。该文件第 17 条规定，直播电商从业者应依法开展直播预热及宣传，不得发布含有虚假或误导信息、侵害他人知识产权或人格权、含有第 11 条内容或其他违反法律法规的内容。未经消费者同意或者请求，直播电商从业者不得向其发送商业性信息。尽管该规定针对的是国内直播电商，但跨境电商直播团队也应做到以上要求，才能走得更远。

（参考来源：https://minyi.zjzwfw.gov.cn/dczjnewls/dczj/idea/topic_11052.html，最后访问日期：2025 年 4 月 13 日）

② 话题引入。根据直播主题或当前热点事件切入，目的在于活跃直播间气氛，激发观众兴趣。

③ 产品介绍。介绍产品特点，重点突出产品性能优势和价格优势。

④ 粉丝互动。通过直播间福利留人，发放红包、抽奖、回答问题等。

⑤ 结束预告。感谢观看，引导关注，预告下次直播时间、产品和福利。

需要注意的是，直播流程并非一成不变的，可以根据实际情况和产品特点进行不断优化和调整。在撰写整场直播脚本活动流程时，同样需要考虑时差的影响。表 5-21 为整场直播脚本环节流程模块撰写示例。

表 5-21　整场直播脚本环节流程模块撰写示例

直播时间	直播节点	主　播	运　营
14:00—14:10	开场预热	自我介绍，向进入直播间的观众问好	向各平台分享开播链接
14:11—14:20	话题引入	根据直播主题引入	向各平台推送直播信息
14:21—14:35	产品介绍	讲解产品，全方位展示产品外观，介绍产品特点，引导用户下单	发布商品链接，回复用户订单咨询
14:36—14:45	粉丝互动	评论话题，进行截屏抽奖	收集中奖信息，与中奖者取得联系
…	…	…	…
15:51—16:00	结束预告	感谢观众，进行下一场直播预告	

（3）整场直播排品策略

在多产品电商直播间，直播带货并不是简单把橱窗里的产品全部上架罗列到直播间依次介绍就万事大吉。不同的产品排列顺序，对观众留存、下单转化有不同的影响度。所以，确定当场直播产品的顺序也是直播脚本的重要内容。合理安排商品顺序能够使直播的节奏更加流畅。

直播间商品要如何“排兵布阵”呢？有下面几种策略：

① 产品关联法。可以将不同类型的产品按照一定的逻辑进行排列，如先展示美妆护肤品类的基础清洁产品（如洗面奶），再展示乳液、面霜等后续保湿产品。这种循序渐进的方式有助于观众更好地理解产品的使用顺序，也能让主播有更清晰的讲解思路，避免讲解过程中出现混乱或者跳跃的情况。

②双循环爆款打造法。双循环爆款打造法适用于处于启动阶段的电商直播间，能够有效提升直播效率，驱动直播间的流量和销量。商家应聚焦于成交商品和留人商品这两类商品的轮换循环来提高直播间的活跃度和转化率。成交商品，即吸引用户购买的商品；留人商品则是能够吸引用户停留的商品。当商品表现不佳时，应及时更换，保持直播间的吸引力。

③ 六段循环法。当商家进入上升期并积累了一定的运营经验后，可以使用六段循环法来优化直播间的产品展示和流量转化，如图 5-3 所示。

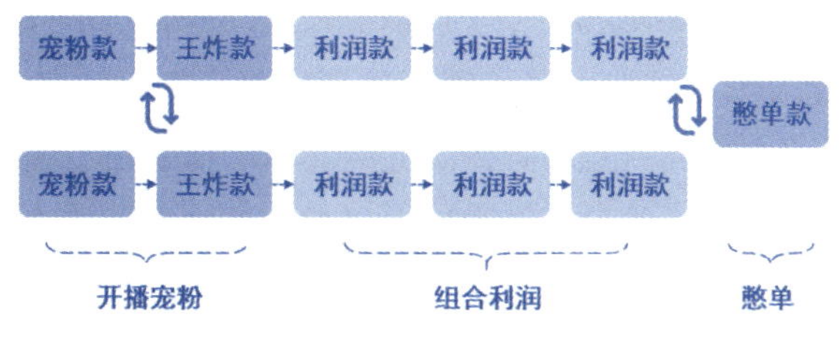

图 5-3　六段循环法

A-“宠粉款”：第一款能够快速吸引观众注意，并在短时间内激发购买欲望的商品。通过快速激发用户兴趣，确保直播间在开播初期获得稳定的观看人数。

B-“王炸款”：在宠粉款吸引观众后，接着可以用“王炸款”——直播间独有的、极具竞争力的爆款商品推动观众的购买转化，迅速提高成交量和直播间的热度。

C/D/E-“利润款”：在直播的中段，当观众已经对直播有了较强的兴趣且交易量开始稳定时，展示“利润款”，通常包括新品、高利润率商品或者库存较多的商品。这类商品可能需要观众了解更多的信息，因此可通过详细的介绍和优惠活动吸引用户购买。它们不会像“王炸款”那样吸引所有用户，但能在合适的时机通过较高的利润提升整体收入。

F-“憋单款”：“憋单款”通常是限量、礼品类商品，或者通过直播间互动，如抽奖、限时抢购来激发用户购买欲望。它们通常数量有限，或者在直播中特别设置了互动环节来提高用户参与感。在直播的后期，“憋单款”通过营造紧迫感和互动氛围，促进用户的购买行为，并在直播结束前尽可能地提高转化率。

六段循环放大流程法的核心目的是通过合理的商品组合与展示顺序，最大化地调动用户兴趣、提高成交率和利润。通过不断循环上述四款性质的商品，在直播过程中形成一个产品循环，保持观众的购买兴趣和参与度。直播流程中，商家可以根据用户的反馈和实时数据调整商品的展示顺序，利用高转化率商品带动流量，最终通过利润款和憋单款的循环放大，进一步提升销售额。

④ 漏斗筛选流程法。商家已经积累了一定的粉丝基础和商品组合，同时数据反馈也趋于稳定时，可以使用漏斗筛选流程法确保商品的长期销售并进一步提升利润，如图 5-4 所示。

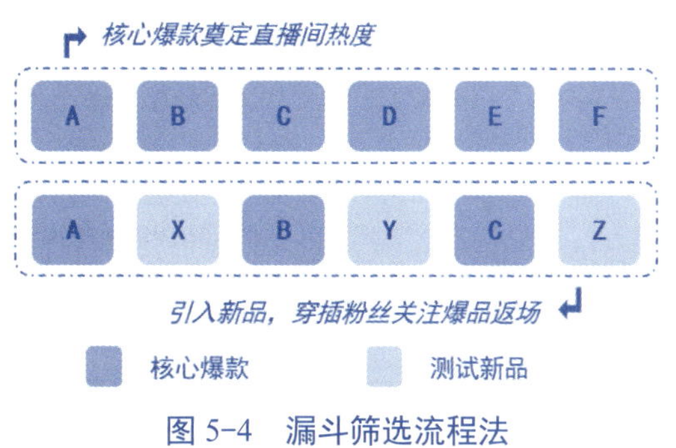

图 5-4　漏斗筛选流程法

应用这一策略，商家需要先沉淀出一批核心爆款商品，这些商品经过前期的测试和市场验证，具有较高的转化率和稳定的销售表现。基于数据反馈，优化商品的展示顺序。例如，优先展示成交率高、互动频次高的商品，降低销量差的商品的展示频率。

在上面的基础上，再引入新品进行测试，以扩充产品线并探索新的销售机会。新品展示时间安排可以选择在直播的中后段，当观众的购买欲望和参与感已经被引发后，可以尝试展示新品。通过激发好奇心，提升新品的曝光度。

这一策略还注重粉丝的反馈和互动，商家需要通过观察粉丝的评论、提问和购买行为，实时调整商品展示策略。如果某个商品在短时间内得到大量询问或购买，可以优先推送该商品，确保能够充分利用其高人气带来的流量。

通过漏斗筛选流程法，商家可以精准筛选商品、优化展示顺序，并结合粉丝反馈实时调整策略。

4. 直播营销类话术运用

直播宣传话术的应用

跨境电商主播不仅需要促进产品销售转化，还需掌控好整个直播流程。直播营销类话术主要用于引导观众参与、保持观众兴趣、控制直播的节奏，可以分为宣传话术和互动话术。

（1）宣传话术

主播可以在直播讲解过程中融入宣传话术，宣传的对象可以是直播间、品牌、主播自身等等，增强整场直播的营销效果。直播中的宣传话术不宜像传统的广告营销话术太过生硬直接，需结合主播个人特色，自然地达到宣传的效果。

宣传话术撰写的核心在于有效传达信息，上述三类宣传话术需要表达的重要信息如表 5-22 所示。

表 5-22　直播宣传话术撰写要点

宣传对象	关键信息	示　例
直播间	直播亮点（产品、优惠、福利、名人） 直播间基础信息（直播时间、直播内容、直播间日常福利）	Every evening from 7 to 9 pm，come and join our live! The best hot selling products are waiting for you! Don’t miss out!
品牌	品牌荣誉 品牌历史 品牌产品亮点	Everybody knows it stands out for its design.
主播	性格特点 自身经验 兴趣爱好 提供服务	As a hiking enthusiast，I will do my best to recommend truly practical and high-quality outdoor products to everyone.

(2) 互动话术

互动话术能帮助主播拉近与粉丝的距离感，避免主播在直播过程中冷场，引导用户留下并活跃直播间氛围。

各类互动话术的设计技巧如表 5-23 所示。

表 5-23 直播互动话术设计技巧

互动方式	设计技巧	示 例
欢迎	使用友善和热情的语气，询问对方的兴趣和需要，简洁明了地介绍自己或直播间	Welcome new friends，anything you are interested in，just let me know，I will show you right now.
提问	据直播内容设置场景，提出问题，可以使用简单的提问互动话术，例如，“同意的打 1，不同意的打 2。”	Do you prefer the red or blue version of our new product? Send A for red，send B for blue.
提出话题	引入有趣且与观众相关的话题，简要说明话题的背景或重要性，鼓励观众参与讨论	Do you have lucky colors? What is it?
引导动作	强调这些行为的利益点	Don't forget to follow our store to be our fans to get coupons .It is valid for 7days.
结尾	可以将回顾整场商品、下期直播预告、感谢话术等内容作为直播结束话术	See you guys at the same time tomorrow. We have prepared another surprise for you!

不同环节的互动话术

整场直播脚本示例

跨境直播表达规范

素养小天地

每个国家和地区都承载着其独特的文化背景和历史传统，其中不乏一些敏感话题，这些话题可能涉及政治、宗教、种族等方面，对于不同群体而言具有极高的敏感性。在进行跨境电商直播销售时，直播团队必须高度警觉，避免触及这些可能引起争议的话题，以免给直播带来不必要的负面影响。

特别是在文化差异较大的背景下，更应保持高度的谨慎和尊重。在交流过程中要确保所传递的内容不会冒犯到对方的文化信仰或价值观。为此，进行深入的跨文化培训显得尤为关键。这种培训不仅要求我们了解对方文化的基本知识、习惯和价值观，还需要学会如何在跨文化环境中进行高效而恰当的沟通。通过提高跨文化交流能力，才能够更好地理解和接纳不同的文化观念，建立起相互尊重和理解的基础。这种基础将为进行跨境电商直播销售提供坚实的支撑，能够在尊重对方文化的同时，更好地传递商品信息，吸引目标受众。

只有积极主动地面对文化差异，建立互信和尊重，才能实现真正意义上的国际合作。在跨境电商直播销售领域，这一点尤为重要。企业与个人需要共同努力，用尊重和理解跨越文化的鸿沟，开创更加美好的未来。

活动实践

解锁活动任务，进阶之路厚积薄发

活动情境

小优完成了第一场直播之后感到非常沮丧。因为她发现自己直播中常突然陷入沉默，有时为了回答粉丝提问中断产品介绍，然后影响了自己之前的节奏。同时，对产品的介绍也详略不当，时常遗漏关键信息，且未合理控制各环节时长。经资深运营指导，小优意识到需认真撰写直播脚本。她决定从单品脚本练起，学习如何提炼产品卖点，再尝试撰写整场直播脚本，学习如何与粉丝进行有效互动，确保直播有序进行。

活动流程

活动步骤

1. 单品脚本撰写

在直播带货中，一般情况下产品的数量都是较多的，而这么多的产品如何去区分和介绍，就需要提前准备单品脚本。每个产品准备对应的单品脚本，能够让主播在介绍的过程中更加顺畅，直播节奏更加容易把控，避免出现主播对产品不够了解所导致的直播事故。

步骤①：提炼产品关键信息。在编写单品直播产品时，需要归纳总结产品的关键信息，这样有利于直播人员深入了解要直播的产品，主播也能更自信地向观众介绍产品，并回答他们可能提出的问题。

运动轻弹卫衣是小优即将要播的一款产品，其基本信息如表 5-24 所示。请根据表中提供的信息，帮助小优提取出观众可能想要了解的该产品基础信息，同时思考直播各个环节的讲解方向，将关键词一并填入表 5-25 中，为后续撰写单品脚本和话术做好准备。

表 5-24　运动轻弹卫衣产品信息表

品　名	运动轻弹卫衣
面　料	85.5% 聚酯纤维 +14.2% 氨纶 / 克重 250G（克）
相关参数	厚度指数：□薄款 □适中 ■厚款 □加厚 柔软指数：■柔软 □偏软 □适中 □偏硬 弹力指数：□无弹 □微弹 ■弹力 □超弹 版型指数：□紧身 ■修身 □常规 □宽松
规　格	颜色：经典黑、薄荷绿 尺码：M、L、XL（男）S、M、L、XL（女）
亮　点	针对秋冬季节的慢跑爱好者特别打造 贴合身体曲线，有效修饰身形，能在运动中保持最佳状态 选用高弹性的针织面料，触感柔软，穿着舒适；内里填充暖绒，柔软细腻，带来温暖的穿着体验 拇指插口设计，让手背在冷风中能得到温暖的呵护 防风立领阻挡寒风入侵
定　价	英镑：45 £
直播间优惠	直播间折扣 88 折

表 5-25　运动轻弹卫衣单品直播脚本

<table>
<tr><td rowspan="5">产品基础信息</td><td>商品款号</td><td colspan="3">HD23W-LT018</td></tr>
<tr><td>原价</td><td></td><td>直播间价格</td><td></td></tr>
<tr><td></td><td></td><td></td><td></td></tr>
<tr><td></td><td></td><td></td><td></td></tr>
<tr><td></td><td colspan="3"></td></tr>
<tr><td>直播节奏</td><td>关键词</td><td colspan="3">话术表达</td></tr>
<tr><td>导　入</td><td></td><td colspan="3"></td></tr>
<tr><td>产品介绍</td><td></td><td colspan="3"></td></tr>
<tr><td>卖　点</td><td></td><td colspan="3"></td></tr>
</table>

续表

利益点		
优惠活动		
促　单		

步骤②：设计产品销售话术。设计产品话术时，应聚焦商品营销的核心逻辑——让用户了解、需要和购买商品，灵活运用各种销售理论，撰写出精准有效的话术。例如，促单话术可以从强调价格优惠、回购率、商品好评、售后服务等方面来激发用户的购买欲，刺激用户下单。

运用 SCQA“结构化表达”工具帮助小优撰写该产品的销售话术，完成表 5-26。

表 5-26　商品讲解话术

SCQA 维度		商品讲解话术
S		
C		
Q		
A		

步骤③：完成单品脚本撰写。一份单品直播脚本应具备较高的可操作性和实用性，明确直播各环节的安排及详细话术。导入商品时要迅速吸引观众注意力，引发兴趣；产品引入需简洁明了地介绍产品核心特点，要紧密结合话术，深入细致地讲解产品；优惠活动与催单环节要营造紧迫感，促使观众立即下单购买。

活动实践 1：尝试运用 FABE 话术理论模型，为实训中的产品设计一份新话术。

____

____

活动实践 2：针对不同类型的产品，直播所需关注的具体信息内容会有所差异。请分析以下各类产品的关键信息要素，完成表 5-27。

表 5-27　不同类型产品的关键信息

产品类型	关键信息要点
电子产品	基础信息：产品名称、型号、品牌、生产商等 技术规格：处理器、内存、存储容量、操作系统等 设计与外观：尺寸、重量、颜色、材质、按键布局等 功能与性能：核心功能、附加功能、性能参数、电池续航等 兼容性：与其他设备或系统的兼容性等 售后服务与支持：保修期、维修支持、客户服务等

续表

产品类型	关键信息要点
鞋服配饰	
美容与个人护理	
食品饮料	

2. 整场脚本撰写

直播脚本通常指的就是整场脚本，也就是起到对整场直播流程进行梳理和引导的作用，这种脚本对于新的直播团队来说尤为重要，能够更好地把控直播节奏和明确每个人的工作职责。

步骤①：明确直播流程。在开始撰写直播脚本前，务必事先规划好直播的各个环节，确定各环节大致的时长，合理安排各环节的先后顺序，明确完整的直播流程。

某电商大促节日期间，品牌方计划以“运动穿搭大集结，399 立减 100 狂欢开启”为主题，开展一场 2 小时直播活动。活动将主推新款运动轻弹卫衣（限量特价），同时促销多功能速干毛巾（宠粉款）、舒适弹力瑜伽裤（爆款）、户外冲锋衣（利润款）、速干透气运动套装（利润款）等热门产品，并以防滑袜作为抽奖福利，全面展示品牌运动服饰的多样款式与创新设计。直播间提供“满 399 元减 100”大额优惠券，打造一站式运动装备购物体验。

请帮助小优根据这一需求，完成此次直播流程的规划，包含各环节名称、先后顺序及大致时间分配，填入下框。

步骤②：设计直播宣传话术。围绕本场直播的精彩内容、产品亮点、限时优惠活动等要素，创作能吸引观众持续留在直播间观看的话术。

结合此次直播活动的基础信息和设计的流程环节，帮助小优设计在直播过程中能够有效留住观众的直播宣传话术。

____

____

____

步骤③：设计直播互动话术。针对直播过程中的不同互动场景，如开场打招呼、提问解答、抽奖环节、引导评论分享等，设计相应的互动话术。

小优列出了直播间销售过程中常见的互动方式，请帮助他完成此次直播中对应互动话术的撰写，填入表5-28。

表5-28　互动话术撰写

互动方式	话　术
欢迎（示例）	××××（用户ID），欢迎来到直播间！感谢每个光临直播间的新朋友，老朋友，你们的支持是我们直播的最大动力 “××××(User ID)，welcome！We appreciate every new and old friend who visits the live room. Your support is our greatest motivation for the live!”
提问	
给出话题	
引导观众关注、点赞、分享	
……	

步骤④：直播脚本撰写。确定直播流程框架、相关话术之后，需要继续落实各环节内容的具体安排，并分配好相关工作人员的工作任务，完成整场直播脚本的撰写。

结合上述规划，帮助小优完成整场直播脚本初步框架的撰写，填入表5-29。

表5-29　整场直播脚本初步框架

直播主题				
直播人员				
直播公告				
直播所需物料				
时　间	节　奏	主播任务	助播任务	运营任务
–				
–				

续表

–				
–				
–				
–				

活动实践 3：在直播过程中，直播团队如果发现观众对某个环节不太感兴趣或者存在疑问，应如何应对？

____

____

____

活动实践 4：李希即将参加一场针对英国市场的跨境电商主播面试，为了能在面试中表现得更加自信和专业，体现出其具备适应英国市场文化和语言习惯的表达能力，她需要收集并熟悉一些适合在直播间使用的英语日常表达。请帮助她整理一份实用的英语话术清单，填入表 5-30。

表 5-30 常见英语直播表达话术表

序 号	话 术	适用场景
1	What a bargain！十分划算	强调优惠力度

活动成果

请根据活动中的活动步骤，完成单品脚本与整场脚本的撰写，并将最终完成的脚本提交给老师。

检查清单

在完成实践活动后，请进行清单自检，并将结果填入表 5-31 中，完成请打√。

表 5-31　检查清单

序　号	检查事项	是否完成
1	是否明确本工作页的任务要求	
2	是否了解直播账号类型	
3	是否能够说出账号定位的关键要素	
4	是否能够列出识别对标账号的原则	
5	是否掌握直播账号定位的策略	
6	是否能够筛选出适合的对标账号	
7	是否能够全面拆解对标账号	
8	是否达成本次任务的工作目标	

任务评价

评价方式采用多元化机制，评价主体由学生、小组与教师构成，评价标准、分值及权重如下表所示：

（1）学生进行自我评价，并将结果填入 5-32 中。

表 5-32　学生自评表

评价项目	评价标准	分　值	得　分
信息检索	能有效利用网络资源、配套资料查找有效信息	10	
知识掌握	能有效理解学习任务中讲述的知识内容	15	
技能训练	能按任务书要求，按计划完成工作任务	15	
感知工作	能认同工作价值，在工作中获得成就感	10	
团队素养	能与教师、同学之间相互尊重、理解和平等交流	10	
职业素养	能严格遵守相关工作守则和法律法规	10	
思维状态	能发现问题、分析问题并解决问题	10	
参与状态	能发表个人见解，倾听他人意见和看法	10	
创新意识	能在工作中提炼出创新点	10	
合　计		100	

（2）学生以小组为单位，对本工作页的实施过程与结果进行互评，将互评结果填入表 5-33 中。

表 5-33　学生互评表

评价项目	评价标准	分　值	得　分
团队素养	小组成员间合作紧密，能互帮互助	15	
	工作计划周密，组织有序	15	
	态度端正，有较强的吃苦耐劳精神	10	
工作情况	工作效率突出	20	
	工作成果完整且质量达标	30	
	严格遵守相关工作守则和法律法规	10	
合　计		100	

（3）教师对小组工作过程与工作结果进行评价，将评价结果填入表 5-34 中，并将综合评价结果填入表 5-35 中。

表 5-34　教师综合评价表

评价项目	评价标准	分　值	得　分
任务实施情况	能按时提交工作任务	10	
	提交的工作活动成果质量情况	25	
	工作目标达成情况	20	
	关键技能掌握情况	20	
思政素养	课后积极了解各直播电商平台账号信息填写的要求与规定	10	
	在定位规划方案作业中，确保表达和措辞都正面、积极、合规	15	
合　计		100	

表 5-35　综合评价表

综合评价	
自我评价（20%）	
小组互评（30%）	
教师评价（50%）	
综合得分	

案例解析

阅读行业典型案例，带给你一点点灵感

某出海营销机构总结 TikTok 直播脚本框架，助力品牌拓展海外市场

案例详情

某专注于品牌出海领域的数字营销机构，在东南亚地区建立了多个海外运营团队及MCN 直播机构。通过持续的实操经验积累，该机构总结出一套适用于 TikTok 平台的直播脚本框架，旨在帮助品牌更高效地通过直播将产品远销海外，主要内容如下：

1. 确定直播主题。对于一场直播而言，运营人员需搞清楚本场直播的目的是什么，是新品上市宣传还是大型的活动促销？除此之外，一些电商类的营销节点非常适合作为直播主题，如双十一、双十二、斋月活动等。在 2021 年双十二期间，该机构在东南亚地区策划了以“双 12 好物节”为主题的直播活动，通过精准选品、合理排期以及“短视频 + 直播 + 社媒投放”三位一体的策略，成功让旗下某账号在单场直播中实现 59 万次观看，最高同时在线人数达 9600 人，累计售出 67869 件产品，并新增粉丝 11000 人。

2. 制定直播目标。确定直播主题后，运营人员需根据主题制定直播目标，大致可分为以曝光量为主的人气目标和以成交量为主的销售目标两大类。

3. 确定开播时间。运营人员需根据自身情况制定直播的开播时间。粉丝少的直播间要尽量避开高峰期，增加账号曝光度；有一定粉丝量的直播间最好有固定的直播时间，让粉丝养成按时观看的习惯。

此前，在 TikTok 官方印尼地区斋月 TSP 挑战赛十天的时间里，该机构针对母婴、3C、美妆产品选择了适合产品调性的直播时间进行了多场直播活动。并凭借着印尼本地主播丰富的直播经验和国内直播团队优秀的运营能力，在挑战赛中夺得 8 次排行榜第一，并赢得挑战赛的总冠军。

4. 活动策划。运营人员可通过开场满送、整点抽奖、限量秒杀、入团福利、神秘福袋等营销方式吸引消费者进入直播间并进行产品购买。

5. 岗位明确

（1）主播。主播的主要工作有参与直播间的玩法策划，介绍活动和测试商品，与粉丝进行互动等。考虑到 TikTok 平台的国际性质，建议优先选择了解当地市场的本地人作为主播，以确保直播内容更符合目标受众的需求和喜好。

（2）助播。副播主要工作是协助主播直播。在海外 TikTok 直播中，如果主播是中国人，建议搭配一名本地人作为副播。这样，副播不仅可以提供翻译服务，还能帮助主

播避免触碰当地文化禁忌，确保直播内容的安全性和合规性。

（3）中控。中控的主要工作是上架商品、评论抽奖、发放优惠券等。在 TikTok 直播中，中控除了完成这些常规任务外，还需要特别关注直播间的互动情况，及时提醒主播进行互动环节，以提高直播间的活跃度和吸引力。

（4）场控。场控在整个直播过程中扮演着“导演”的角色，负责整体直播流程的把控和协调。在 TikTok 直播中，场控需要在直播前深入了解当地文化习俗和禁忌，以避免因不了解当地文化而造成不必要的舆论危机。

（案例来源：https://mp.weixin.qq.com/s/8pS5tZoAA54uFrCtEycLAQ，最后访问日期：2025 年 3 月 13 日）

课堂小测

即时检验学习成果，小试牛刀见真章

1.【单选】单品直播脚本中的（　）旨在告诉消费者“为什么必须买”。

A. 商品导入　B. 商品卖点　C. 商品利益点　D. 优惠活动

2.【单选】在直播的（　）环节需要重点突出产品性能优势和价格优势。

A. 开场预热　B. 产品介绍　C. 粉丝互动　D. 话题引入

3.【多选】单品直播脚本的作用有（　）。

A. 结构化内容展示　B. 凸显产品卖点

C. 规范主播表达　D. 提升直播效率

4.【多选】整场直播脚本的作用有（　）。

A. 明确直播主题和目标

B. 把控直播节奏

C. 指导主播、助播、策划等直播参与人员的动作、行为、话术

D. 控制直播预算成本

5.【判断】直播流程并非一成不变的，可以根据实际情况和产品特点进行不断优化和调整。（　）

6.【填空】催单话术的作用是________________。

竞赛模拟

实战演练竞技场，锤炼本领展锋芒

跨境电商直播脚本撰写赛

每个团队由 3 ～ 5 名选手组成。参赛团队模拟跨境电商企业身份，撰写并提交一份跨境电商直播脚本撰写方案（PDF 格式，方案文件命名为：作品名称 + 团队名称，方案需包含封面，封面需包含作品名称、团队名称、参赛团队成员和指导教师的姓名及联系电话）。方案撰写要求如下：

（1）写明单品直播脚本撰写流程。

（2）撰写一份完整的单品直播脚本。

（3）根据整场直播脚本范例撰写一份完整的整场直播脚本。

（4）脚本各环节内容清晰明确。

（5）PDF 参赛方案统一发送至负责老师的邮箱。

自我分析与总结

我学会的

我要注意的

整理本节课所学知识点，在下方补充知识链接与实训实操思维导图

跨境电商直播推广

跨境电商直播推广是跨境电商直播运营人员必须掌握的专业技能。本项目基于企业工作场景，主要讲解跨境电商直播推广的直播推广策划、直播推广执行等相关知识点，帮助学生夯实理论基础，提升技能实战水平。

课时：6 课时

跨境电商直播内容策划——言之有物，以文化赋能

学生工作页

项目概述

直播推广旨在扩大直播影响力，并为直播带来更多流量。在进行跨境电商直播推广时，商家应充分利用各种营销手段和渠道，提升直播间的曝光度，为直播活动的成功奠定坚实基础，这要求相关运营人员具备直播推广策划和执行能力。

项目计划

针对跨境电商直播推广，下方梳理出了企业的典型工作流程，并制定了工作计划，同学们可依据该计划实施工作活动。

流程图如下：

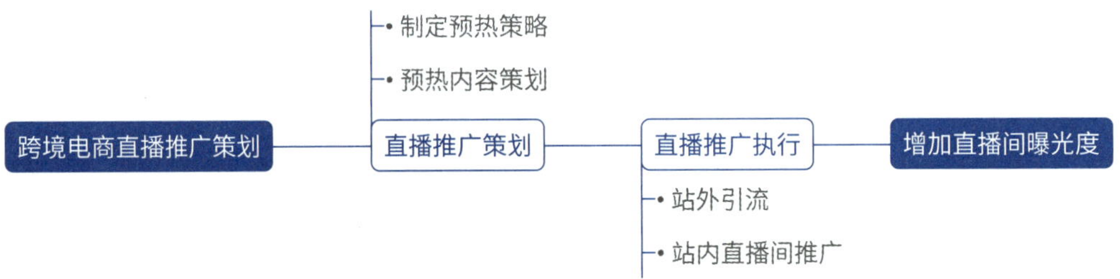

项目任务书

表 6-1　项目任务书

序　号	学习任务	项目任务简介	学　时
1	直播推广策划	了解直播推广策划要点，掌握直播推广方案制定流程，能完成直播预热方案策划及相关物料的策划	3
2	直播推广执行	执行预热策划和付费推广策略，对广告进行合理的设置并投放，增加直播活动曝光量，为直播间增加热度、活跃度，提高直播效果	3

项目分组

表 6-2　工作任务分配表

<table>
<tr><td>班　级</td><td></td><td>组　号</td><td></td><td>指导老师</td><td></td></tr>
<tr><td>组　长</td><td></td><td>学　号</td><td colspan="3"></td></tr>
<tr><td rowspan="4">组　员</td><td>姓　名</td><td>学　号</td><td>姓　名</td><td colspan="2">学　号</td></tr>
<tr><td></td><td></td><td></td><td colspan="2"></td></tr>
<tr><td></td><td></td><td></td><td colspan="2"></td></tr>
<tr><td></td><td></td><td></td><td colspan="2"></td></tr>
<tr><td colspan="6">任务分工</td></tr>
<tr><td colspan="6">在明确工作任务后，将小组成员分工明细填写在下方</td></tr>
</table>

项目工作准备

1. 阅读任务书，理解学习计划中的学习要点及实践活动要求。
2. 了解跨境直播推广策略，搜集成功的跨境直播推广案例。
3. 结合学习任务，查看课前学习视频、文章及资讯并记录疑点和问题。

任务 1　直播推广策划

任务描述

跨境电商直播推广策划涉及三个阶段，包括直播前期的预热准备、直播进行中的引流技巧、直播后的二次加热等。为确保直播推广的顺利进行，需制定一套合理的直播推广策划方案。本任务实训活动以直播预热策略为例，讲解如何设计详细的预热方案，以及如何完成预热图文与预热短视频的创作，吸引观众“种草”直播间。

任务目标

通过本任务的学习，学生应当能够：

 	1. 了解直播推广的内涵。 2. 熟悉直播推广策划的流程。 3. 掌握直播预热推广策略的制定技巧。
 	1. 完成直播推广方案策划。 2. 合理选择跨境直播预热方式。 3. 撰写直播预热文案和预热短视频脚本。
 目标	1. 诚实守信，不作虚假宣传和误导消费者的行为。 2. 发挥创新精神，勇于尝试新的推广方式和手段。 3. 挖掘和传承中华优秀传统文化，展现民族自信。

知识链接

巧用谋略促营销，诚信为本赢口碑

知名主播或名人因具备较高的知名度与关注度，在直播前进行大力宣传预热，往往能吸引大量观众进入直播间。相比之下，普通主播由于知名度有限，更需要重视直播前的预热引流工作，以提升直播间的关注度。那么，如何有效进行直播预热，吸引更多人观看直播呢？这就是本次任务的主要学习内容。

活动 1 跨境电商直播推广概述

任何形式的电商都离不开推广环节，直播自然也是一样。直播电商推广与传统电商有很大的不同，它是直播间和直播活动的推广，这样的推广要比传统电商经营起来更加直接。

跨境电商直播推广：国货出海的新引擎与机遇

1. 跨境电商直播推广内涵

（1）概念

跨境电商直播推广是指企业或个人为了增加电商直播间的流量、提升直播间曝光度，以及促进产品销售，在跨境电商直播平台或站外平台上，运用各种推广策略，对电商直播间进行的一系列宣传活动。通过综合运用跨境电商直播推广手段，跨境电商直播间能够吸引更多的潜在消费者，提高直播间知名度，增强消费者信任，并最终实现销售增长和转化提升。

跨境电商直播推广的要点

（2）重要性

跨境电商直播推广能显著提升直播间的流量。在竞争激烈的电商环境中，仅仅依靠直播间的自然流量是远远不够的。有效的推广策略可以将直播间推荐给更多潜在观众，从而增加直播间的访问量和观看人数。这不仅为直播间带来了更多的曝光机会，也提高了直播内容的传播范围。

2. 跨境电商直播推广的主要形式

跨境电商直播电商推广按照引流时间的不同，可以分为直播前引流、直播中引流和直播后引流 3 种形式。

（1）直播前引流——预热推广

直播预热是指在直播活动正式开始前，通过一系列推广策略和手段，提前向潜在观众传达直播信息，引发他们的兴趣和期待，从而吸引更多人关注和参与直播活动的过程。

直播预热推广的效果体现在以下几个方面：

① 激活原有粉丝。直播间的粉丝观众一般是首批接收到预热信息的群体。粉丝看到后会对直播活动的基础信息形成初步印象，这样粉丝观看直播的概率要提高很多，所以直播预热是激活直播账号粉丝的关键一步。同时，预热内容的质量直接关系到粉丝的关注度，优质的预热内容能够显著提升粉丝对直播的期待值，进而增加他们观看直播的可能性。

② 扩大观众群体。预热推广能够覆盖更广泛的用户群体，通过定向推广和精准营销，吸引更多对直播内容感兴趣的用户。这有助于扩大直播间的观众规模，提高直播活动的影响力。

③ 提高观众期待值。通过预热推广中发布的精彩预告、嘉宾阵容、互动环节等信息，能够激发观众的好奇心和期待感。观众对直播内容的期待值越高，他们在直播当天参与直播的可能性就越大。

④ 优化直播流程。在预热阶段，主播和团队可以根据观众的反馈和互动情况，对直播内容、互动环节等进行调整和优化。这有助于确保直播活动更加符合观众的需求和期望，提高直播的质量和效果。

素养小天地

2022 年 9 月天水市商务局举办了一场别开生面的跨境电商直播活动，以花牛苹果为媒介，通过直播售货的形式，将这一地方特色产品推向了国际市场。这一举措不仅展现了我国农产品的独特魅力，也为农民增收开辟了新的途径。

花牛苹果作为天水市的地标性产品，以其优质的口感和独特的营养价值享誉中外。为了让更多的国际消费者了解并喜爱上这一产品，天水市商务局精心策划了此次直播活动。

在直播前，他们通过多种渠道发布直播预告，广泛宣传花牛苹果的特点和优势，成功吸引了大量境外企业和消费者的关注。

直播中，主播用流利的英语详细介绍了花牛苹果的种植环境、品种特点，以及种植技术，展示了其高品质和竞争力。同时，主播还与直播间观众进行了积极的互动，解答了他们的问题，进一步增强了他们对花牛苹果的认知和购买意愿。此次直播活动取得了显著成效。来自越南、新加坡、泰国等多个国家的境外企业纷纷下单采购，现场签订的花牛苹果订单量达到了 5000 多吨，货值高达 2000 多万元。这不仅为花牛苹果打开了国际市场的大门，也为农民们带来了实实在在的收益。

天水市商务局工作人员表示，这次直播活动成功提高了花牛苹果的知名度，并促进了全市跨境电商新业态的发展。他们将继续加强跨境电商平台的建设和推广，提升企业的海外市场拓展能力，为全市经济发展注入新动力。这个案例告诉我们，在全球化的今天，应积极运用新技术和新模式，创新营销方式，提升产品国际竞争力。同时，也要重视培育本土品牌，发挥地方特色产品优势，推动区域经济高质量发展。通过跨境电商直播，可以让更多中国优质产品走向世界，展示中国制造的魅力和实力。①

（参考来源：https://m.thepaper.cn/baijiahao_19802778，最后访问日期：2025 年 5 月 2 日）

（2）直播中引流——付费推广

为直播间实时投放广告是商家在直播过程中常见的引流手段。例如，国内抖音直播平台的“DOU+”付费服务能增加直播间的热度和曝光，给直播间带来更多感兴趣的用户，在 TikTok 中与之对应的是 promote（直播加热）功能。广告投放后，用户在视频流中会刷到直播屏，可以看到直播间的样式，通过点击屏幕即可进入直播间。商家还可以选择加热视频，为直播引流。

TikTok 直播加热（promote）功能入口

除使用平台推广加热工具外，直播过程中还能利用红包、优惠券、抽奖活动等引导用户分享直播间，引导新进直播间的用户关注直播间，从而增加直播间流量。该部分内容在项目五任务一中已展开介绍，此处不再赘述。

直播中引流在很大程度上能解决直播间人气不足或流量降低的问题。

（3）直播后引流——二次推广

直播后引流是在直播结束后开展的引流工作，如剪辑直播中的精彩片段，并制作成短视频发布到各平台，从而让更多的用户关注直播间，激发用户的观看兴趣，为直播间和下一次直播活动带来更多的流量。

① 参见跨境电商天水花牛苹果专场直播售货活动举行，现场签订 5000 多吨 [EB/OL].(2022-09-07)[2025-05-17].https://www.thepaper.cn/newsDetail_forward_19802778.

活动 2 直播预热推广方案制定

跨境电商直播预热推广，作为直播营销的重要前奏，其意义不仅在于为直播活动造势，更在于精准锁定潜在观众，激发他们的参与热情。精心策划的预热推广活动，可以在直播开始前就营造出浓厚的氛围，让观众对即将到来的直播充满期待。接下来以直播预热推广为例，讲解制定直播预热推广方案的主要流程。

直播预热推广方案：多渠道引流与互动设计

1. 明确预热推广目标

通过深入分析目标观众画像，可以制定出既符合观众口味又能有效传达信息的推广策略，为直播的成功预热打下坚实基础。

确定推广方向时，需要首先深入分析目标观众的基本特征，包括他们的年龄、性别、兴趣爱好、活跃平台，以及购买力与消费心理。基于这些了解，可以精准匹配推广内容与观众需求，选择能够引起他们共鸣的推广主题和形式。同时，结合观众常用的社交媒体平台，制定多渠道的推广策略，确保信息能够准确触达目标群体。直播团队还可以根据观众的购买力和消费心理，设计合理的优惠活动和互动环节，激发他们的购买欲望和参与度。

举例来说，假设目标观众画像为：年龄在 25 ～ 35 岁的年轻女性，对时尚美妆有浓厚兴趣，活跃在 Instagram 和 TikTok 等社交媒体平台，具有一定的购买力且注重品质与口碑。基于这一画像，可以确定初步的推广方向为在 Instagram 上发布与时尚美妆相关的图文教程和试色，吸引她们的关注和讨论；在平台上发起话题讨论和互动抽奖活动，引导她们积极参与并分享自己的化妆心得，还可以与知名美妆博主或意见领袖合作，邀请他们参与直播并分享专业见解，以此提高直播的权威性和吸引力，扩大直播的曝光度。

确定大致方向后，根据直播的主题和预期观众群体，设定具体的预热推广目标。这些目标可能包括增加直播关注度、提高观众预约量、扩大品牌曝光度、提升观众参与度等。目标应具体、可衡量，以便后续评估推广效果。

2. 制定预热推广策略

（1）预热推广方式选择

进行直播预热时需搭配一定的策略，以达到更好的营销效果。下面介绍几种常见的直播预热方式。直播团队可以选择一种或是组合多种方式进行直播预热推广。

① 社交媒体预告。直播团队可以利用直播间或品牌在站内站外等社交媒体平台运营的账号发布直播预告，包括直播的时间、主题和内容亮点等。同时，可以设计吸引人的图文或短视频，增加预告的点击率和传播范围。通过社交媒体的广泛传播，可以迅速

吸引潜在观众的关注。

在发布内容的基础上，很多具有粉丝基础的账号还会在自己的账号名称、个人简介中添加近期直播的信息。

②合作达人宣传。直播团队可以与在相关领域有影响力的达人或意见领袖进行合作，邀请他们为直播进行宣传。这些达人可以通过自己的社交媒体渠道发布直播预告，分享自己的直播期待和亮点，从而吸引更多粉丝和关注者关注直播。合作达人的宣传不仅可以扩大直播的曝光度，还能借助他们的口碑和影响力提升直播的信誉度和吸引力。

③ 开展线上活动（抽奖、有奖问答、话题讨论）。直播团队可以设计一些有趣的抽奖、有奖问答或话题讨论等活动，鼓励观众在直播前积极参与。这些活动不仅可以提高观众的互动热情，还能增加他们对直播的期待感。同时，通过线上活动的奖励机制，还能吸引更多潜在观众参与进来，为直播间积累人气。

④ 公布独家优惠信息。直播团队可以提前透露一些直播中的独家优惠信息，如限时折扣、赠品等，激发观众的购买欲望。这种预热方式不仅可以增加观众对直播的关注度，还能提升直播的转化率。

⑤ 直播倒计时。一些直播平台提供开播预告工具，便于用户设置开播提醒并在开播前收到通知。例如 TikTok 主播可以提前创建直播预告，如图 6-1 所示，向粉丝们宣传直播主题、开始时间及相关内容介绍。粉丝则可以订阅直播内容，这样，他们在直播开始前就能够收到系统的观看提醒。主播还能在预告视频中使用实时倒计时贴纸，并查看有多少粉丝即将观看直播。

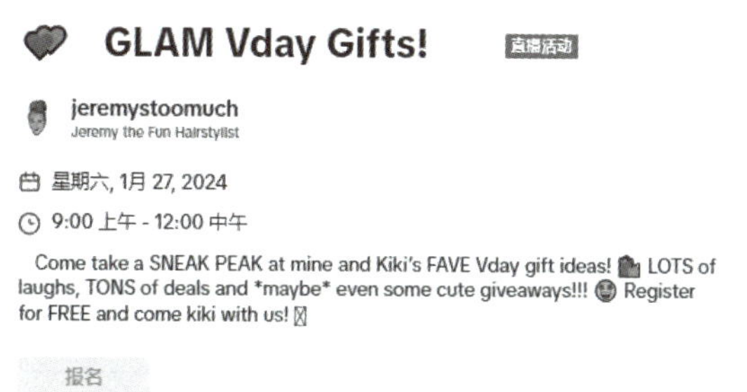

图 6-1 TikTok 直播活动订阅界面

（图片来源：https://www.tiktok.com/@jeremystoomuch，最后访问日期：2024 年 4 月 24 日）

⑥ 预告创意环节。直播团队可以设计一些独特的、有趣的直播环节，并在预热阶段进行预告。创意环节可以引发观众的好奇心，增加他们对直播的期待。

（2）预热推广工作流程确定

预热是个反推的流程，首先第一步要设定好直播的时间，然后根据直播的时间进行预热流程反推。在预热工作流程中，需要明确各时间节点的预热工作。按照什么时间、由谁、在什么渠道、通过什么形式、发布什么内容的逻辑，以表格的形式明确每一天的预热工作。

在安排时间时，需要考虑以下几点：

① 了解观众的时间习惯和活跃时段，确保预热推广能够在观众最活跃的时间段内进行。

② 合理安排预热推广的频次和节奏，既要保证足够的曝光度，又要避免过度打扰观众。

③ 需确定好每个预热行动的物料需求，如文案、海报、短视频、抽奖活动备案，保证这些行动节点前能做好相应的准备。

④ 预热内容发布后需进行数据追踪，从而及时调整与优化预热的方案。例如当直播间订阅量较低的时候，可以考虑对预热内容投放广告，以此提高订阅量，直播间在直播的时候就会获得更好的展现位置，获取更多的流量。

⑤ 预热内容的发布时间距离直播开始的时间不宜过长，因为太长的预热期容易让用户在等待中失去兴趣。即使预热期有足够多的宣传素材，整个预热期也不要超过 2 周。

3. 预热内容策划

（1）图文内容策划

① 预热文案策划。预热文案是直播预热信息的主要呈现方式，是引导用户进入直播间、让用户了解直播详情的重要途径。直播预热文案一般包含直播的具体时间、直播平台、直播主题、直播福利或直播亮点。什么样的直播预热文案能吸引用户到直播间购买相应的产品呢？这需要一定的文案润色和写作技巧，如表 6-3 所示。

表 6-3　直播预热文案写作技巧

技　巧	说　明	举　例
展示直播价值	告知用户观看本场直播可获得的利益	From state-of-the-art cookware to must-have gadgets，you'll find everything you need to elevate your culinary skills.
设置悬念	不用预告直播所有的亮点和福利，部分保留给用户留下悬念，激发用户的好奇心	We have a special guest lined up who will share their own skincare routine and reveal exclusive tips you won't find anywhere else.
制造紧迫感	让用户产生不容错过的感觉	Hurry! Stocks are limited，and once they're gone，they're gone for good!
抓住用户痛点	用场景描述来激发用户的购买欲望，挖掘用户痛点，给用户提供一个购买产品的理由	Tired of trying endless skincare products without seeing results? Let us guide you to the right path with our expert tips.
运用数字	用具体的数字能让受众更直观地感受到产品的实力和优势，给受众视觉上的冲击	Over 100 best-selling products，with discounts up to 60%!

② 预热海报策划。完成直播预热文案后，通常会为文案搭配精致、美观、具有吸引力的图片，如预热海报，以增强直播预热文案的吸引力。

海报作为图片，可以轻松地被用户保存在手机或电脑上，并随时通过社交媒体、聊天软件等渠道进行分享。这种便捷性使得海报能够迅速在目标受众中传播开来，有效吸引更多人关注并参与直播。

同时，海报上通常包含品牌标识、口号等关键元素，用户在保存和转发海报的过程中，也会将这些品牌信息一同传播出去。这有助于提升品牌的知名度和曝光度，加强品牌在目标受众心中的印象。海报上可以添加二维码或链接，方便观众直接扫描或点击进入直播页面或订阅直播活动。

设计直播预热海报的关键

（2）短视频内容策划

如今短视频已被广泛运用到大众娱乐、社交、获取信息和种草购物。对于商家们来说，通过短视频引流到直播间，具有一定订单转化效果。预热短视频的内容制作应包含四大直播核心要素，如图 6-2 所示。

图 6-2　预热短视频内容制作核心要素

常见的预热短视频脚本结构如图 6-3 所示。

图 6-3　常见预热短视频脚本结构

常见且有效的预热短视频形式主要有以下四种：

① 直击要点型预告。直击要点型预告主要用于吸引私域粉丝，直接真人出镜告诉粉丝开播时间和内容。想吸引未关注的观众，就需要留点悬念，勾起观众好奇。这种预告方式适合有关注热度的主播。

② 福利型预告。福利型预告通过预告直播福利吸引观众关注，这种方式适合具有较大福利优惠的直播活动。

③ 植入型预告。植入型预告类似广告植入，在日常短视频中植入直播预告，在视

频最后定格直播预告海报，让观众不经意间注意到直播预告信息。

④ 直播片段型预告。直播片段型预告类似花絮，将上一场直播中有趣的片段截取下来，为下一场直播造势引流。

活动实践

解锁活动任务，进阶之路厚积薄发

活动情境

优化直播内容后，小优发现直播间的曝光度不够理想，每场直播间的观看人数都不多，更别说提高转化率了。所以，小优决定制定一份直播间推广策划方案，涵盖预热策略的制定，以及预热内容的策划，包括文案的编写和脚本的设计。

活动流程

活动步骤

1. 制定预热策略

预热策略是在直播正式开始之前通过一系列活动和宣传手段，提前激发受众兴趣，增加直播的关注度和观众的期待感。这一阶段的目标是在直播开始前就建立起一定的观众基础，确保直播时有更多的人参与、观看，并提高转化率。

步骤①：预热方式选择。在了解不同预热策略的基础上，结合直播间情况选择合适的预热方式。

奥运会作为全球瞩目的重要赛事，吸引着世界各国人民的关注。在此背景下，小优意图借力奥运热度，策划一场运动鞋服类产品的直播活动，设置具有吸引力的优惠力度，希望能最大程度地增加自己直播间的热度。目前，她最迫切的需求是让尽可能多的目标群体知道这一活动，所以，直播的预热活动十分重要。

请帮助小优思考这场直播可以使用哪些预热方式，并在下方做出选择。（可多选）小优选择的预热方式为：

（　）社交媒体预告（Facebook、Ins……）

（　）邀请明星嘉宾

（　）线上活动（抽奖、有奖问答、话题讨论）

（　）公布独家优惠信息

（　）直播倒计时

（　）预告创意环节

……

步骤②：预热策略制定。选择合适的预热方式之后就需要制定预热内容方案。根据预热方式的选择，制定方案与其配合。

请根据小优所选择的预热方式，帮助其设计这次预热策略，并完成预热方案，填入表 6-4。

表 6-4　预热方式和策略

预热目标	
预热方式	
预热活动策划（时间、具体行动）	
所需预热物料	

活动实践 1：请帮助小优选择 3 个相关竞品或类似直播主题的直播活动，观察并分析它们的预热方式和预热效果，填入表 6-5。

表 6-5　竞品预热策略

竞品直播间名称	竞品预热方式	竞品预热效果

活动实践 2：在移动互联网时代，用户浏览网络信息的时间呈碎片化，且每天面临海量信息，因此主播需准确把握好直播预热时机。选择一个带货主播，观察其直播预热物料发布时机有哪些规律。

____

____

____

2. 预热内容策划

在制定好直播预热策略后，相关运营工作人员还需要对预热内容进行细致策划，以确保其有效呈现。

步骤①：图文策划。图像和文字是推广直播间的关键载体。所以预热文案的撰写与预热海报的设计十分重要，它们不仅要传达关键信息，最重要的是让观众产生兴趣。

根据制定的预热方案，小优需准备相关的物料，首要任务是完成预热海报的设计并向美工人员传达制作需求。请帮助小优完善预热海报设计说明表6-6。

表 6-6　预热海报设计说明表

<table>
<tr><td rowspan="7">文本需求</td><td rowspan="5">直播基础信息</td><td>直播名称 / 主题</td><td colspan="3"></td></tr>
<tr><td>时间、日期</td><td></td><td>直播平台</td><td></td></tr>
<tr><td>……</td><td colspan="3"></td></tr>
<tr><td></td><td colspan="3"></td></tr>
<tr><td></td><td colspan="3"></td></tr>
<tr><td rowspan="2">直播亮点</td><td>文案参考</td><td colspan="3"></td></tr>
<tr><td>……</td><td colspan="3"></td></tr>
<tr><td rowspan="3">视觉设计需求</td><td>图像选择</td><td colspan="4"></td></tr>
<tr><td>配色风格</td><td colspan="4"></td></tr>
<tr><td>……</td><td colspan="4"></td></tr>
</table>

步骤②：短视频策划。短视频策划是为了在短时间内吸引观众，传递信息或故事。预热短视频策划需紧扣直播主题，先构思引人入胜的故事线，再提炼核心创意亮点，最终确保内容的吸引力。

请帮助小优根据本次直播内容和预热策略，选择合适的预热短视频形式，并简要说明短视频的情节梗概。

预热短视频形式

1. 直接型预告　2. 福利型预告　3. 植入型预告　4. 直播片段型预告

情节梗概

____

____

活动实践 3：请分析直播预热短视频与传统视频广告有什么区别？

____

____

活动实践 4：结合任务背景，在跨境电商直播平台中选择一则推广效果较好的运动类产品推广直播预热短视频，判断其属于哪一类预热短视频，分析其亮点，以及这则短视频取得较好推广效果的原因。

活动成果

请根据活动中的活动步骤，完成直播推广策划，并将最终具体的规划情况整理出来提交给老师。

检查清单

在完成实践活动后，请进行清单自检，并将结果填入表6-7中，完成请打√。

表6-7 检查清单

序 号	检查事项	是否完成
1	是否明确本工作页的任务要求	
2	是否了解直播账号类型	
3	是否能够说出账号定位的关键要素	
4	是否能够列出识别对标账号的原则	
5	是否掌握直播账号定位的策略	
6	是否能够筛选出适合的对标账号	
7	是否能够全面拆解对标账号	
8	是否达成本次任务的工作目标	

任务评价

评价方式采用多元化机制，评价主体由学生、小组与教师构成，评价标准、分值及权重如下表所示：

（1）学生进行自我评价，并将结果填入表6-8中。

表6-8 学生自评表

评价项目	评价标准	分 值	得 分
信息检索	能有效利用网络资源、配套资料查找有效信息	10	
知识掌握	能有效理解学习任务中讲述的知识内容	15	
技能训练	能按任务书要求，按计划完成工作任务	15	
感知工作	能认同工作价值，在工作中获得成就感	10	
团队素养	能与教师、同学之间相互尊重、理解和平等交流	10	
职业素养	能严格遵守相关工作守则和法律法规	10	
思维状态	能发现问题、分析问题并解决问题	10	
参与状态	能发表个人见解，倾听他人意见和看法	10	
创新意识	能在工作中提炼出创新点	10	
合 计		100	

（2）学生以小组为单位，对本工作页的实施过程与结果进行互评，将互评结果填入表 6-9 中。

表 6-9　学生互评表

评价项目	评价标准	分　值	得　分
团队素养	小组成员间合作紧密，能互帮互助	15	
	工作计划周密，组织有序	15	
	态度端正，有较强的吃苦耐劳精神	10	
工作情况	工作效率突出	20	
	工作成果完整且质量达标	30	
	严格遵守相关工作守则和法律法规	10	
合　计		100	

（3）教师对小组工作过程与工作结果进行评价，将评价结果填入表 6-10 中，并将综合评价结果填入表 6-11 中。

表 6-10　教师综合评价表

评价项目	评价标准	分　值	得　分
任务实施情况	能按时提交工作任务	10	
	提交的工作活动成果质量情况	25	
	工作目标达成情况	20	
	关键技能掌握情况	20	
思政素养	课后积极了解各直播电商平台账号信息填写的要求与规定	10	
	在定位规划方案作业中，确保表达和措辞都正面、积极、合规	15	
合　计		100	

表 6-11　综合评价表

综合评价	
自我评价（20%）	
小组互评（30%）	
教师评价（50%）	
综合得分	

阅读行业典型案例，带给你一点点灵感

马来西亚某生活类主播的直播带货策略分析

案例详情

在马来西亚，一位专注于工具与家具用品领域的生活类主播，凭借亲和力和专业分享，深受粉丝喜爱。他在 TikTok 上通过制作各类实用演示短视频，积累了大量忠实粉丝。在一次 TikTok Shop 官方活动期间，该主播的直播间新粉丝数量激增至 29 000 人，GMV 也实现了 28% 的显著增长。

最初，这位主播仅在社交平台上分享各类生活小窍门和家居用品使用经验。一次偶然的机会，他开始尝试直播带货，并迅速发现，这种形式不仅拉近了与观众的距离，还能更直接地传递产品价值与使用技巧。在直播过程中，他注重细致讲解产品特点，同时结合自身使用经验，分享实用技巧，让观众能在观看直播时获得实在的购买指导。

为了增强直播间与观众的互动黏性，他还定期策划多种互动活动，如抽奖、投票、实时问答等，有效提升了用户的参与感与留存率。

在每次直播活动前，该主播通常会在 TikTok 平台发布预热内容，如直播通知（如图 6-4 所示）和相关短视频，以提醒粉丝并吸引更多潜在观众预约、订阅直播。通过这种系统性的推广策略，他成功提升了每场直播的观众数量、互动活跃度及转化率，进一步巩固了个人品牌影响力。

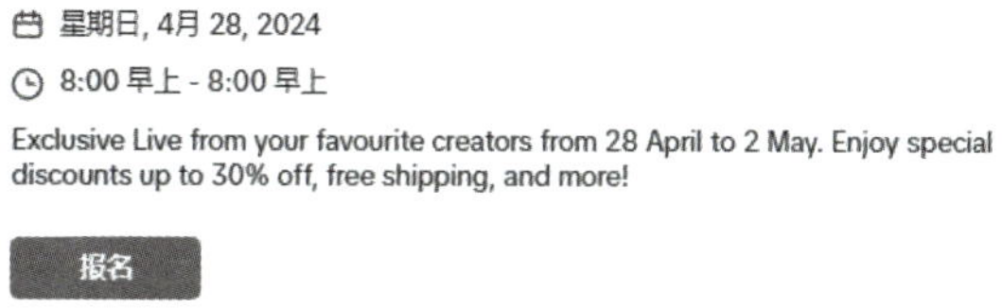

星期日, 4月 28, 2024

8:00 早上 - 8:00 早上

Exclusive Live from your favourite creators from 28 April to 2 May. Enjoy special discounts up to 30% off, free shipping, and more!

报名

图 6-4 马来西亚某生活类主播的某则直播活动预告

（图片来源：https://www.tiktok.com/@tangsiewsiang，最后访问日期：2024 年 4 月 24 日）

该生活类主播以脚踏实地的风格赢得了广大追随者和顾客的喜爱。因此，在引流短视频和发布内容的文案中，他始终强调优惠力度和性价比，以满足粉丝对高性价比商品的需求。

（案例来源：https://www.tiktok.com/@tangsiewsiang，最后访问日期：2025 年 2 月 12 日）

课堂小测

即时检验学习成果，小试牛刀见真章

1.【单选】关于跨境电商直播推广，以下说法错误的是（　）。

A. 通过有效的推广策略，可以将直播间推荐给更多潜在观众

B. 直播电商推广与传统电商推广的方法一样

C. 仅依靠直播间的自然流量很难有效提升直播活动效果

D. 是在跨境电商直播平台或站外平台上，对直播间进行的一系列宣传活动

2.【单选】关于预热工作流程的时间节点安排，以下说法错误的是（　）。

A. 预热是个反推的流程，首先第一步要设定好直播的时间

B. 预热内容的发布时间距离直播开始的时间越长越好

C. 需合理安排预热推广的频次和节奏

D. 预热内容发布后需进行数据追踪

3.【多选】以下属于跨境电商直播推广策划的要点的有（　）。

A. 定位明确　　B. 注重内容策划

C. 确定周期预算　　D. 推广效果分析

4.【多选】直播预热文案一般包含（　）。

A. 直播的具体时间　　B. 直播平台

C. 直播主题　　D. 直播亮点

5.【判断】设计直播预热海报时，可以考虑在海报上添加二维码或链接，方便观众直接扫描或点击进入直播页面或订阅直播活动。（　）

6.【填空】预热短视频形式主要有＿＿＿＿＿＿、＿＿＿＿＿＿、＿＿＿＿＿＿和直播片段型预告。

实战演练竞技场，锤炼本领展锋芒

跨境电商直播预热方案策划赛

每个团队由 3 ～ 5 名选手组成。参赛团队模拟跨境电商企业身份，撰写并提交一份跨境电商直播推广策划方案（PDF 格式，方案文件命名为：作品名称 + 团队名称，方案需包含封面，封面需包含作品名称、团队名称、参赛团队成员和指导教师的姓名及联系电话）。方案撰写要求如下：

（1）介绍直播团队与直播活动的基本信息，明确预热推广目标客户群体。

（2）明确此次预热的期望效果。

（3）制定具有针对性的直播预热推广策略，以及详细的工作流程方案。

（4）罗列此次预热活动涉及的物料及对应的策划方案。

（5）需保证所提交的策划方案为原创作品，不得抄袭、剽窃他人成果。

（6）PDF 参赛方案统一发送至负责老师的邮箱。

自我分析与总结

我学会的

我要注意的

整理本节课所学知识点，在下方补充知识链接与实训实操思维导图

任务2 直播推广执行

任务描述

在跨境电商直播推广执行阶段，直播间引流的重要性不容忽视。成功的引流不仅依赖于直播内容的吸引力，还涉及多元化的推广渠道、精准的目标受众定位以及科学的广告投放策略。只有在这些方面都做得足够出色，才能够实现有效引流，提高直播间的曝光度。

任务目标

通过本任务的学习，学生应当能够：

1. 了解直播间的引流方法。
2. 熟悉各大海外社交媒体平台的推广特点。
3. 掌握站内直播间的广告投放方法。

1. 选择有效的站外引流平台。
2. 合理实施直播广告投放。
3. 正确评估广告投放效果。

1. 尊重客观事实和规律，实事求是。
2. 预判可能出现的风险和问题，密切关注风险变化，确保直播推广顺利进行。
3. 敢于尝试，从实践中总结经验，持续创新、不断超越自我。

知识链接

巧用谋略促营销，诚信为本赢口碑

在数字营销的新时代，直播已成为品牌与消费者沟通、展示产品魅力的关键平台。然而，没有充足的流量支持，即使直播内容策划得再出色，也难以实现有效转化。因此，越来越多的商家开始注重直播间推广。其中，除了追求平台的自然推流，付费推广这一有效利器，也受到越来越多商家的关注和青睐。

活动 1 跨境电商直播间引流

1. 获取站内自然流量

直播间引流：跨境流量全捕获

自然流量作为免费的流量来源，是直播间引流的重要渠道。

（1）认识站内自然流量

① 定义。直播间自然流量指的是通过粉丝主动关注和直播后台依据算法系统主动向平台用户推送而获得的流量，以粉丝流量、直播推荐等为代表。这种流量无须额外付费，是直播间引流的重要组成部分。商家和主播可以通过日常长期运营来获取新粉丝持续关注，进而促使算法系统加大直播流量的推荐力度。

② 影响因素。

要提升直播间自然流量，需要关注内容质量、互动率、粉丝活跃度等因素，通过优化这些因素，可以提高直播间在抖音平台上的曝光度和关注度，从而吸引更多的自然流量。同时，也要关注直播平台的算法变化和推荐机制，及时调整策略，以适应平台的发展。

以 TikTok 为例，TikTok 的算法会根据直播间实时情况对推流进行调整，旨在确保那些热门且高质量的直播间能够获取更多的流量，这实际上是一种类似于“赛马”的竞争机制。在这种机制下，同一时间段内、同一流量池中的直播间，如果想要获得更多的流量，就必须表现得更为出色，就像赛马一样，跑得更快、更稳，才能脱颖而出。理解并利用好这一机制，对于提升直播间在 TikTok 平台上的曝光度和流量至关重要。TikTok 直播间自然流量的影响因素如表 6-12 所示。

表 6-12　TikTok 直播自然流量的影响因素

影响因素	影响方式
直播时长	直播时长 = 直播次数 × 每场直播时长，直播时长会直接影响直播间的曝光量。直播时长越长，直播间就能够被更多的用户看到

续表

影响因素	影响方式
进房率	进房率 = 点击进入直播间的人数 ÷ 直播间的曝光量，当直播间的曝光率保持稳定时，直播间进房率越高，在线观看人数越多，直播间的权重就会越高，平台推送的流量就越多
直播停留时长	直播间进入流量多不代表直播间的在线观看人数就一定高，让更多用户留下，不使引入的流量白白流失，才能获得平台更多的推荐
互动率	直播间的用户的互动，比如评论、点赞、分享、送礼物、点击购物袋等，都会影响直播间的权重
转化率	高商品曝光点击率（以下简称 CTR）和高商品点击成交转化率（以下简称 C_O）能够吸引更多直播间自然流量

（2）提升站内自然流量的方法

① 提升直播时长。提升直播时长的方式有 2 种：一种是提升单次直播的时长，另一种是提升每周的直播次数。

②提升直播进房率。

A. 直播内容优质。好的内容是吸引进入直播间的基础。什么样的内容是好的内容？以表 6-13 为例，商家可作为提升自身直播质量的参考。

表 6-13 直播内容质量评价维度

标准	维度	具体说明
基础标准	声画质量	流畅度：直播画面流畅、稳定；没有卡顿、没有噪声、不存在声音画质不同步的问题 清晰度：声画清晰，声音、画质良好，无过度曝光，太暗、声音太高、太低等问题
	符合规范	直播间内容符合规则，无平台不允许的行为
进阶标准	直播场景吸引力	主播、直播间场景、环境具有美感和吸引力
	直播场景特殊性	直播间还原产品真实生产环境，例如：农产品
	直播场景创意性	有创意性的场景，例如：模仿潮流 KOL、科技风背景

B. 活动引导。商家通过活动帮助用户快速了解店铺折扣，从而被吸引进入直播间。跨境电商直播活动类型如图 6-5 所示。

图 6-5 跨境电商直播活动类型

除了报名参加直播平台活动外，直播团队还应该从视觉效果和听觉效果等层面让用户能立即了解清楚直播间正在进行的直播内容。例如店铺清仓为活动主题，活动场景可以选择在仓库，出镜的活动人员可以是主播、老板、打包人员等。

直播间活动效果呈现措施

C. 商品吸引力。一般具有图 6-6 图中特点的商品能吸引用户点击进入直播间。

图 6-6　吸引用户进入直播间的产品类型

D. 品牌效应。品牌知名度高、竞争力强的商品，让用户产生更高的信任感，吸引用户进入直播间，这种方法主要适用于品牌旗舰店、品牌代理商等。打造品牌效应的关键要素如表 6-14 所示。

表 6-14　品牌效应打造的关键要素

要素类型	相关选项
品牌标识	品牌 logo、品牌色、slogan（标语、口号或广告语）、标志性产品
销售场景	专柜销售、门店销售、工厂销售、专柜销售、秀场销售等，品牌通常会有线下专柜，因此选择专柜场景能够较好地提升用户的信任感
出镜人员	主播、老板、专柜销售员、明星等

③提升直播停留时长。在做到提高直播间内容质量的基础上，如果直播标签不精准，流量也会不精准。因为引入的流量不是直播间的目标客户，观众进入直播间后，一看不是自己想要的就会离开。所以标签越不精准，平均停留时间就会越短。

商家团队可以通过短视频引流，以及投相似达人广告的形式，快速给直播间打上精准人群标签。当直播人群标签足够精确，直播间吸引的流量中目标用户占比就会提升。此类用户对产品已有兴趣基础，配合场景化展示、即时福利和话术引导，用户停留时长将同步增长。

④ 提升直播互动率。互动除了对直播间流量有正向促进作用，还能够提升用户的停留时长、提升商品点击率。提高直播间互动率的具体措施如表 6-15 所示。

表 6-15 提高直播互动率的措施

维 度	具体措施
主播引导	主播可以主动提出与直播内容相关的问题，引导观众在评论区留言讨论，或者邀请观众分享自己的见解和体验 保持积极、热情的态度，用真诚的语言与观众交流，建立起情感连接，让观众感受到被关注和尊重 密切关注观众的评论和反馈，及时解答他们的问题，以增强观众的信任感和满意度
环节设置	设置一些简单有趣的互动游戏，如抽奖、答题等，让观众在参与过程中获得乐趣和奖励 设置观众分享环节，邀请观众分享自己的购物心得、使用体验等，让直播内容更加丰富多元，同时增强观众的参与感
提供福利	为互动的观众提供专属福利，激发他们的参与热情

素养小天地

网红营销一度是流量与效益的代名词。以往，粉丝数似乎成为衡量网红营销效果的唯一标准，高昂的合作成本让众多中小卖家望而却步。然而，随着网红市场的成熟和消费者认知的提升，唯流量论开始逐渐瓦解，真实性成为用户追求的新特性。

小微网红的崛起，正是这一变革的生动体现。虽然他们在粉丝数量上无法与头部网红相提并论，但拥有超高互动率和粉丝黏性的小微网红，却在营销效果上展现出不可忽视的力量。他们的推荐对于粉丝来说，更像是朋友之间的好物分享，具有极高的真实性和说服力。这种真实性，正是小微网红能够影响粉丝购买决策的关键所在。

与此同时，专注于某一领域的小微网红——垂类网红，正在成为品牌合作的新宠。他们在自己的特定领域内拥有较高的话语权，能够精准触达目标受众，实现更高的转化率。相比泛类网红，垂类网红不仅合作成本更低，而且营销效果更为显著。

小微网红的崛起，不仅为品牌提供了低成本高回报的合作对象，也为我们提供了深刻的启示。在营销活动中，真实性和精准性往往比单纯的流量更为重要。品牌应该注重与消费者建立真实、信任的关系，通过提供有价值的内容和服务，赢得消费者的认可和忠诚。同时，品牌也应该根据自身的特点和目标受众，选择适合的营销方式和合作伙伴，实现营销效果的最大化。

2. 获取站外流量

（1）认识站外流量

① 定义。站外流量是指从直播平台以外的其他网站或社交媒体平台引导进入直播间的流量。例如，在上个任务的预热方式中提到了商家在直播前除了可以通过 TikTok 站内发布直播预告，也可以通过其他社交媒体如 Facebook、YouTube、Instagram 等软件发布直播预告进行站外引流。

② 海外社交媒体平台概述。社交媒体的受欢迎程度和影响力随着全球数字人口的增长而不断扩大。社交媒体已经成为人们日常生活的一部分，并且不断改变全球范围内人们相互交流的方式。所以社交媒体推广是跨境电商直播站外推广的重要方式。

素养小天地

调查数据显示，越来越多的社交媒体用户直接在平台上完成购买行为，其中 Instagram 和 Facebook 成为消费者偏爱的购物渠道。这一趋势不仅有效缩短了用户的消费路径，提升了购物体验，更为商家开辟了全新的销售渠道，对品牌塑造和转化提升起到了积极的推动作用。

社交商务的兴起，是社交媒体平台发展壮大的必然结果。随着社媒软件渗透率的提升，用户的媒介习惯也在逐渐改变。如今，社交媒体已不再是简单的信息发布平台，而是成为用户搜索信息、交流互动，甚至完成交易的重要场所。这种变革不仅凸显了社媒平台的入口价值和货架价值，也预示着社交媒体正逐渐成为海外消费者首选的购物渠道。

与传统搜索引擎相比，社交媒体平台在搜索体验和内容生态方面具有显著优势。社交媒体平台提供的搜索更加个性化、更具吸引力，能够根据用户的兴趣和行为推荐相关内容。同时，社交媒体平台的内容多元、形式多样，涵盖了文字、图片、视频等多种媒介形式，为用户提供了丰富多样的信息获取方式。此外，用户生成的内容和实时发布的信息也增加了社交媒体的互动性和时效性，使其相较于传统搜索引擎更具优势。

社媒平台凭借内容优势吸引大量流量，同时借助用户自发生成的多场景内容覆盖和基于地理位置的搜索结果展示等多重优势，逐渐取代了搜索引擎的地位。这一变革不仅改变了用户的媒介使用习惯，也为跨境电商营销与推广提供了全新的机遇和挑战。

社交商务的崛起和媒介习惯的变革，对我们提出了新的要求。作为新时代的青年，我们应该积极适应这种变革，充分利用社交媒体平台的优势，推动跨境电商直播的发展。同时，我们也应该注重培养自己的媒介素养，提高信息筛选和判断能力，避免被虚假信息和不良内容所误导。

全球范围内社交媒体的数量特别多，主要可以分为以下几类：

视频类：如 TikTok、YouTube 等。

社交类：如 Facebook、X（Twitter）、LinkedIn 等。

图片类：如 Instagram、Pinterest 等。

聊天类：如 Snapchat、WhatsApp 等。

Facebook、YouTube 和 Instagram 平台引流概况

在选择 TikTok 站外推广平台时，营销团队主要应考虑以下原则：首先需要考虑目标受众和市场定位，明确直播间用户群体、活跃平台及其兴趣需求，以精准选择推广平台。其次，评估平台用户基数与活跃度，优选高曝光机会和潜在客户多的平台。同时，对比推广费用与预期回报率，追求高性价比。此外，还需确保推广内容与目标平台风格相契合，提升转化率。

下面以如何借助 Facebook、YouTube 和 Instagram 为 TikTok 直播引流为例，讲解如何进行站外社交媒体推广引流。

（2）Facebook 引流

营销团队要借助 Facebook 为 TikTok 直播引流，主要方法如表 6-16 所示。Facebook 的用户在工作日的互动率较高，从周五的晚上 8 点至周日互动率显著下降，这一趋势符合海外用户周末活跃度低的规律，因此比较重要的帖文建议在工作日发布。

表 6-16　Facebook 引流方式

引流方式	具体措施
创建 Facebook 群组	创建与 TikTok 直播内容相关的 Facebook 群组，邀请目标受众加入，定期分享 TikTok 直播的预告、亮点等内容
创建 Facebook 页面	在 Facebook 页面上发布关于 TikTok 直播的更新和动态，引导粉丝点击链接进入 TikTok 观看直播
投放广告	利用 Facebook 的广告投放功能，根据地理位置、兴趣、年龄等定向投放直播信息的广告，以吸引目标受众群体

营销团队要借助 YouTube 为 TikTok 直播引流，主要方法如表 6-17 所示。

表 6-17　YouTube 引流方式

引流方式	具体措施
制作直播相关视频	制作高质量、与 TikTok 直播内容相关的 YouTube 视频，可以吸引用户并引导他们前往 TikTok 观看直播
网红营销	利用 YouTube 上的网红或意见领袖进行合作，可以进一步扩大 TikTok 直播的曝光度和影响力。通过与网红合作制作推广视频或直播联动，可以有效吸引他们的粉丝关注并转化为 TikTok 直播的观众

（3）Instagram 引流

依托于其视觉驱动的平台特性，Instagram 是展示产品和品牌故事的理想场所。利用高质量的图片和视频，外贸企业可以展示产品的详细信息和使用场景，吸引目标客户。Instagram Stories 和直播功能还可以用来进行实时互动，实现品牌个性化，增加用户参与度。

要借助 Instagram 为 TikTok 直播进行引流，主要方法如表 6-18 所示。

表 6-18　Instagram 引流方式

引流方式	具体措施
制作直播相关视频	制作与直播内容相关的图片和视频，展示直播的亮点、特色或预告片段，以吸引用户的兴趣。运用 Instagram 提供的滤镜和其他编辑工具，让内容更具吸引力和独特性
利用热门标签和位置标签	选择与 TikTok 直播内容相关的热门标签，以及直播所在位置的标签，可以提高内容的曝光率
网红营销	与网红共同制作内容，或邀请他们参与 TikTok 直播，通过他们的推广和介绍，吸引更多粉丝关注并观看直播
优化个人资料页	一个完善且专业的个人资料页是吸引粉丝和引流的关键。确保资料页包含清晰的品牌标识、简介、联系方式，以及跳转至 TikTok 直播页面的按钮或链接。此外，定期更新资料页的内容，展示最新的产品、活动或直播信息，以保持用户的关注度
运用 Instagram Stories	可以利用 Stories 发布与 TikTok 直播相关的短视频或图片，提前预告直播内容，并在直播过程中引导观众前往 TikTok 观看

3. 获取私域流量

（1）认识私域流量

私域流量是指商家通过自有渠道或平台沉淀的、与商家有稳定联系和信任的用户群。该群体可以持续地为商家创造直接或间接收益。私域流量的特点是高效、稳定、可控，它可以让商家与客户建立更深的关系，提高客户的忠诚度和复购率，降低客户的流失率和成本。

（2）利用私域流量引流

① 利用商家私域流量引流。在拥有私域流量后，可以最大化地利用已有的用户资源，提高直播间的曝光度和参与度。商家私域引流方式如表 6-19 所示。

表 6-19　私域引流方式

引流方式	具体措施
定期推送直播预告	通过邮件、社交媒体等渠道，定期向私域流量中的用户推送直播预告，提醒他们关注并预约直播。虽然邮件的回复时间跨度比较长，无法做到及时沟通，但邮件在海外是常用的沟通工具，有助于完成高效转化
优化直播入口	在私域流量的各个触点上，如个人主页、独立站等，设置明显的直播入口，方便用户快速进入直播间
提供专属福利	为私域流量中的用户提供直播间的专属福利，如优惠券、折扣、赠品等，以激发他们的参与热情
建立社群互动	利用 WhatsApp 等社交平台，建立私域流量的社群，并在社群中定期发布直播相关信息；同时，社群内的讨论和反馈也可以为直播间提供改进方向

② 利用用户自身私域流量。私域流量可以从多个角度运营，不仅包括商家自有私域流量，还可以借助用户自身的私域流量。例如，在直播间中鼓励用户分享链接给好友，是一种有效利用用户私域流量的方式。

用户分享有助于直播间触达更多潜在观众，提升曝光度和影响力。这类分享通常源于老用户对内容的认可与信任，也更容易吸引同样感兴趣的新用户，进而提高观众数量和活跃度。为鼓励分享，商家可设置激励机制，如分享并成功邀请用户可获奖励，或在直播间人气达标后发放福利，具体形式可结合实际情况灵活制定。同时，商家可提供便于转发的海报、短视频或文案，提升用户分享的便捷性和传播效果。

4. 获取付费流量

付费流量是指商家通过付费方式获得的直播间流量。例如，在 TikTok 平台上，商家可以通过投放广告、合作推广等方式来获取付费流量，以增加直播间的曝光度和观众数量。付费推广的执行流程在下一节会具体展开讲解。

付费流量的优势在于，商家可以更加精准地定位目标用户，并通过付费方式快速获得大量曝光和流量。然而，这也需要商家在预算和投放策略上进行合理的规划和调整，以确保付费流量的效果最大化。

需要注意的是，付费流量只是直播间流量来源的一部分，商家还需要结合其他方式，如优化直播内容、提高用户体验、加强社群互动等来综合提升直播间的吸引力和留存率。

活动 2 跨境电商直播广告投放

每个广告投放渠道都有其独特的优势和适用情况。在投放广告前，应该先确定投放该广告的预期目标、预算和品牌需求等信息，并根据此来选择最适合的渠道或组合多种渠道进行广告投放。TikTok 是一个具有巨大潜力的广告投放平台，尤其是对于有意向年轻人群推广产品和服务的电商卖家而言。本节以 TikTok 直播间广告投放为例进行讲解。

广告投放秘籍：跨境直播引爆销量

1. 广告投放准备

（1）了解 TikTok 广告类型

TikTok 广告有很多细分的种类，如 In-Feed、Brand Hashtag、Brand Takeover、Topview、Branded Effect 等类型，如表 6-20 所示。

表 6-20 TikTok 广告类型

广告类型	说 明
In-Feed 广告	In-Feed 广告即信息流广告，用户滚动浏览 For You（推荐）页面时，出现在视频之间的广告
Brand Hashtag 挑战广告	品牌创建 Hashtag 鼓励 TikTok 用户根据某一方式进行创作，比如编排好舞蹈在该 Hashtag 下发布
Brand Takeover 广告（品牌开屏广告）	当 TikTok 用户打开 App 的瞬间，开屏广告会瞬间占领整个屏幕并停留几秒钟。开屏广告投放费用非常惊人，主要适合成本预算高的品牌商家
TopView 广告（首页广告）	添加站内或站外的链接。这种广告并不是一打开应用就立刻出现，而是需要等待几秒钟才会显示 这种广告的优势在于时间较长（可达 60 秒）、全屏自动播放并搭配背景音乐，能为用户提供沉浸式体验
Branded Effect	品牌特效广告类似于 Instagram 的 AR 滤镜，用户可以将这些特效添加到自己的视频中

要对 TikTok 直播间进行推广，商家主要用到的是 In-Feed 信息流广告。

（2）了解 TikTok 广告基础知识

TikTok 广告的基本结构如下：一个广告活动（Campaign）系列包含多个广告组（Ad Groups），每个广告组包含一条或多条广告素材（Ads），如图 6-7 所示。一般情况下，一个广告系列下面只会推广一个产品。设置不同的广告组来对应不同的人群，测试他们对商品的反应。理解了 TikTok 广告的三层结构，就能更好地通过测试去寻找目标用户。

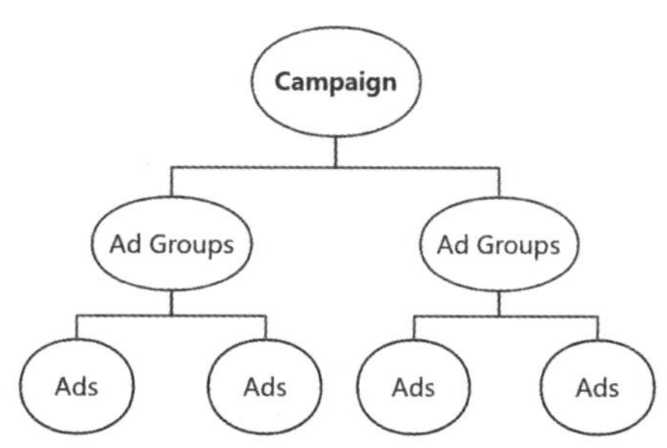

图 6-7　TikTok 广告的基本结构

要进行 TikTok 广告投放，还需了解其功能页面的相关概念和定义，如图 6-8 所示。

Campaign　Ad group　Ad

Create　Edit　Bulk export/import　Automated rules

On/Off	Name	Status	Budget	Total cost	CPC (Destination)
Impressions	Clicks (Destination)	CTR (Destination)	Conversions	CPA	CVR (Impressions)

图 6-8　TikTok 广告管理页面

（图片来源：www.TikTok.com，最后访问日期：2024 年 4 月 28 日）

Name：广告活动名称，可以填写产品名来区分

Status：广告活动的状态

Budget：预算

Total Cost：总花费

CPC：平均单次点击成本（平均每次点击的成本）

Impressions：曝光量（视频素材曝光率）

Clicks：点击量（视频素材的点击量）=Impressions × CTR

CTR：点击率（点击率 = 点击量 ÷ 曝光量）

CPM：千次展现花费（素材产生 1000 次曝光量的花费）

CPC=CPM ÷ Clicks

Conversions：带货方面就是订单量

CPA：每成交 1 单的花费

CVR：曝光转化率 =Conversions × Impressions × 100%

TikTok 广告权限开通

2. 规划广告预算

（1）了解 TikTok 广告竞价形式

在 TikTok ADS 中，目前主要的竞价形式分为 CPC 和 oCPC 两种。其中，CPC 指的是按平均每次点击的成本进行的出价。在此模式下，广告系统会优先将广告展示给更有

可能点击该广告的用户群体，并在出价的基础上自动调整竞价，以确保实际的点击成本与用户设置的目标 CPC 价格大致相当。

oCPC 代表单次目标成效的平均费用出价方式。它侧重于实现特定的广告效果，如购买转化或注册行为等。在 oCPC 模式下，广告系统会优先将广告呈现给那些更有可能实现预设目标成效的用户，同时根据出价进行自动竞价调整，使实际的转化成本（而非点击成本）更加接近用户所设定的 oCPC 价格。

简而言之，CPC 注重广告的点击率，而 oCPC 则更加关注广告的实际成效转化。这两种竞价形式旨在帮助广告主更精准地控制广告投入，以获得更高效的广告效果。

（2）规划广告预算

在 TikTok 直播广告投放中，计算广告预算的工作流程可以遵循以下步骤：

① 确定推广目标和预期效果。首先，要明确此次投放的预期效果。根据目标，可以设定期望的点击量、转化率等。

② 设定预算范围。根据营销目标、预期效果和市场情况，设定一个初步的广告预算范围。这个预算范围应该考虑到广告活动的持续时间、广告位置、目标受众等因素。

③ 使用 TikTok 广告平台的预算设置工具。TikTok 广告平台提供了预算设置工具，可以帮助广告主更精确地设置预算。在广告创建过程中，可以根据需要选择每日预算或总预算，并设定预算上限。

TikTok 广告有推广系列预算优化（以下简称 CBO）和广告组预算优化（以下简称 ABO）两种预算优化方式。

CBO 在推广系列层级优化预算，适合预算少、测试项目多或效率要求高的场景。使用 CBO 时，建议设置 50CPA+ 预算，放 3 ～ 5 个广告组。

ABO 在广告组层级优化预算，适合对比测试、自主优化或预算把控严格的情况。使用 ABO 时，建议 50CPA+ 预算，对比测试预算和受众。

④ 进行 A/B 测试。在实际投放广告之前，可以进行 A/B 测试，通过不同预算设置下的广告效果对比，找到最佳的预算分配方案。

⑤ 监控和调整预算。在广告活动进行过程中，需要密切关注广告效果，根据实际效果调整预算。如果广告效果不佳，可以适当增加预算以提高曝光量；如果广告效果已经达到预期，可以保持或适当降低预算以控制成本。

具体的预算计算和工作流程可能会因具体情况而有所不同。在实际操作中，还需要考虑其他因素，比如广告创意的质量、目标受众的精准度等，这些因素都会影响广告效果，从而影响预算的分配和调整。

3. 创建 TikTok 直播购物广告

截至 2025 年 4 月，TikTok 直播购物广告的关键流程如图 6-9 所示。

TikTok 直播购物广告创建流程概述

图 6-9　TikTok 直播购物广告创建流程

4. 广告效果评估

在进行广告投放时，广告主需要监控广告效果数据，明确有效策略和无效策略，以便优化后续广告活动。

（1）获取投放效果数据

进入卖家中心 Seller Center，进入“Ads”页面可直接看到当前运行的广告活动的表现情况。

（2）效果数据分析

在分析广告投放效果时，需要重点分析以下核心指标。

① 成交单量。这是衡量广告转化效果的关键指标，直接反映了广告带来的实际销售数量。

② 成本。需要分析每笔订单的成本，包括产品成本、物流成本等，以确定广告投入与产出的经济效益。

③ CPM 千展。即每千次展示的成本，用于观测市场竞争情况和素材质量，是评估广告曝光效果的重要指标。

④ CPC 单次点击链接费用。反映广告被点击的成本，有助于分析目标受众的匹配度和广告点击的效果。

⑤ CTR 链接点击率。这一指标可以反映受众对广告的兴趣程度，帮助评估受众定位的准确性并判断是否需要优化人群定位。

⑥ CPA 单次转化价格。即每次转化的成本，是评估广告转化效率的关键指标。

⑦ ROI 投入产出比。通过计算广告投入与销售额的比例，可评估广告的盈利能力和投放效果。ROI 是一个综合性的指标，能够反映广告的整体经济效益。

在 TikTok 广告投放中，首先要确保每次广告转化都能带来合理的回报，需推动 CPA（单次转化价格）优化。在此基础上，进一步提升广告的点击效果和曝光效率，即推动 CPC（单次点击费用）和 CPM（千次展示成本）优化，以及提高广告的吸引力，即提升 CTR（点击率）。这些指标的提升，最终都会优化 ROI（投入产出比）上，表现为广告投入带来的销售额增长。

因此，在评估广告效果时，不能只看单一的指标（如 CPC），而应全面考虑，特别是要看 ROI 是否能达到预期目标。在投放广告时，一定要时刻关注成本、销售额等关键数据，确保广告效果达到预期。

素养小天地

跨境电商直播付费推广是现代营销的重要手段。商家在 TikTok Shop 平台上的广告投放策略尤为关键。商家在推广过程中，通常会经历测试期、增长期和稳定期三个阶段，每个阶段都需要采取不同的广告投放策略，以实现广告投入回报率的最大化。

在测试期，商家主要关注新建广告计划和素材的数量，以及出价调控等投放设置。通过测试不同的广告样式，商家可以快速确定哪些素材能够迅速吸引流量，为后续的推广打下基础。

进入增长期，商家会根据测试期得到的数据，提高优秀素材的使用率，以获取更高的收益。同时，商家会尝试多种广告产品，如价值优化产品和人群包等，以筛选出最佳的广告组合。

在稳定期，商家已经拥有了一系列经过优化的广告素材和策略。此时，商家可以探索更多的广告样式，以满足不同的营销需求，实现更大的利益。通过精准定向和互动玩法等策略，商家可以进一步提升广告效果，实现营销目标。

商家在 TikTok Shop 平台上的广告投放策略，体现了市场敏锐性、策略灵活性，以及持续创新的精神，这为我们提供了宝贵的启示：要有敢于尝试和勇于探索的精神，从实践中总结经验，持续创新、不断超越自我。

（参考来源：https://m.thepaper.cn/baijiahao_19802778，最后访问日期：2024 年 5 月 27 日）

活动实践

解锁活动任务，进阶之路厚积薄发

活动情境

在完成跨境电商直播推广的执行工作时，小优首先需要在了解广告平台的基础上，根据直播间需求和目标受众，挑选出一个合适的站外推流平台。其次，小优需对公司站内广告预算进行合理规划，完成广告投放。此外，小优需要密切关注广告投放效果，通过数据分析来计算投入产出比，这有助于她了解广告投放的效益，并为后续的广告策略调整提供依据。

活动流程

活动步骤

1. 站外引流

跨境电商环境中可站外引流的平台多种多样，要找到最适合自己的直播间执行推广策略才能做到利益最大化，这就需要营销团队分析直播间的目标受众，有针对性地选择合适的站外引流平台。

步骤①：目标受众定位。要提高引流效果，营销团队就必须找准直播间的目标受众，从而精准触达潜在客户。

小优的跨境电商直播间属于 TikTok 的马来西亚站点，他策划对即将进行的中高端美妆产品直播活动进行站外引流推广，请帮助小优完成这个直播间目标受众定位，完成表 6-21。

表 6-21　目标受众定位

目标受众定位	国家 / 地区	年龄范围	购买力	消费偏好	其他特征
主要受众					
次要受众					

步骤②：选择站外引流平台。了解站外平台流量池中的人群是否和我们目标受众匹配，以及广告功能是否与投放策略匹配。

小优计划在站外引流预热阶段为预热帖投放广告，以触达目标消费群众，让更多目标人群知道此次直播活动。请帮助小优分析这些跨境社交平台的马来西亚用户画像和推广形式，判断其是否适合作为站外引流平台，完成表 6-22。

表 6-22　推广平台选择

平　台	人群分析	推广形式分析	是否选择
Facebook			
Instagram			
Twitter			
Google Ads			

活动实践 1：在直播数据平台选择一个类目下表现较好的三场直播，分析其直播流量来源构成情况，完成表 6-23。

表 6-23　直播流量来源构成

直播间名称	直播间总销售额	流量来源构成	流量来源构成分析

活动实践 2：提高站外引流效果的方法与技巧有哪些？请搜集相关成功案例，总结经验。

____

____

2. 站内直播间推广

为使直播间广告投放更加精准、高效，投放广告之前需要进行周密的规划，确保广告预算的合理分配。在广告投放后，还需要进行广告效果的评估，了解广告的实际效果，找出存在的问题和不足，为后续的广告投放提供宝贵的经验和教训。

步骤①：规划广告预算，实施广告投放。在广告投放中，需对广告预算进行合理规划。广告预算的设置取决于直播间的目标销量，需要分析出目标广告出单量、直播间的转化率，从而计算出目标点击率，根据曝光或者点击反推算出广告预算。其点击付费相关计算公式如下：

广告预算（点击付费）= 每次点击花费 × 点击数（观看人数）

广告出单 = 点击数（观看人数）× 转化率

点击数（观看人数）= 曝光 × 点击率

假设小优希望本次投放能让直播间达到 100 单的出单，参考小优过往直播间的投放和表现情况，已知其直播间点击率 5%，直播间转化率为 3%，每次点击成本（以下简称 CPC）为 1.5USD，请计算出小优所需的广告预算和直播间曝光次数。再计算当其他条件不变时，直播间广告目标出单变为 150 单所需的广告预算和直播间曝光次数，完成表 6-24。

表 6-24 广告预算表

直播间广告出单	直播间转化率	目标点击数量（目标观看人次）	直播间点击率	目标直播间曝光	广告预算	每次点击成本（CPC）
100	3%		5%			1.5USD
150	3%		5%			1.5USD

步骤②：评估广告效果。为了衡量推广的效果，发现推广过程中存在的问题，并优化推广效果，需要对站内推广的数据进行分析，根据分析结果进行效果优化，以获取更高的收益。

完成第一次广告投放后，小优需对此次广告投放的效果进行评估，完成广告数据的采集及分析，为此需采集哪些数据？如何根据各项数据的反馈，分析出广告投放过程中取得的成果和存在的问题？请帮助小优进行梳理，完成表 6-25。

表 6-25 广告数据分析方向

采集数据	分析方向

活动实践 3：下框展示了亚马逊平台按点击付费的广告计费方式模式下投入产出比计算公式的推算过程，可以发现 CPC、转化率和客单价三个因素共同影响着投入产出比。请分析它们是如何影响到投入产出比的，并将分析结果填入表 6-26。

$$\text{Acos}=\frac{\text{广告花费}}{\text{广告销售额}}=\frac{\text{CPC}\times\text{点击数}}{\text{广告订单数}\times\text{客单价}}=\frac{\text{CPC}\times\text{点击数}}{\text{点击数}\times\text{转化率}\times\text{客单价}}=\frac{\text{CPC}}{\text{转化率}\times\text{客单价}}$$

表 6-26　投入产出比的影响因素

投入产出比影响因素	影响投入产出比分析
CPC（示例）	CPC 是广告投放过程中的一种计费模式，它表示每次点击广告所需的费用。当 CPC 较低时，说明广告投放的成本相对较低，有利于提高投入产出比。反之，若 CPC 较高，则可能导致投入产出比降低
转化率	
客单价	

活动实践 4：直播间广告投放和短视频广告投放有什么区别?

____

____

____

活动成果

请根据活动中的活动步骤，制定一份付费推广策略，并将最终具体的规划情况整理出来提交给老师。

检查清单

在完成实践活动后，请进行清单自检，并将结果填入表 6-27 中，完成请打√。

表 6-27　检查清单

序　号	检查事项	是否完成
1	是否明确本工作页的任务要求	
2	是否了解直播账号类型	
3	是否能够说出账号定位的关键要素	
4	是否能够列出识别对标账号的原则	
5	是否掌握直播账号定位的策略	
6	是否能够筛选出适合的对标账号	
7	是否能够全面拆解对标账号	
8	是否达成本次任务的工作目标	

任务评价

评价方式采用多元化机制，评价主体由学生、小组与教师构成，评价标准、分值及权重如下表所示：

（1）学生进行自我评价，并将结果填入表 6-28 中。

表 6-28　学生自评表

评价项目	评价标准	分　值	得　分
信息检索	能有效利用网络资源、配套资料查找有效信息	10	
知识掌握	能有效理解学习任务中讲述的知识内容	15	
技能训练	能按任务书要求，按计划完成工作任务	15	
感知工作	能认同工作价值，在工作中获得成就感	10	
团队素养	能与教师、同学之间相互尊重、理解和平等交流	10	
职业素养	能严格遵守相关工作守则和法律法规	10	
思维状态	能发现问题、分析问题并解决问题	10	
参与状态	能发表个人见解，倾听他人意见和看法	10	
创新意识	能在工作中提炼出创新点	10	
合　计		100	

（2）学生以小组为单位，对本工作页的实施过程与结果进行互评，将互评结果填入表 6-29 中。

表 6-29　学生互评表

评价项目	评价标准	分　值	得　分
团队素养	小组成员间合作紧密，能互帮互助	15	
	工作计划周密，组织有序	15	
	态度端正，有较强的吃苦耐劳精神	10	
工作情况	工作效率突出	20	
	工作成果完整且质量达标	30	
	严格遵守相关工作守则和法律法规	10	
合　计		100	

（3）教师对小组工作过程与工作结果进行评价，将评价结果填入表 6-30 中，并将综合评价结果填入表 6-31 中。

表 6-30　教师综合评价表

评价项目	评价标准	分　值	得　分
任务实施情况	能按时提交工作任务	10	
	提交的工作活动成果质量情况	25	
	工作目标达成情况	20	
	关键技能掌握情况	20	

续表

评价项目	评价标准	分值	得分
思政素养	课后积极了解各直播电商平台账号信息填写的要求与规定	10	
	在定位规划方案作业中，确保表达和措辞都正面、积极、合规	15	
合计		100	

表 6-31　综合评价表

综合评价	
自我评价（20%）	
小组互评（30%）	
教师评价（50%）	
综合得分	

案例解析

阅读行业典型案例，带给你一点点灵感

自有品牌 Newme：精准出海 TikTok 的推广策略

案例详情

在跨境电商的浪潮中，Newme 品牌（以下简称 Newme）以其独特的策略在 TikTok 平台上崭露头角（见图 6-10）。作为一家以中国供应链优势产品为基础，通过直播平台捕捉美国 Z 世代消费者心智的跨境电商企业，Newme 的成功不仅仅体现在销售数据上，更在于其精准的宣传推广策略。

1. 精准定位与产品选择

Newme 精准定位于美国市场，并深入挖掘了中国供应链的“新、奇、特”优势产品。这些产品不仅满足了美国消费者的需求，更在 TikTok 平台上引发了广泛关注。通过精准定位和产品选择，Newme 为后续的宣传推广工作奠定了坚实的基础。

2. 平衡内容与广告的策略

在 TikTok 平台上，Newme 成功地平衡了内容与广告之间的关系，首先，它充分认识到好的内容型商品具有天然的内容价值，因此在广告制作中聚焦突出商品的独特卖点和使用体验，强化内容吸引力。其次，Newme 深入理解了 TikTok 作为兴趣电商平台的特性，注重广告的创意和互动性，以适应平台的流量分发机制。此外，它还通过与本地达人合作，实现了人货匹配和内容差异化，进一步提升了广告的播出效果。

3. 创造好内容的本地化策略

Newme 深知在 TikTok 这样的内容平台上，创造好内容是持续获得流量与高增长的关键，因此，它采取了一系列本地化策略来创造好内容。首先，Newme 注重内容的本地化特性，确保内容能够与目标市场的用户产生共鸣。其次，它充分利用产品的优势作为内容创作的素材，通过展示产品的外观设计、使用场景等因素，吸引用户的关注。此外，Newme 还积极与本地化的短视频创作者或直播达人合作，借助他们的影响力来推广产品。

图 6-10　Newme 的 TikTok 账号主页

（图片来源：https://www.tiktok.com/@newmeofficial，最后访问日期：2025 年 4 月 23 日）

Newme 在 TikTok 直播宣传推广方面的成功得益于其精准的定位、平衡内容与广告的策略，以及创造好内容的本地化策略的智慧。这些策略不仅为 Newme 带来了可观的销售业绩，更为其在跨境电商领域建立了良好的口碑和品牌形象。

（案例来源：https://www.cifnews.com/article/131966，最后访问日期：2025 年 1 月 12 日）

课堂小测

即时检验学习成果，小试牛刀见真章

1.【单选】直播间自然流量指的是通过粉丝主动关注和直播后台依据（　）主动向平台用户推送而获得的流量。

A. 管理员　　B. 付费机制　　C. 算法系统　　D. 粉丝数

2.【单选】要对 TikTok 直播间进行推广，商家主要用到的是（　）。

A. 品牌 Hashtag 挑战广告　　B. In-Feed 信息流广告类型

C. TopView 首页广告　　D. 品牌特效广告

3.【多选】以下平台中属于图片类海外社交媒体平台的有（　）。

A. Instagram　　B. YouTube　　C. WhatsApp　　D. Pinterest

4.【多选】TikTok 广告组提供的推广目标选项包括（　）。

A. Click　　B. Viewer Retention

C. Product Click in Live　　D. Initiate Checkout

5.【判断】可以在直播开播时再启用 TikTok Ads 的直播购物广告功能。（　）

6.【填空】TikTok 广告的基本结构分为________、________和________三层。

竞赛模拟

实战演练竞技场，锤炼本领展锋芒

跨境电商直播付费推广方案赛

每个团队由 3 ～ 5 名选手组成。参赛团队模拟跨境电商企业身份，撰写并提交一份跨境电商直播付费推广方案（PDF 格式，方案文件命名为：作品名称＋团队名称，方案需包含封面，封面需包含作品名称、团队名称、参赛团队成员和指导教师的姓名及联系电话）。方案撰写要求如下：

（1）介绍直播团队与直播活动的基本信息，明确付费推广目标客户群体。

（2）明确此次付费推广的投放效果。

（3）介绍选择的付费推广方式及其运作机制。

（4）论述此次付费推广的策略方案及投放预算规划。

（5）论述评估此次付费推广效果的方法和评估依据。

（6）PDF 参赛方案统一发送至负责老师的邮箱。

自我分析与总结

我学会的

我要注意的

整理本节课所学知识点，在下方补充知识链接与实训实操思维导图

跨境电商直播店铺运营

跨境电商直播店铺运营是跨境电商直播运营人员必须掌握的专业技能。本项目基于企业工作场景，主要讲解跨境电商直播店铺运营下 TikTok Shop 店铺入驻、TikTok Shop 商品运营等相关知识点。

课时：6 课时

跨境电商直播店铺运营
——诚信为本，长久之道

学生工作页

项目概述

本项目将探讨如何为跨境电商直播运营构建一个完整的电商销售闭环，以实现更高效地转化，通过 TikTok 和 TikTok Shop 这一生态，了解跨境电商直播店铺运营模式及其相关的运营技能要点。

项目计划

针对跨境电商直播店铺运营工作，下方梳理出了企业的典型工作流程，并制定了工作计划，同学们可依据该计划实施工作活动。

流程图如下：

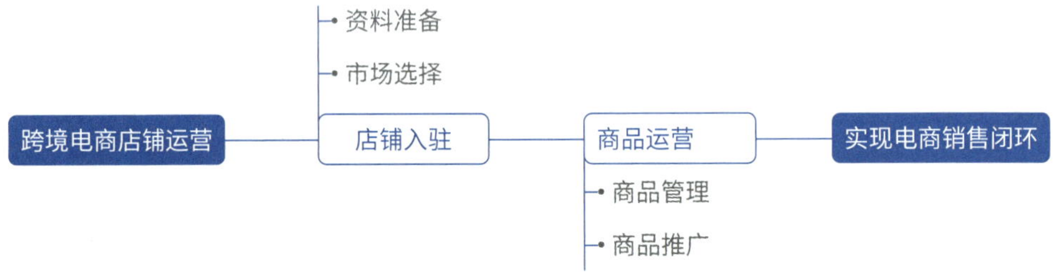

项目任务书

表 7-1　项目任务书

序　号	学习任务	项目任务简介	学　时
1	跨境电商直播店铺开设	理解跨境电商直播店铺运营模式，了解阿里巴巴国际站和 TikTok Shop 的跨境电商直播店铺运营特点，能够注册并开通 TikTok Shop 店铺	2
2	跨境电商直播店铺商品运营	掌握 TikTok Shop 商品上架、管理及推广的操作流程，具备扎实的 TikTok Shop 商品运营能力	4

项目分组

表 7-2　工作任务分配表

班　级		组　号		指导老师	
组　长		学　号			
组　员	姓　名	学　号	姓　名	学　号	
任务分工					
在明确工作任务后，将小组成员分工明细填写在下方					

项目工作准备

1. 阅读任务书，理解学习计划中的学习要点及实践活动要求。
2. 查阅 TikTok Shop 平台和阿里巴巴国际站的相关资料，了解它们的运营模式。
3. 结合学习任务，查看课前学习视频、文章及资讯并记录疑点和问题。

任务1 跨境电商直播店铺开设

任务描述

跨境电商直播商家如果要构建完整的销售闭环，一般需要先顺利入驻平台并拥有自己的店铺，再借助直播完成商品的推广。在此领域，阿里巴巴国际站和 TikTok Shop 都是跨境电商平台中的佼佼者，前者在其强大的供应链资源和成熟的运营模式的基础上，拓展了符合其平台特点的直播板块，为商家提供了高效的交易转化机制；后者则融合了社交媒体与电子商务的精髓，为商家提供了极具潜力的流量入口。

任务目标

通过本任务的学习，学生应当能够：

1. 了解跨境电商直播店铺的运营模式。
2. 了解阿里巴巴国际站直播和 TikTok Shop 的平台概况。
3. 掌握 TikTok Shop 的入驻要求与流程。

1. 能够分析阿里巴巴国际站直播运营模式的独特性。
2. 能够判断卖家是否满足 TikTok Shop 入驻要求。
3. 能够顺利完成 TikTok Shop 店铺入驻与设置。

1. 增强跨文化沟通、理解、适应的能力。
2. 崇尚宪法、遵法守纪、崇德向善、诚实守信、具备跨境电商运营的基本职业道德。

知识链接

探多元模式拓商机，精研入驻铺坦途

中国跨境电商平台在海外市场上的表现一直十分抢眼，从最早进入市场、客户遍布全球的阿里巴巴国际站，到如今被誉为“出海四小龙”的TikTok Shop、速卖通、TEMU和SHEIN，无一不彰显出它们强大的商业潜力。这些平台的支持也极大地降低了跨境电商店铺运营的门槛，为商家提供了更为高效的全球销售与运营工具。

活动1　跨境电商直播店铺运营模式认知

1. 跨境直播店铺运营概述

跨境直播店铺运营模式认知

跨境电商直播店铺运营模式不仅仅是通过直播来展示和销售产品，它还强调店铺这一概念，即商家通过直播在平台上搭建一个持续经营的在线店铺。这种模式结合了传统电商店铺的持续性运营与直播带货的即时性和互动性。这样，跨境电商直播店铺不仅仅是一个临时的直播窗口，更是一个长期存在的在线商铺。商家通过直播将产品引流至店铺，形成完整的线上销售生态，在运营跨境电商直播店铺时，通过定期直播和多样化的直播内容持续吸引新客户并维系客户关系，形成稳定的顾客群体。

直播店铺的运营不仅仅是通过直播销售商品，还涉及跨境支付、国际物流和售后服务等环节。商家需要确保这些环节与直播活动的无缝衔接，以保证客户能够顺畅地从直播购买到商品。

为应对这些挑战，商家一般会选择在社交直播平台搭建跨境店铺或在跨境电商平台拓展直播板块。前者是在类似于TikTok这些社媒平台上开设电商店铺，通过直播吸引粉丝并直接促成销售，重点在于社交平台的内容创作、粉丝经济和互动营销；后者则是商家利用传统跨境电商平台的现有基础设施，扩展其直播功能，实现直播带货。通过电商平台的流量、支付和物流支持，商家可以在这些平台上搭建自己的直播店铺，进行产品展示、互动推广和销售。这两条路径虽然在平台类型和运营方式上有所不同，但都依赖于平台的技术支持和流量资源，帮助商家完成整个直播生态的运作。下面介绍具有代表性的两个跨境电商直播销售运营生态。

2.TikTok shop 直播电商

（1）TikTok Shop 平台概况

TikTok Shop 作为跨境社交电商平台，集结了商家、达人与买家三方力量。它能为商家提供一站式电子商务解决方案，通过短视频、直播等多元形式，助力商家在 TikTok 平台上实现商品展示与销售。TikTok Shop 也为商家保障物流服务、内容分发、安全收款、运营支持等权益，帮助商家运营其电商业务。

TikTok Shop 卖家可以选择自运营或是全托管模式。

① 自运营模式。在自运营模式下，商家拥有较大的自主权，可根据自身的运营策略灵活选择经营方式。商家既可以通过短视频、直播等形式展示商品，吸引消费者的目光，也可以选择在 TikTok 的商城栏目中展示商品，方便消费者浏览和购买。同时，商家可以根据市场情况和自身需求自主定价，并参与平台的各种营销活动，以提升销售业绩。这种模式适合具备电商运营经验，尤其是擅长内容电商运营的商家。

② 全托管模式。在全托管模式下，商家更像是扮演供货商的角色，将商品交由平台统一负责定价和运营。商家只需提供商品资源，无须过多关注店铺的日常运营。这种模式对于拥有供应链资源的商家来说尤为合适。因为这些商家通常具备稳定的上新和交付能力，能够应对内容电商带来的脉冲式流量和单量爆发。全托管模式意味着平台可以更好地把控商品质量、物流和用户体验，是未来跨境电商发展的一大趋势，速卖通、Temu、Lazada、SHEIN 等平台都在积极布局，带来的增量显著。

（2）TikTok 小店类型

TikTok Shop 有两种店铺类型，一种是跨境店，另一种是本土店。

① 跨境店。跨境店是以目标国以外的资质注册的店铺，在目标国以外经营，无库存模式，店铺客户下单，在本国批发渠道进行采货，一件代发到平台中转仓，通过国际物流运送到客户手上，时效性较慢，容易出现客户退单、拒收等售后问题。

② 本土店。本土店是以本土国资质注册的店铺，不管经营人员是何国籍，平台都默认为是本土店。该类店铺有流量扶持，通过自己的优势货源渠道，确定市场刚需商品并批量采购，运输到目标国的海外仓等待客户下单后，再通过当地快递打包发货，运送到客户手上，时效性很强，退单率较低。

（3）TikTok 平台规范

为营造积极的购物体验，赢得客户信任，商家在 TikTok Shop 上传的内容必须遵循《TikTok Shop 内容规则》和《社区准则》。

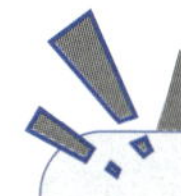
注意事项

推荐页 For You feed（FYF）是 TiKTok 的一项独特功能，它使用个性化推荐系统，使社区成员都能迅速发现更多创作者和主题。在确定推荐内容时，系统会考虑点赞、分享、评论、搜索、内容多样性和热点等因素。

一些内容允许在平台上出现，可在关注页（Following feed）搜索并浏览，但无法在推荐页（For You feed）获得推荐，如低质内容、非原创内容、误导性内容等。

（4）TikTok Shop 开放站点

截至 2024 年年初，TikTok Shop 已经成功进入了 9 个市场，覆盖了东南亚的六国——印尼、越南、马来西亚、泰国、菲律宾和新加坡，以及欧美的英国和美国，同时在中东地区的沙特阿拉伯也设立了站点。这一广泛的市场布局为 TikTok Shop 的全球增长奠定了坚实基础。

TikTok Shop 几大站点概况介绍

素养小天地

在全球化的浪潮中，TikTok 以其独特的魅力迅速崛起，成为一个备受瞩目的社交平台。然而在 2024 年，TikTok 在美国市场却面临着前所未有的挑战。美国总统拜登签署的法案，要求字节跳动剥离其在美国的 TikTok 业务，这一决定无疑给 TikTok 的发展带来了巨大压力。

面对这一挑战，TikTok 并未选择妥协，而是坚定地维护自身的权益。其 CEO 周受资在多次公开场合表达了反对封禁法案的立场，并强调 TikTok 为用户提供了一个自由表达的平台，为美国创造了大量的就业机会和经济增长。TikTok 还通过发起各种活动，如呼吁用户致电议员、向创作者发起“Keep TikTok”活动，以及鼓励用户分享 TikTok 对他们生活、事业的扶助等，展现了其强烈的抗争精神。TikTok 的抗争不仅是对自身权益的坚定维护，更是对公平竞争精神的追求。在全球化的背景下，企业面临着各种复杂的挑战和机遇，但无论身处何地，公平竞争的原则都是不可动摇的。TikTok 通过法律途径进行反击，向全世界展示了其对于公平竞争的坚定信念。

此外，TikTok 的电商业务也早已全球化，进入了多个海外市场。在东南亚地区，TikTok 电商更是取得了快速增长，成为公司未来的增长来源。这一战略不仅展现了 TikTok 对全球市场的深刻洞察，也体现了其对于多元化市场的重视和投入。

这是一条在挑战中坚守与创新的全球化之路。它告诉我们，在全球化的背景下，企业需要不断适应和应对各种挑战和机遇，同时坚守公平竞争的原则，不断创新并探索新的发展机遇。只有这样，才能在激烈的国际竞争中立于不败之地，为全球的用户带来更加优质、多元的服务。

（参考来源：https://mp.weixin.qq.com/s/zJmnCpowX9pbg4bN-1_lXQ，最后访问日期：2025年3月23日）

3. 阿里巴巴国际站直播

（1）平台直播概况

阿里巴巴国际站（Alibaba.com）是面向全球的B2B数字贸易平台，成立于1999年，旨在促进全球供应商与采购商之间的贸易合作。平台主要服务中小企业，汇聚了来自全球190多个国家和地区的供应商和采购商。通过整合各方资源，阿里巴巴国际站为中小企业提供进入国际市场的机会，推动国际贸易的数字化转型。对于供应商来说，阿里巴巴国际站提供了拓展海外业务的渠道；对于采购商而言，它则是一个便捷的国际采购平台。

阿里国际站引入直播功能后，将线上交易带入实时互动新时代。其直播平台不仅支持产品展示，还通过多语言支持和精准营销，满足全球用户需求。此外，平台还推出了“工位直播”等创新模式，让外贸业务员在工位上即可开播，极大地降低了直播门槛，提升了运营效率。其直播内容也不仅限于产品展示，还强调生产制造能力的展示，满足了B类买家对专业性和定制化的需求。

阿里国际站直播页面功能概览与优势解析

在直播过程中，商家与客户互动的方式如下：

① 引导客户在直播间点击“chat”，与客户快速进入沟通。

② 引导客户在直播间点击“catalog”，快速获取客户名片信息。

③ 引导客户在直播间点击“follow”，沉淀粉丝关系，后续再进行触达营销。

④ 客户在直播间发布评论的时候，引导客户勾选 send the comments to supplier in private。客户勾选后，即可与客户进行沟通。

（2）主要直播模式

商家开启店铺直播时，有以下几种直播模式可供选择：

① 实时接待（Q&A Live）。常被称为工位直播，类似于客服直播，通过直播，实时高效互动，可以对买家提出的问题进行实时答疑，让消费者进店就能体验线下门店的

导购互动。不再是消费者被动选择的咨询形式，而是能实现面对面的实时互动咨询，实时接待更好地拉近了商家与买家之间的关系，从而通过积极的互动提升直播的转化。这类直播对于主播的要求是能够实时接待，通过互动和引导的方式解答买家问题，不需要准备专业的脚本。

在开启工位接待时业务员需要保持在镜头前，离开则需要关播。平台还提供了摄像头画面半透明覆盖功能，当直播间内无买家进入，摄像头画面呈半透明覆盖效果，主播可正常办公，并不强制出现在镜头内。一旦有买家进入直播间，摄像头画面半透明覆盖效果随即消失，由真人主播进行接待。

② 直播探厂（factory tour）。在买家考察供应商阶段，探厂是一个常见环节。通过直播，买家可以更直观地了解供应商的生产能力和工厂环境。商家可以通过实地展示工厂的生产线、机器设备、质检环节、包装过程等，以及与工厂工作人员的实时互动，帮助买家获得更全面的信息，建立起信任关系。

③ 新品发布（new arrivals）。新品发布直播的核心在于展示新产品。新品通常意味着新的商机，因此，商家在直播过程中需要强调产品的“新”特点，包括新的工艺、设计、材质或技术等。通过详细介绍新品的亮点，商家可以帮助买家更好地理解产品，进而把握潜在的市场机会。

④ 商品评测（product test）。商品评测的核心是通过实验、使用体验、商品对比测试，来展示商品和品牌的核心竞争力。商家可以通过展示产品的技术特点或进行开箱评测，向买家介绍产品的使用效果，帮助买家作出更有依据的决策。

⑤ 潮流趋势（trends）。潮流趋势直播专注于展示当前的市场热点和流行趋势。商家通过分析当季的流行商品、热销市场和目标人群，向买家传递商机信息。商家可以结合行业数据和工具（如市场洞察、关键词指数、Google Trends 等），挖掘趋势并为买家提供数据支持，帮助他们抓住潜在的市场机会。

⑥ 爆品热卖（hot picks）。爆品热卖直播专注于展示那些持续热销、具备较高利润潜力的产品。商家通过展示具有高市场需求和增长空间的产品，突出其独特卖点，同时与买家互动，帮助他们更好地理解商品的优势，最终促进交易。这类直播有助于商家推销些能够持续吸引买家关注和购买的热销商品。

⑦ 限时折扣（discounts）。限时折扣直播为买家提供优惠商品，并确保折扣是基于原价设置的。商家可以通过直播提供价格优惠，吸引买家在短时间内做出购买决策。通常，折扣范围应在九折至二折之间。商家需避免通过先抬高商品价格后设置折扣的行为，以确保折扣的真实性和吸引力。

⑧ 厂长在线（CEO Live）。商家的工厂负责人或老板作为主播，与买家直接互动。这种形式可以增加买家的信任感，并可全面展示企业文化、生产流程和企业愿景。

(3) 阿里巴巴国际站直播运营的独特性

阿里巴巴国际站的直播运营模式具有其独特性，特别是在面向 B 端客户时，与传统的 C 端直播形式相比，需求和策略有显著的区别。

C 端客户对直播主播的互动性要求较高，更加注重主播的情绪感染力、娱乐性和互动数据。这类直播通常注重场景氛围，主播通过富有激情的讲解和吸睛的内容来激发消费者的购买欲望，从而快速实现销售转化。

B 端客户的需求则截然不同。对于采购商而言，直播更侧重于对企业能力、产品质量和生产流程的专业性讲解，而非过度的娱乐互动。采购商更关注的是企业的实力展示、产品的详细介绍，以及相关资格认证等内容。其直播目的是通过建立信任关系，获取潜在客户的联系方式，并为长期的商业合作奠定基础。因此，B 端直播通常避免过于浮夸形式和复杂布景，转而以简洁、直接的工厂视频，实时展示产品的生产过程、质量控制，以及工厂设施等，这种“朴素”的直播形式反而能够更好地吸引采购商的关注。

数字人直播在 B 端市场中展现了其独特的优势，如图 7-1 所示。它不仅能够确保内容的专业性和稳定性，还能够在一定程度上减少人力成本，同时增强直播内容的可信度。通过这种形式，企业能够持续向采购商传递精确的信息，并逐步建立信任感。特别是在国外市场，一旦采购商建立起对商家的信任，其后续的采购续费率往往较高，这使得阿里巴巴国际站的 B 端直播具备了良好的长期转化潜力。

阿里巴巴国际站直播常用接待语话术

7×24小时不间断直播

数字人主播可以实现不间断直播，无需担心时差和人力疲劳问题

多语言支持

能够与全球买家进行无障碍沟通，增强买家信任，提升订单转化率

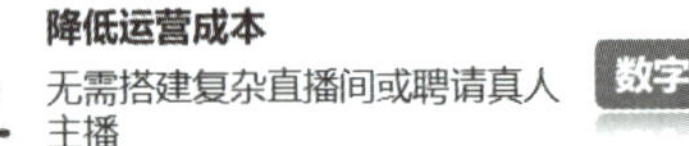

降低运营成本

无需搭建复杂直播间或聘请真人主播

提升销售效率

数字人可以精准介绍产品卖点，通过AI技术优化直播话术和互动

图 7-1　数字人直播的优势

活动 2　TikTok Shop 入驻与店铺设置

1.TikTok Shop 入驻

TikTok Shop 的入驻流程整体较为清晰，平台针对不同类型商家设置了相应的入驻指引。一般来说，入驻主要包括账号注册、商家类型选择、资质提交与审核、收款账户绑定、店铺设置等环节。商家需准备相应的营业执照、法人身份证明等资料，并确保提交的信息真实、清晰，以提升审核通过率。

TikTok Shop 店铺入驻与营销活动

在完成基础注册与身份认证后，商家需根据平台要求完成店铺后台的基本配置，如Logo上传、运费政策设定、商品类目设置等。同时，收款账户的绑定也需与商家主体信息保持一致，否则将影响后续店铺收款功能的正常使用。

需要注意的是，平台对入驻资料的规范性要求较高，不同地区或身份类型可能存在细节差异，建议商家入驻前详细阅读官方操作指引，避免因材料不规范而导致审核失败。

2.TikTok Shop 店铺设置

在完成 TikTok Shop 入驻后，商家需进一步完善店铺后台信息，以确保平台运营的合规性和用户体验的完整性。商家可通过 TikTok Shop 商家后台，对店铺基本信息、仓库地址、资质资料及支付方式等进行系统设置。

TikTok Shop 入驻与设置指南

（1）店铺信息设置

在店铺信息方面，商家需设置店铺名称、头像，并确认联系方式等基础资料，便于平台审核和用户识别。

（2）仓库地址设置

仓库地址的配置关系到商品的发货与退货效率。平台通常要求商家分别设置发货仓和退货仓，支持中国内地、香港及部分海外国家的仓库地址。退货地址的设置还应结合平台分拣仓、首公里物流，以及目标市场的本地退货需求，合理选择自有仓或平台合作仓。

（3）商家资质完善

商家应根据所售商品的品类要求，补充相关的商家资质、品牌授权及类目资质信息。资质审核通过后，方可进行特定类目商品的上架与销售。

（4）支付信息设置

支付信息是商家的结算账号信息，商家需选择合适的提现方式，设置好结算账号状态。TikTok Shop 支持多种跨境收款方式，商家需根据自身运营区域绑定合适的收款账户，并确保结算信息完整、状态有效。

（5）绑定 TikTok 账号

商家在完成店铺设置后，可将 TikTok 账号与店铺进行绑定，实现内容流量与商品销售的整合管理。平台支持绑定“官方账号”和“渠道账号”两类账号。

① TikTok Shop 官方账号。官方账号是指代表店铺官方身份的 TikTok 账号，该账号一经绑定，将直接成为店铺的官方经营账号。官方账号具备更强的营销能力和展示能力，包括自动同步商品至账号主页、展示独立店铺页、支持店铺装修功能等，能够显著提升品牌信任度、商品转化率及复购率。消费者通过官方账号可快速访问店铺入口，也

可在直播间及搜索路径中查看店铺内容，形成较完整的内容引流闭环。

② TikTok Shop 渠道账号。渠道账号则是与店铺绑定的非官方内容账号。商家可绑定多个渠道账号构建营销矩阵，通过不同的账号风格、内容形象及推广策略，为店铺带来更多维度的流量支持。渠道账号通常用于多元化内容分发，如短视频推广、直播引流等，适用于搭建多账号、多人设的运营模式。

活动实践

解锁活动任务，进阶之路厚积薄发

活动情境

TikTok Shop 是一站式电商解决方案，借助 TikTok Shop，卖家可直接在 TikTok 上通过信息流视频、直播和“橱窗”选项卡销售商品。小优为了让自己的直播间流量产生闭环，决定开通 TikTok Shop。为了开通 TikTok Shop，小优需要准备好官方要求的资料，还要认真调研国家市场，以确定要入驻的国家。

活动流程

活动步骤

1. 资料准备

为了顺利入驻 TikTok Shop，商家需先准备好入驻所需的各种资料。在资料齐全后，商家可提交入驻申请。平台将对商家进行审核，一旦审核通过，商家即可正式入驻 TikTok Shop 开展跨境电商业务。在此过程中，商家应确保所提供的资料真实、完整且符合规定，以便顺利完成入驻 TikTok Shop 的流程。

步骤①：资料整理。进行注册前需要准备好所需的相关资料文件。

请帮助小优勾选出注册 TikTok Shop 卖家账号时所需的资料文件。

营业执照（ ）　　法定代表人身份证（ ）

店铺信息（如地址、头像）（ ）　　跨境经营平台证明（ ）

商品图片（ ）

步骤②：资料自查。把资料准备好了之后，卖家可对相关资料进行自查，以防平台审核不通过。

小优在对各类注册资料进行自查时需要注意什么？请思考后完成表 7-3。

表 7-3 资料自查表

资 料	资料自查
营业执照（示例）	图片是否清晰？日期是否超过有效期？营业范围是否合法合规

活动实践 1：中国卖家入驻 TikTok Shop 平台的要求有哪些？

____

____

____

活动实践 2：在提交入驻资料时，申请人必须在 TikTok Shop 上创建店铺名称。在 TikTok Shop 平台，创建店铺名称有哪些要求？

____

____

____

2. 市场选择

TikTok 目前在欧洲和东南亚部分国家都可开通 Shop。合理选择入驻站点需要了解当前有哪些国家可开通 TikTok Shop，并了解各个站点的市场情况。

步骤①：了解可入驻站点。

截至目前，以下哪些国家可开通 TikTok Shop 账号？请勾选。

马来西亚（ ）　　印尼（ ）　　泰国（ ）

越南（ ）　　英国（ ）　　德国（ ）

步骤②：市场分析。对于 TikTok Shop 可开通的站点，需要对其整个国家的市场，以及文化有所了解，以便选择合适的入驻站点。

小优在选择 TikTok Shop 入驻站点时，需综合考虑各站点的市场情况，以确保筛选出具有潜力和优势的站点。请帮助小优对当前 TikTok Shop 可入驻国家站点的市场特点进行分析，填入表 7-4。

表 7-4 TikTok Shop 开放站点市场分析

国家站点	市场特点分析			
	人 口	官方语言	民族及文化	市场消费情况
马来西亚（示例）	3300 万	英语	多民族国家、多文化，文化程度较高	消费能力较强。美妆护肤、男装、配饰等时尚单品备受欢迎

活动实践 3：选出你希望入驻的 TikTok Shop 站点，并说明原因。

____

____

活动成果

请根据活动中的活动步骤，完成 TikTok Shop 平台入驻流程，并将最终完成的 TikTok Shop 开放站点市场分析报告提交给老师。

检查清单

在完成实践活动后，请进行清单自检，并将结果填入表 7-5 中，完成请打√。

表 7-5 检查清单

序 号	检查事项	是否完成
1	是否明确本工作页的任务要求	
2	是否了解直播账号类型	
3	是否能够说出账号定位的关键要素	
4	是否能够列出识别对标账号的原则	
5	是否掌握直播账号定位的策略	
6	是否能够筛选出适合的对标账号	
7	是否能够全面拆解对标账号	
8	是否达成本次任务的工作目标	

任务评价

评价方式采用多元化机制，评价主体由学生、小组与教师构成，评价标准、分值及权重如下表所示：

（1）学生进行自我评价，并将结果填入表 7-6 中。

表 7-6　学生自评表

评价项目	评价标准	分　值	得　分
信息检索	能有效利用网络资源、配套资料查找有效信息	10	
知识掌握	能有效理解学习任务中讲述的知识内容	15	
技能训练	能按任务书要求，按计划完成工作任务	15	
感知工作	能认同工作价值，在工作中获得成就感	10	
团队素养	能与教师、同学之间相互尊重、理解和平等交流	10	
职业素养	能严格遵守相关工作守则和法律法规	10	
思维状态	能发现问题、分析问题并解决问题	10	
参与状态	能发表个人见解，倾听他人意见和看法	10	
创新意识	能在工作中提炼出创新点	10	
合　计		100	

（2）学生以小组为单位，对本工作页的实施过程与结果进行互评，将互评结果填入表 7-7 中。

表 7-7　学生互评表

评价项目	评价标准	分　值	得　分
团队素养	小组成员间合作紧密，能互帮互助	15	
	工作计划周密，组织有序	15	
	态度端正，有较强的吃苦耐劳精神	10	
工作情况	工作效率突出	20	
	工作成果完整且质量达标	30	
	严格遵守相关工作守则和法律法规	10	
合　计		100	

（3）教师对小组工作过程与工作结果进行评价，将评价结果填入表 7-8 中，并将综合评价结果填入表 7-9 中。

表 7-8　教师综合评价表

评价项目	评价标准	分　值	得　分
任务实施情况	能按时提交工作任务	10	
	提交的工作活动成果质量情况	25	
	工作目标达成情况	20	
	关键技能掌握情况	20	

续表

评价项目	评价标准	分 值	得 分
思政素养	课后积极了解各直播电商平台账号信息填写的要求与规定	10	
	在定位规划方案作业中，确保表达和措辞都正面、积极、合规	15	
合 计		100	

表 7-9　综合评价表

综合评价	
自我评价（20%）	
小组互评（30%）	
教师评价（50%）	
综合得分	

案例解析

阅读行业典型案例，带给你一点点灵感

TikTok Shop 全托管美妆商家的成功实践

案例详情

随着全球电子商务的蓬勃发展，TikTok Shop 全托管模式以其独特的优势，吸引了众多商家的目光。在这个模式下，商家能够享受从商品上架、营销推广、订单处理到物流配送的一站式服务，极大地降低了运营成本，提高了销售效率。某美妆品牌自 2016 年起专注于美甲和彩妆领域，凭借多年的跨境电商经验，积累了丰富的市场资源并建立起深刻的消费者洞察。该品牌创始人敏锐地捕捉到了 TikTok Shop 全托管模式的商机，于 2023 年决定入驻 TikTok Shop 平台，希望借助这一新兴渠道进一步拓展海外市场。

入驻 TikTok Shop 全托管模式后，该品牌创始人并未寄予过高的期望。他简单地将已经热销的商品上架，专心投入到备货工作中，并将其他事务全权交给平台管理。然而，平台的强大推广能力和消费者群体的活跃度让他很快意识到，这是一个不可多得的机会。在入驻后的国庆假期期间，平台经理兴奋地告知该美妆公司，一款名为“香烟口红”的商品意外走红，销量飙升，如图 7-2 所示。这款口红是公司在 2019 年自主研发的原创商品，结合了香烟元素的设计，深受消费者喜爱。在全托管模式下，该品牌对这款商品进行了升级迭代，新增了黑白风格的设计，使得商品线更加丰富多样。

为了应对突如其来的热销，该公司立即与工厂取得联系，紧急赶制商品。自建的工

厂和包材厂确保了快速的生产和供应能力，使得该品牌能够在短时间内满足市场需求。同时，平台经理也主动协助该美妆品牌寻找更多合适的带货达人，确保商品的热度得以延续。

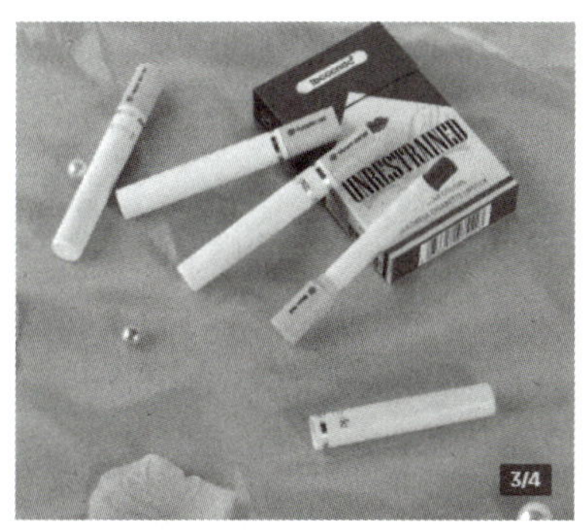

图 7-2　热销美妆产品“香烟口红”的 TikTok 商品主页

（图片来源：https://shop-ph.tiktok.com/view/product/1729398844800076850?region=PH&local=en，最后访问日期：2025 年 4 月 29 日）

除了香烟口红外，该品牌在 TikTok Shop 平台上还推出了腮红棒等多款原创商品，同样受到了消费者的热烈追捧。该品牌始终遵循着提前备货、库存充足的原则，确保商品能够迅速满足市场需求。同时，该品牌还自建了一家包材厂，实现了从生产到销售的全面自主控制，从根本上解决了包材周期长的问题。

在全托管模式的助力下，该美妆品牌团队得以将更多精力投入到商品研发和创新上，紧密结合平台的分析指导，以不同消费者的需求和喜好为出发点，打造差异化、新奇特的商品特点。同时，平台经理也给予了他们巨大的支持，在内容场运营、达人合作等方面提供了专业的指导和帮助。

通过 TikTok Shop 全托管模式，该美妆品牌成功打造了多款爆款产品，实现了销售额的大幅增长。这一成功案例不仅证明了 TikTok Shop 全托管模式的强大威力，也为其他商家提供了宝贵的经验和启示。随着 TikTok 平台的不断发展和完善，我们有理由相信，更多的美妆品牌将借助 TikTok Shop 全托管模式走向全球市场，为消费者带来更多优质和多样化的产品选择。

（案例来源：https://mp.weixin.qq.com/s/Pk-X7q_NFDTE4J9WzddYeA，最后访问日期：2025 年 3 月 13 日）

课堂小测

即时检验学习成果，小试牛刀见真章

1.【单选】以下不属于中国跨境电商平台的“出海四小龙”的是（　）。

A. TikTok Shop　B. 速卖通　C. Ebay　D. TEMU

2.【单选】关于 TikTok Shop，以下说法错误的是（　）。

A. TikTok Shop 的经营模式处于不断发展变化之中

B. TikTok Shop 助力商家在 TikTok 平台上实现商品展示与销售

C. 入驻 TikTok Shop 前，商家需要先确定目标市场

D. 在 TikTok Shop 自运营模式下，商家扮演供货商的角色

3.【多选】TikTok Shop 入驻方式包括（　）。

A. Instagram 授权入驻　B. YouTube 授权入驻

C. 邀请码入驻　D. 普通入驻

4.【多选】入驻 TikTok Shop 后，商家需完善（　）。

A. 商家信息设置　B. 店铺信息设置

C. 仓库地址设置　D. 支付信息设置

5.【判断】TikTok Shop 的开放站点覆盖全球。（　）

6.【填空】截至 2024 年初，TikTok Shop 开放的欧美市场站点包括美国和____________。

竞赛模拟

实战演练竞技场，锤炼本领展锋芒

跨境电商直播入驻站点调研赛

每个团队由 3 ～ 5 名选手组成。参赛团队模拟跨境电商企业身份，撰写并提交一份跨境电商入驻站点市场分析与选择方案（PDF 格式，方案文件命名为：作品名称 + 团队名称，方案需包含封面，封面需包含作品名称、团队名称、参赛团队成员和指导教师的姓名及联系电话）。方案撰写要求如下：

（1）介绍所入驻跨境电商直播平台的基本情况与消费者市场。

（2）介绍入驻平台的站点开放情况，并选取至少两个目标入驻站点深入调研。

（3）比较不同站点的优、缺点，明确每个站点的潜在市场机会与挑战。

（4）给出最终的入驻方案，确保团队能够顺利入驻并运营。

（5）确保所有引用的数据和信息来源可靠，并注明出处。

（6）PDF 参赛方案统一发送至负责老师的邮箱。

自我分析与总结

我学会的

我要注意的

整理本节课所学知识点，在下方补充知识链接与实训实操思维导图

任务 2 跨境电商直播店铺商品运营

任务描述

TikTok Shop 商品基础运营是指在 TikTok Shop 平台上对商品进行全面、系统的管理和操作，涵盖商品上架、日常管理、有效的推广策略等。通过精细化的商品运营，商家能够在 TikTok Shop 平台上创造更大的价值。

任务目标

通过本任务的学习，学生应当能够：

1. 了解 TikTok Shop 商品的发布流程与规范。
2. 掌握 TikTok Shop 商品的管理方法。
3. 掌握 TikTok Shop 平台的商品推广方法。

1. 顺利完成 TikTok Shop 商品上架。
2. 诊断与优化 TikTok Shop 商品运营情况。
3. 合理利用 TikTok Shop 平台功能推广商品。

1. 具备版权意识，避免侵犯知识产权。
2. 遵守平台规范，将规则内化于心、外化于行，为创造良好的跨境电商市场环境贡献力量。

探多元模式拓商机，精研入驻铺坦途

TikTok Shop 作为一个全域兴趣电商平台，可以有效撬动销售场景，形成一个巨大的流量池和转化场，实现产品与消费者之间的完美匹配。其中，商品运营在 TikTok Shop“内容＋货架”场景中十分关键，是推动转化的重要基石。

活动 1 TikTok Shop 商品发布

成功入驻 TikTok 小店后，如果商家没有及时上传产品，将会有被封店的风险。所以，掌握 TikTok Shop 商品发布流程与发布规范十分重要。

1. 商品发布流程

对于多站点跨境商家，TikTok Shop 商品发布有两条路径，既可以从“店铺商品”中添加，也可以从“全球商品”中添加，二者的区别如下：一是全球商品是一个商品库，商品无法直接被用户浏览和购买，而店铺商品是各个站点的架上商品，用户可以浏览和购买；二是全球商品可以发布到各个站点成为店铺商品，系统将全球商品翻译成站点的当地语言，计算出店铺的价格（考虑货币换算、税率计算、物流藏价等因素），商家也可自行修改店铺商品的价格。

TikTok Shop 全球商品发布流程

商家可以通过全球商品和店铺商品两个层级来管理商品，例如，若想将一个已上传的全球商品销售至泰国和越南，可以将商品发布至对应站点，此时泰国和越南的店铺就会展示该商品。

商品发布的一般流程包括以下几个核心步骤：

步骤① 创建商品。进入商家后台，点击“添加全球商品”开始创建商品条目。

步骤② 填写基础信息。设置商品名称与类目，确保类目准确匹配，避免审核问题。

步骤③ 完善商品详情。上传商品图片，编写商品描述，内容要清晰完整、突出卖点。

步骤④ 补充物流与保修信息。填写商品重量、体积和相关售后说明，影响物流计费。

步骤⑤ 设置销售属性。根据商品类型设置颜色、尺码等属性，并为每个 SKU 上传图片。

步骤⑥ 发布至站点。完成创建后，选择目标国家站点，将商品推送上线，进入销售状态。

2. 发布规范

发布过程中，商家需遵守平台的商品发布规范，包括内容合规、图片标准、信息真实性等。TikTok Shop 要求所有商品符合相关法律法规及平台政策，违规发布可能导致商品被下架，甚至影响店铺信用。

以商品名称为例，TikTok Shop 对商品标题设置了明确规范：

规范① 信息准确简洁。商品名称需包含关键属性信息，能够帮助买家快速识别商品类型、用途、规格等基本要素，避免冗长或堆砌无关内容。

规范② 禁止不相关内容。名称中不得包含促销语（如“10% OFF”）、营销用语、卖家网址、店铺名称、平台名称（如“TikTok”）或其他电商平台名称，亦不得包含无效符号或特殊字符。

规范③ 避免夸张描述。标题中不得使用“最好”“最高”“100%”等绝对化、主观性描述用词，以防止误导消费者。

规范④ 排除无关属性。不得在标题中添加与商品无关的品牌、服务内容或功效词，避免信息误导或虚假陈述。

规范⑤“兼容类”商品命名规范。对于非品牌官方制造、但与品牌产品可配套使用的商品（如充电线、配件等），必须在标题与描述中明确标明其“兼容”性质。应使用“适配”“兼容”“可用于”等词汇说明该商品为第三方产品，非原厂出品，以规避侵权风险和消费者误解。

TikTok Shop 卖家商品发布规则

商家可以进入 TikTok 学习中心（www.seller.tiktokglobalshop.com/university），在“规则中心”了解平台最新相关的规则规范。

活动 2 TikTok Shop 商品运营

在 TikTok Shop 成功发布商品只是第一步，后续的运营优化才是决定商品能否在众多竞争者中脱颖而出的关键。

TikTok Shop 商品运营——从优化到爆款

1. 商品信息优化

一个精心设计的商品信息页能够激发买家的兴趣。通过优化标题、主图、描述等元素，可以创造出更具吸引力的视觉效果，让买家对商品产生好感。

（1）优化目标

商品信息优化的最终目标可以总结为两点：高曝光和高转化。

① 高曝光。优化商品信息页可以让商品在 TikTok Shop 的搜索结果中更加突出，

从而吸引更多的潜在买家。当买家在搜索或浏览时，一个清晰、详细且引人注目的商品信息页往往能够迅速捕获他们的注意力，提高商品的曝光率。

② 高转化。优化商品信息页的最终目的是提高转化率，即将潜在买家转化为实际购买者。通过优化商品信息页的布局、设计、内容等方面，可以引导买家更加顺畅地完成购买流程，提高购买效率，从而实现销售增长。

同时，商品信息页的详细性和准确性对于建立买家信任至关重要。通过提供详细的商品描述、高清的图片等信息，可以让买家更加全面地了解商品，消除疑虑，从而增加购买的信心。

要做到以上两点，在 TikTok Shop 填写商品信息时，可以参考表 7-10 中的标准。

表 7-10　商品信息填写基础建议

类　型	填写建议
商品名称	准确、简洁，并包括以下关键信息：商品类型、材质、核心特点、特性及数量
商品图片	首图有商品主体，建议像素 1280×1280px，白底图，非拼接图 主图清晰度高，比例 1:1，像素＞ 600×600px，非拼接图 主图数量不少于 3 张，且不重复
商品描述	商品描述分段，图文混排 服饰鞋靴类目商品需含尺码信息
销售属性	销售属性配图 & 不重复

（2）标题优化

要优化标题，需要先清楚标题对于电商平台中各个主体的作用是什么，从而有针对性地提升标题的效果。商品标题对电商平台、电商卖家、电商买家的作用如图 7-3 所示。

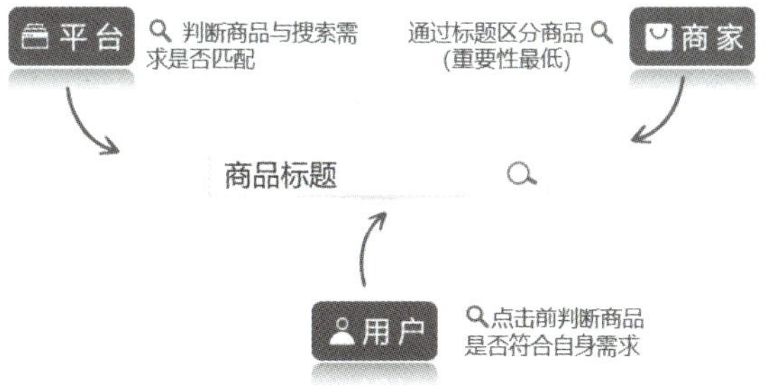

图 7-3　商品标题的作用

优秀的标题有以下特征：

① 标题合格清晰。标题字符数（含空格）应大于 25 个字符，建议在 80 个字符以内，且每个单词的首字母应大写（连词、冠词、介词除外）。商品标题要避免过短、重复堆砌和所有字母大写。

某热销商品标题分析

一个完整商品标题的框架一般包括：商品品牌、商品内容（如“材质”“颜色”“型号”等基础信息）、适用范围、商品风格、主要功能 / 特征 / 优势等。

② 能有效提升商品的搜索流量。商品标题中常见的需要包含的关键词如表 7-11 所示。

表 7-11　商品标题包含的关键词类型

类　型	含　义	举　例
核心关键词	商品在目标市场的常见称呼、俗称	保温杯的各类称呼：Thermos/Vacuum Cup/Insulated Cup
	包括精准核心关键词和模糊核心关键词（如果可选关键词较少，标题可兼用两者若较多，则优先采用精准关键词）	精准：保温杯 模糊：水杯
属性关键词	指商品的材质 / 颜色 / 风格 / 等。标品建议使用材质属性与颜色相关关键词，非标品建议使用风格属性关键词	标品：不锈钢保温杯 非标品：可爱水杯
功能关键词	描述商品功能或特点的关键词	防水摄像头、快充充电器
人群关键词	人群关键词的划分可以根据多个维度进行，除了老人 / 小孩 / 青年 / 孕妇等，还可以通过职业、行业、兴趣爱好来划分	儿童水杯、运动水杯

除了给出准确描述商品的关键词，还需关注市场的热搜关键词，将适合商品的词添加到商品标题中，能有效提升搜索的流量。

TikTok Shop 商家后台的商品标题优化功能

（3）上传高质量图片和视频

在商品发布过程中，图片与视频是影响用户点击率和转化率的关键内容。平台对图片与视频的格式、质量、内容展示均提出了明确要求，商家需上传真实、清晰、符合规范的素材，确保展示内容准确反映商品实物与规格。

（4）完善商品描述

TikTok Shop 商品图片和视频上传要点

在 TikTok Shop 商品的信息页中，优秀的商品描述一般具有以下特征：分段描述、图文混排、有卖点、有促销、有背书、有场景。

① 分段描述，可读性强。将商品的主要卖点分成几个部分进行描述，每段描述一个具体的卖点。每段描述尽量保持简洁明了，避免冗长和复杂的句子结构，确保买家能够快速抓住重点。

② 增加辅助说明图片。对于每个卖点应尽量提供一张相关的辅助说明图片。图片应该清晰、高质量，并且能够直观地展示商品的特点和优势。图片和文字描述相结合，

能够更好地吸引买家的注意力。

③ 卖点清晰、独特。清晰地列出商品的主要特点和优势，在描述中明确突出商品的核心卖点，让买家了解商品的价值，避免使用过于笼统或模糊的词汇，确保描述具有针对性和精准性。可以强调商品与竞争对手的不同之处，突出其独特性。

④ 突出促销信息。如果商品有促销活动，务必在描述中突出显示。商家使用醒目的字体、颜色或符号来强调促销信息，能吸引买家注意力。同时通过说明促销活动的具体内容和时间限制，增加买家的购买欲望。

⑤ 增加信任背书。如果商品有品牌背书、用户评价或第三方认证等信息，务必在描述中展示出来。这些信息能够减少买家的购物疑虑，增加信任感。

⑥ 融入使用场景。在描述中融入商品的使用场景，让买家能够更直观地了解商品的功能和用途。通过描述商品在不同场景下的应用效果，增加买家的购买兴趣，可以使用图片或视频来展示商品在不同场景下的使用效果。

2. 商品表现诊断

（1）商品整体诊断

TikTok Shop 商家后台的数据罗盘中的商品分析模块（见图 7-4）能帮助商家更高效地掌握商品运营情况并优化管理策略，支持商家实时查看店铺内所有商品和 SKU 的整体表现，快速识别最受欢迎的商品，监控销售、库存和商品状态，提升日常管理效率，并能通过对商品历史业绩分析，提供更为深入的多维度数据，包括商品交易趋势、店铺流量来源、内容带货效果、定价策略等，帮助商家找出销量波动原因，定位流量转化问题，调整运营和推广方式，实现精细化商品运营。

TikTok Shop 商家后台的商品数据分析功能

Analytics
(GMT-08:00) 6 days: Dec 04, 2024 - Dec 09, 2024
Home Growth & insights LIVE & video Product card Product Marketing Post purchase
Product
Detail
By product By SKU
Product list
Search product name or ID All categories selected Status Metrics Export

Product	Status	GMV	Units sold	Orders	Stock status	
Steele-Frazier Configurable cl... ID: 1729673387551787579	Active	$97,626.63	3,450	2,726	--	View
Smith, Porter and Garcia Ope... ID: 1729484335958296123	Active	$73,967.18	5,098	2,938	--	View

图 7-4　TikTok Shop 数据罗盘 – 商品分析板块

（图片来源：https://seller.tiktokglobalshop.com/university/essay?knowledge_id=3055759836497680，最后访问日期：2025 年 2 月 11 日）

(2) 价格诊断

TikTok Shop 商家可以在卖家中心的“商品”板块中找到“价格诊断”页面，如图 7-5 所示。商家可以在该页面中查看店铺商品中分别属于“价格缺乏竞争力”“价格有竞争力”“最优惠价格”的商品。如果想获取更多的流量权益，商家可以参考该页面的建议对商品的价格进行调整。

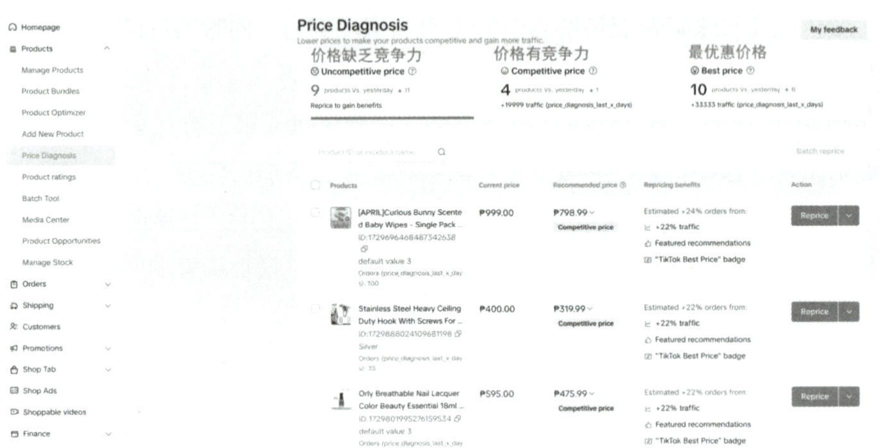

图 7-5 TikTok Shop 商品价格诊断

（图片来源：https://seller.tiktokglobalshop.com/university/essay?knowledge_id=6749464455071490，最后访问日期：2025 年 4 月 29 日）

(3) 管理库存

在卖家中心“商品”板块中的“管理库存”页面，商家可以查看其产品的库存水平。库存看板会展示商家的无货 SKU、低库存 SKU 占比，如图 7-6 所示。商家可以借助此工具掌握全店库存情况和各渠道库存分发情况。

图 7-6 TikTok Shop 商品库存看板

（图片来源：https://seller.tiktokshopglobalselling.com/product/stock，最后访问日期：2025 年 4 月 30 日）

活动 3　TikTok Shop 商品推广

对商品进行推广不仅能够直接提高商品的可见度，还能够加深潜在买家对商品特点和优势的理解，从而增加购买的意愿。商家在 TikTok Shop 上可以利用平台提供的各种营销工具、联盟带货模式，以及广告或原生短视频内容营销等手段，为自身商品进行推广。这些推广手段可以帮助商家更精准地触达目标用户，提高商品的曝光率和转化率。

TikTok Shop 商品推广：策略与实战技巧

1. 营销与投放

TikTok Shop 促销工具

（1）促销工具

在 TikTok Shop 卖家中心的营销中心中，提供商家优惠券、单品折扣、秒杀、单品包邮等、组合促销、买多折多等促销工具。这些工具在商品页面中呈现的标签如图 7-7 所示。

图 7-7　TikTok Shop 各类促销活动标签

（图片来源：https://seller.tiktokglobalshop.com/university/course?learning_id=834831084898065，最后访问日期：2025 年 4 月 29 日）

（2）平台活动

此类活动是由 TikTok Shop 组织的促销活动，能够帮助卖家有效地推广店铺中的商品。这些营销活动旨在向买家提供优惠，并在 TikTok Shop 平台上进行营销，以激发、吸引和引导买家进行购物。卖家可以选择参加多个不同的活动，如“双十一”这样的大促，或是常规的月度活动。

商家参加平台活动的准备事项

（3）广告投放

在项目六中已经介绍了 TikTok 基础的广告类型和机制。相比于直播广告投放，商品广告投放只需要在设定推广目标时选择“商品销量”即可。本节主要介绍 2024 年 TikTok 推出的针对商城场景的 PSA 商品卡广告（Product Shopping Ads）。此广告形式允许 TikTok 用户在商城自动推荐及搜索页面中发现心仪的产品，为商

TikTok Shop 商品卡广告投放策略与建议

家带来新的流量机遇。

TikTok PSA 商品卡广告的原理是通过智能技术，自动提取商品详情页（以下简称 PDP）的关键信息，生成吸睛的商品图片和详细的产品描述。用户点击广告后，将直接跳转至购买页面，实现快速转化。

2. 联盟卖货

TikTok Shop联盟带货是通过利用TikTok的创作者资源来建立商家与达人之间的联系。该计划基于佣金的合作方式，旨在帮助品牌与达人合作推广商品，提高商品的转化率。

（1）达人带货的优势

① 增强本土信任感。达人素材比商家自产的更具本土感。尤其在美妆个护、服饰穿搭等注重体验和风格传达的品类中，达人内容往往是建立用户对产品信任感的第一步。

② 可二次利用，提升转化效率。达人输出的原生内容具备一定的用户吸引力和内容质量，商家可在授权后对其进行二次剪辑与组合，用于广告投放或平台内容推广，从而加快转化效率。

③ 内容具备持续转化能力。达人挂载商品链接的视频在发布后，即具备长期自然成交能力。只要视频持续获得曝光和播放，就有机会持续带来销售，实现内容资产的中长期价值。

④ 助力产品冷启动与评价建设。向达人寄送样品能通过达人带动初期销售，帮助产品打破冷启动阶段的“零销量”困境。部分关键意见消费者（以下简称 KOC）达人还可能主动提供真实、积极的使用反馈和好评，为产品建立早期的用户口碑基础。

（2）联盟计划

联盟计划主要包括公开计划、定向计划和店铺计划这 3 种类型，其区别如表 7-12 所示。

表 7-12　联盟计划类型

	定向计划	公开计划	店铺计划
商品	商家指定的商品	商家指定的商品	商家全店铺的商品
佣金	商家设置指定佣金 佣金范围：0% ~ 80%	商家设置指定佣金 佣金范围：1% ~ 80%	商家设置指定佣金 佣金范围：1% ~ 80%
达人	指定达人发送邀请	面向全达人	面向全达人

（3）选择合作达人

在寻找合作达人时需要关注以下几个要点：

① 成交趋势。成交趋势是评估达人 TikTok 账号经营情况的重要指标之一。如果成交趋势上升，说明账号经营良好，且近期在积极带货。

② 成交来源。了解达人带货主要是通过直播还是短视频。如果达人主要通过直播获取收入，说明这个类别的买家更倾向于通过直播购物。因此，可以优先选择直播表现较强的达人合作。

③ 内容质量。视频 / 直播内容是判断达人是否匹配产品和品牌调性的重要方式，可以根据红人往期视频 / 直播，判断是否做过相关或相似产品。有的红人可能不只带过一种类型产品，优先选择垂直领域的达人，其粉丝画像更为精准。

④ 粉丝画像。粉丝画像也是选择达人的一个重要筛选指标，可以通过分析达人的粉丝画像特征，包括年龄、性别、地区等。例如，在年龄维度上，TikTok 上有购买能力的用户主要是成年人，因此，建议选择至少有 50% 的粉丝大于 18 岁的达人。如果商品具有性别指向，那么受众性别粉丝占比应大于 70%。

素养小天地

目前 TikTok 电商美区的 GMV 来源于短视频、直播和商城三种途径。其中，以短视频为内容载体的达人带货占据了绝大多数的交易规模。这也意味着达人在美国市场具有巨大的影响力，对于平台来说是非常重要的资源。

从冷门的大件家具到热门的美妆和家电，爆款带货视频层出不穷。虽然还没有出现像国内那样的现象级主播，但大部分达人的场均销售额都在数千美元以上。每天都有新的小店因一则爆款视频而冲进销量 Top 榜单。

TikTok 最大的优势在于美国用户的高度参与。据相关机构数据显示，美国用户平均每天在亚马逊平台上花费约 9.7 分钟，而在 TikTok 上花费约 2 小时。强大的流量和用户黏性的背后，达人创作使得 TikTok 的内容场生生不息。裂变式和引流式传播，更让内容场具备强劲“带货力”，这都使得更多商品有可能在短时间内被打爆。

多位 TikTok 美区商家均表示，实践发现，在直播、短视频和达人带货这三种销售转化方式中，达人带货出单更快。美国本土小店可以直接通过 TikTok 达人联盟联系与自己相匹配的带货型达人。内容端则依靠达人结合产品优点输出地道的本土化内容。

商家与达人之间的合作，不仅实现了资源共享和优势互补，也推动了整个电商生态的繁荣发展。所以，在跨境电商领域，应秉持开放包容、合作共赢的发展理念，加强与各方合作伙伴的沟通与协作，共同推动行业的健康发展。

（参考来源：https://baijiahao.baidu.com/s?id=1783895965652199133&wfr=spider&for=pc，最后访问日期：2025 年 4 月 14 日）

3. 短视频带货

在 TikTok 平台上，短视频电商已成为商品推广的重要转化渠道。大量用户在浏览内容的过程中即产生购物行为，实现内容种草到下单购买的一站式转化。吸引用户购买的关键在于内容的趣味性，以及平台所提供的偏好匹配、便捷的购物体验和强烈的情感共鸣。

（1）TikTok 带货短视频的特点

与国内短视频电商不同，TikTok 平台用户更喜欢直接、简单的，能直接突出产品特点及功能的视频。所以在 TikTok 上转化效果好的带货短视频，一般具备以下几个特点：

① 吸睛力强，能在短时间内抓住观众的眼球。

② 信息传递量大，输出的产品信息要足够（产品 + 效果 + 痛点）。例如在一则手机膜推广短视频中，达人先展示了传统贴膜的各种缺点，再介绍自身配有贴膜神器的手机膜，不仅贴膜方便，且效果更好更耐摔。通过这些内容的传达，该视频达到了不错的转化效果，如图 7-8 所示。

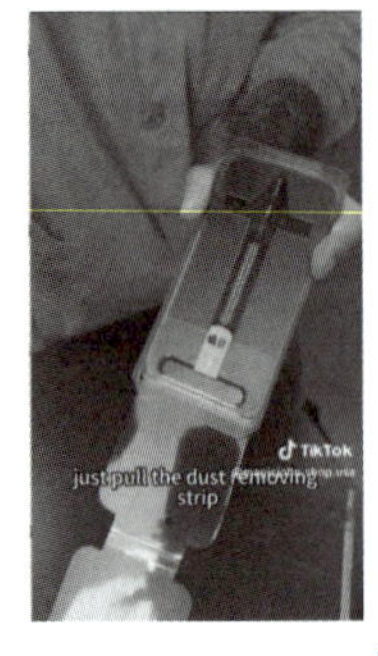

图 7-8　手机膜推广短视频

（图片来源：https://www.tiktok.com/@magicjohn.official/video/7361842292547652906；https://www.fastmoss.com/zh/influencer/detail/7124949209296585771，最后访问日期：2024 年 5 月 21 日）

③ 互动率要高，积极引导观众参与，同用户对话。

④ 转化力强，要让观众认同、接受视频传达的产品信息。

素养小天地

一家名为东华金龙的中国公司凭借一系列看似“老牌民营企业风”的宣传视频（见图 7-9），在 TikTok 上意外走红，受到了欧美 Z 世代的热烈追捧。

图 7-9　Tik Tok 上 donghuajinlong 官方账号主页

（图片来源：https://www.tiktok.com/@donghuajinlong，最后访问日期：2025 年 4 月 29 日）

这家公司位于河北省石家庄市，主要生产工业级甘氨酸。数据显示，从 2024 年 4 月 2 日开始，他们发布的一系列视频的流量激增。网友们以这家公司及其产品为基础，进行大量二创，比如扮演播报东华金龙新闻的主持人、扮演质疑东华金龙虚假宣传的揭秘者、扮演维护东华金龙的狂热粉丝等。

东华金龙走红的原因分析有以下几点：

1. 真实展示与自信表达。东华金龙在宣传中强调“中国制造”，详细介绍工厂的生产技术、设备和规模，展现了企业的真实面貌和自信态度。这种真诚和自信赢得了 Z 世代的认可和尊重。

2. 东华金龙的走红，还有一个因素是甘氨酸。甘氨酸是一种非必需氨基酸，人体自身虽然也能合成，但甘氨酸因为具有多种对人体有益的功能，有些人也会服用甘氨酸的补充剂。根据 2023 年 CRN 膳食补充剂消费者调查的数据显示，74% 的美国成年人服用膳食补充剂，其中 55% 属于“经常使用者”。美国消费者的消费习惯好，对于他们来说，膳食补充剂的细分产品，如甘氨酸，并不陌生。

3. 用户的自主创作与参与。东华金龙的视频引发了用户的自主创作和参与热情，形成了良好的互动氛围。这种用户参与的方式不仅扩大了品牌的影响力，也增强了用户与品牌之间的情感联系。

TikTok 爆红是东华金龙摸索出海历程中的一次意外之喜，不仅提高了品牌的海外知名度，也引起终端客户的注意。原本一次“摸着石头过河”的尝试，却为企业拓展海外市场带来更大的底气。这样的“出圈”经历是否可以复制？出海总是伴随着未知的风浪，但企业们不妨突破传播思维，或许会碰撞出不一样的火花。

东华金龙的成功表明，在跨境电商推广中，企业应坚定文化自信，积极展示自身的特色和优势。这不仅能够提升品牌形象，还能够增强消费者对企业的信任感和认同感。

（参考来源：https://baijiahao.baidu.com/s?id=1797219319696803346&wfr=spider&for=pc，最后访问日期：2025年3月14日）

（2）TikTok短视频带货技巧

兴趣电商是TikTok与传统货架电商的主要区别。在TikTok上，用户往往是因为对某个内容或主题感兴趣而停留，进而产生对产品的兴趣并可能产生购买行为。因此，制作商品推广短视频的核心是创造能够吸引用户兴趣的内容，并巧妙地融入产品推广。

① 紧跟热点。关注当前流行的话题、趋势和挑战，及时将这些元素融入短视频内容中，提高视频的曝光度和吸引力。可以利用平台当下的热门音乐和特效，拍摄当下人们感兴趣的短视频。

例如，在TikTok上一个关于"如何使用饺子机"的视频走红时，如图7-10所示，抓住了许多用户的眼球，在平台上得以迅速传播开来，使得这台饺子机成了海外消费者的"心头好"。在网友纷纷留言调侃博主的操作槽点的同时，也有很多人对这款饺子机产生了浓厚的兴趣。

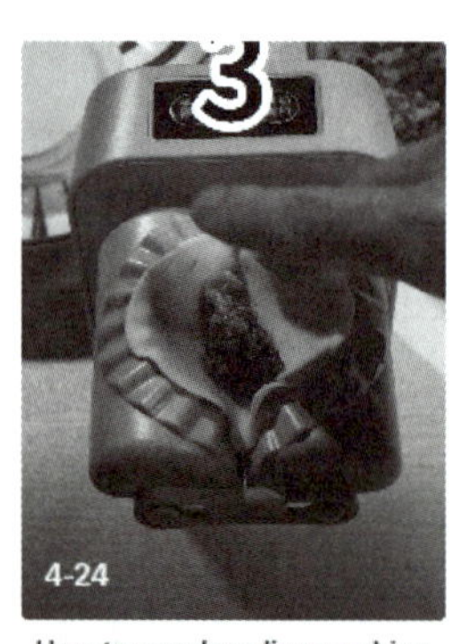

图7-10 Tik Tok上关于"如何使用饺子机"的短视频

（图片来源：https://www.tiktok.com/@money.saving.man/video/7361095150803701034，最后访问日期：2024年5月21日）

② 场景化。创建与产品相关的具体场景，展示产品在实际使用中的效果。通过场景化的展示，让用户更直观地感受到产品的价值和实用性。例如，如果要拍摄吸尘器的推广视频，可以在视频中展示吸尘器在不同家庭场景（如客厅、卧室、厨房等）下的使用效果。通过展示吸尘器轻松吸走灰尘、宠物毛发等场景，让用户直观地感受到产品的

清洁能力和便利性。

③ 放大产品卖点。在短视频中重点突出产品的独特之处和优势，让用户更加清晰地了解产品的价值和特点。通过突出产品的卖点，可以吸引用户的关注并激发他们的购买欲望。

④ 抓住短视频黄金 6 秒。带货视频需要注重“黄金 6 秒原则”，关键分别是前 3 秒和后 3 秒的黄金时间。带货视频要在前 3 秒内吸引用户才能让用户继续观看视频。此外，除了在视频上刺激用户，视频的标题文案设计也很关键。

⑤ 模仿优秀视频。商家还可以通过分析高成交的 TikTok 电商短视频，深入研究视频类型、时长、视觉设计、完播率、观看与成交转化，以及短视频的广告消耗等内容和数据，了解对应类目下的买家习惯和消费者的内容偏好，以便更好地制定短视频带货策略。

活动实践

解锁活动任务，进阶之路厚积薄发

活动情境

成功入驻 TikTok Shop 后，小优需要完成商品上架、订单处理等基础运营操作。同时，小优还在积极探索直播卖货之外的出单策略，旨在实现经济效益的最大化。这要求她具备扎实的商品运营与推广能力，能让商品在平台获得更高的曝光与转化。

活动流程

活动步骤

1. 商品管理

商品上架、订单处理等操作是 TikTok Shop 商品管理的基础技能。对于商品运营而言，不断完善和优化商品信息至关重要，它能够显著提升商品的竞争力，从而提高销售转化。

步骤①：商品上架。在了解 TikTok Shop 所在站点商品发布规则和掌握产品上架需要填写的信息的基础上，在商家后台完成商品上架。信息填写完毕后，需注意对产品重要信息进行核查，避免出现错误，以免影响商品的顺利上架，或造成经济损失。

小优计划上架 300 双售价为 25 美金的跑步鞋，图 7-11 为小优填写好的商品发布页面，请帮助小优核查当前填写的信息存在哪些问题，并说明应如何改正。填入表 7-13。

表 7-13　商品上架信息核查

检查事项	自查结果
商品图片	
商品描述	
价格	
分类	

图 7-11　TikTok Shop 商品上架页面

（图片来源：https://seller.tiktokshopglobalselling.com/product/global/create，最后访问日期：2024 年 3 月 7 日）

步骤②：商品诊断与优化。完成商品上架后，运营人员需要持续优化商品设置，可以借助后台的商品数据分析和诊断工具，分析商品存在的问题，从而有针对性地进行优化，提高商品竞争力。

为使产品尽可能吸引潜在买家，小优准备对已上架一段时间的商品进行诊断与优化。思考 TikTok Shop 后台有哪些功能对小优完成此项工作有帮助，并完成表 7-14。

表 7-14　TikTok Shop 商品表现诊断与优化工具

功能名称	入　口	具体作用
商品标题优化	数据罗盘 – 搜索 – 商品标题优化	提供推荐热搜词帮助商家优化商品名称 提供商品标题修改前后商品曝光 / 成交 / 转化率数据对比

活动实践 1：请选择几款当下的 TikTok Shop 爆款商品，分析其商品标题的构成、详细描述的撰写、图片及视频的展示效果、商品规格和属性的呈现方式等，总结这些商品信息填写的可取之处，并将分析结果填入表 7-15。

表 7-15　TikTok Shop 爆款商品的商品信息优势

商品名称	商品信息优势
智能手环（示例）	产品图片美观清晰，多角度展示手环外观，提供佩戴效果图片，让消费者全面了解并想象佩戴效果。视频演示手环操作界面及功能，提升产品可信度 规格属性中详细列出了手环的尺寸、重量、电池容量、防水等级等关键参数，方便消费者进行比较和选择。同时，提供了多种颜色选择，满足了不同消费者的个性化需求

2. 商品推广

商品上架后，首先会面临平台自然流量的考验。这些自然流量可能来自各种渠道，如搜索、店铺橱窗等。它们能为商品带来一定的曝光，从而吸引消费者下单。然而，仅仅依靠自然流量是远远不够的，要让商品能稳定出单并保持增长，就必须进行有效的运营与推广。

步骤①：营销与投放。合理利用 TikTok Shop 营销工具和广告投放，在 TikTok 中提高商品的曝光率、转化率和用户黏性，从而实现更好的商品售卖效果。

小优发现自己店铺中有一款商品的点击数遥遥领先，且转化率也高于同店铺其他商品。尽管自然流量带来了一些订单，但该商品销售额的增长并不显著。小优想着重推广这款产品，将其打造成爆款。小优列出以下几个方案，请逐一分析它们的优势和可行性，完成表 7-16。

表 7-16 TikTok Shop 爆款商品的商品信息优势

商品营销方案	优 势	可行性分析
设置店铺秒杀	营造紧张、抢购的氛围，吸引流量，促进销售。（示例）	操作简便：秒杀活动设置相对简单，商家只需在后台设置秒杀时间和折扣，即可进行推广 风险控制：商家可以通过限制秒杀数量或设置购买限制来避免库存积压或过度亏损（示例）
设置仅有该商品才可以使用的优惠券设置		
报名参加 TikTok Shop 的营销活动		

步骤②：联盟卖货。进入 TikTok Shop 商家中心的联盟带货页面，筛选合适的达人建立合作。达人通过为商家推广产品赚取佣金。

小优了解到可以通过和其他达人合作进行商品推广销售，决定利用 TikTok Shop 平台的联盟带货功能与达人进行合作。小优目前在 TikTok Shop 上运营的商品主要是女性美妆用品，如化妆刷、散粉、指甲贴等，主要面向 18 ～ 30 岁的女性，但她商品的库存并不充足，应该如何筛选并识别合适的达人进行合作？

____

____

____

活动实践 2：你认为店铺中最需要做单品折扣的是哪些商品，并说明原因。

____

____

____

活动成果

请根据活动中的活动步骤，完成 TikTok Shop 商品上架与运营，并将最终完成的成果提交给老师。

检查清单

在完成实践活动后，请进行清单自检，并将结果填入表 7-17 中，完成请打√。

表 7-17　检查清单

序　号	检查事项	是否完成
1	是否明确本工作页的任务要求	
2	是否了解直播账号类型	
3	是否能够说出账号定位的关键要素	
4	是否能够列出识别对标账号的原则	
5	是否掌握直播账号定位的策略	
6	是否能够筛选出适合的对标账号	
7	是否能够全面拆解对标账号	
8	是否达成本次任务的工作目标	

任务评价

评价方式采用多元化机制，评价主体由学生、小组与教师构成，评价标准、分值及权重如下表所示：

（1）学生进行自我评价，并将结果填入表 7-18 中。

表 7-18　学生自评表

评价项目	评价标准	分　值	得　分
信息检索	能有效利用网络资源、配套资料查找有效信息	10	
知识掌握	能有效理解学习任务中讲述的知识内容	15	
技能训练	能按任务书要求，按计划完成工作任务	15	
感知工作	能认同工作价值，在工作中获得成就感	10	
团队素养	能与教师、同学之间相互尊重、理解和平等交流	10	
职业素养	能严格遵守相关工作守则和法律法规	10	
思维状态	能发现问题、分析问题并解决问题	10	
参与状态	能发表个人见解，倾听他人意见和看法	10	
创新意识	能在工作中提炼出创新点	10	
合　计		100	

（2）学生以小组为单位，对本工作页的实施过程与结果进行互评，将互评结果填入表 7-19 中。

表 7-19　学生互评表

评价项目	评价标准	分　值	得　分
团队素养	小组成员间合作紧密，能互帮互助	15	
	工作计划周密，组织有序	15	
	态度端正，有较强的吃苦耐劳精神	10	
工作情况	工作效率突出	20	
	工作成果完整且质量达标	30	
	严格遵守相关工作守则和法律法规	10	
合　计		100	

（3）教师对小组工作过程与工作结果进行评价，将评价结果填入表 7-20 中，并将综合评价结果填入表 7-21 中。

表 7-20　教师综合评价表

评价项目	评价标准	分　值	得　分
任务实施情况	能按时提交工作任务	10	
	提交的工作活动成果质量情况	25	
	工作目标达成情况	20	
	关键技能掌握情况	20	
思政素养	课后积极了解各直播电商平台账号信息填写的要求与规定	10	
	在定位规划方案作业中，确保表达和措辞都正面、积极、合规	15	
合　计		100	

表 7-21　综合评价表

综合评价	
自我评价（20%）	
小组互评（30%）	
教师评价（50%）	
综合得分	

阅读行业典型案例，带给你一点点灵感

迷你踏步器火爆销售 5000 万元人民币

案例详情

FastMoss 网站数据显示，TikTok 运动与户外类目小店 Fitnessathome 的一款踏步器历史总销量 10.45 万，历史总销售额约为 739.61 万美元（约为 5351 万元人民币），展现出惊人的销售势头。

短视频带货在这款商品销售额方面的贡献尤为显著，且主要来自于达人的推广。在观察该商品的关联达人时，能发现 TikTok 达人 Tam Tam 是主要的销售额贡献者。

拥有 8.27 万粉丝的 TikTok 带货达人 Tam Tam 曾发布过该商品的爆款带货视频。FastMoss 网站数据显示，截至目前该视频播放量为 1076.85 万，点赞数 48.07 万，带货总销售额约为 31.43 万美元。如图 7-12 所示，其中一条带货视频文案强调健身的关键在于科学饮食与持续不懈的努力，并鼓励粉丝，只要能够坚持运动、保持合理膳食，哪怕只是日常散步，也能达到减重效果。这段视频凭借真实、理性的表达方式，赢得了粉丝们的广泛共鸣与高度关注。

在 TikTok 的评论区，有用户直接表示想要入手，也有用户询问了关于商品的更多细节，如价格、使用方法等，显然是在为购买做准备。还有的用户则是分享了自己对类似产品的使用体验。

图 7-12 达人 Tam Tam 发布的迷你踏步机相关视频的文案

（图片来源：https://www.tiktok.com/@trinifittam，最后访问日期：2025 年 4 月 22 日）

在 TikTok 上，当浏览与关联标签 #ministepper 相关的内容时，会发现已经涌现出了大量相关视频。这不仅清晰地显示了迷你踏步器产品在 TikTok 平台上的持续热度，更突显了其作为商机的巨大潜力。

（案例来源：https://mp.weixin.qq.com/s/dxVxEjDA0Ysooxp5DooaAg，最后访问日期：2025 年 1 月 14 日）

课堂小测

即时检验学习成果，小试牛刀见真章

1.【单选】以下商品标题中不符合 TikTok Shop 商品发布规范的是（　）。

A. High-Quality Earbuds with Bass Boost　（带低音增强功能的高品质耳机）

B. Charging Cable Compatible with iPhone（适配 iPhone 的充电线）

C. 50% OFF! Limited Time Offer Multifunctional Camping Tent（五折限时抢购多功能帐篷）

D. Waterproof Sports Shoes for Outdoor Hiking（户外徒步必备防水运动鞋）

2.【单选】关于 TikTok Shop 商品促销工具，以下说法错误的是（　）。

A. 商家优惠券由 TikTok Shop 平台承担优惠券费用成本

B. 可以在 TikTok Shop 卖家中心的营销中心找到促销工具

C. 商家可对特定商品在特定时间内设置秒杀价

D. 单品折扣工具支持设置百分比折扣和一口价折扣

3.【多选】商品信息优化的最终目标是（　）。

A. 高颜值　B. 高曝光　C. 高转化　D. 高像素

4.【多选】TikTok Shop 联盟计划主要包括（　）。

A. 公开计划　B. 定向计划　C. 店铺计划　D. 广告计划

5.【判断】在 TikTok Shop 上传商品时，每款商品可以设置不同的销售属性，创建对应的 SKU。（　）

6.【填空】________是 TikTok 与传统货架电商的主要区别。

实战演练竞技场，锤炼本领展锋芒

TikTok Shop 商品运营方案策划赛

每个团队由 3 ～ 5 名选手组成。参赛团队模拟跨境电商企业身份，撰写并提交一份 TikTok Shop 商品运营方案（PDF 格式，方案文件命名为：作品名称＋团队名称，方案需包含封面，封面需包含作品名称、团队名称、参赛团队成员和指导教师的姓名及联系电话）。方案撰写要求如下：

（1）介绍商家和商品的基础信息，明确此次商品运营的预期效果。

（2）整理商品上传 TikTok Shop 平台的相关资料，包括主图、详情页描述等。

（3）完成商品发布后的日常运营计划的制定。

（4）说明商品运营优化的操作流程。

（5）完成商品发布后的营销推广计划的制定。

（6）PDF 参赛方案统一发送至负责老师的邮箱。

自我分析与总结

我学会的

我要注意的

整理本节课所学知识点，在下方补充知识链接与实训实操思维导图

跨境电商直播数据分析与优化

跨境电商直播数据分析与优化是跨境电商直播运营人员必须掌握的专业技能。本项目基于企业工作场景，主要讲解跨境电商直播间运营数据分析的数据责任分工、直播复盘与优化、直播数据分析等相关知识点。

课时：6 课时

跨境电商直播数据分析与优化——鉴往知来，持续精进

学生工作页

项目概述

直播间数据作为反映直播间实际运营状况的直观指标，其重要性不言而喻。为了更有效地优化数据并制定出更为合理的策划方案，运营人员需要对各种直播间数据进行细致划分，并明确各项数据所对应的责任人员。最后依据这些数据的具体情况，进行有针对性调整与改进。

项目计划

针对直播间数据运营分析工作，下方梳理出了企业的典型工作流程，并制定了工作计划，同学们可依据该计划实施工作活动。

流程图如下：

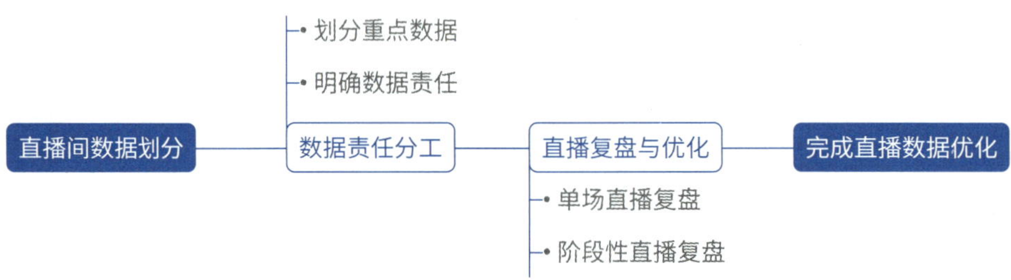

项目任务书

表 8-1　项目任务书

序　号	学习任务	项目任务简介	学　时
1	数据责任分工	了解直播间数据类型，分析关键直播数据指标，能够进行直播数据责任分工	2
2	直播数据分析与复盘优化	掌握直播复盘方法与数据分析路径，通过复盘与数据分析，能找出直播间问题所在，从而优化方案	4

项目分组

表 8-2　工作任务分配表

<table>
<tr><td>班　级</td><td></td><td>组　号</td><td></td><td>指导老师</td><td></td></tr>
<tr><td>组　长</td><td></td><td>学　号</td><td colspan="3"></td></tr>
<tr><td rowspan="4">组　员</td><td>姓　名</td><td>学　号</td><td>姓　名</td><td colspan="2">学　号</td></tr>
<tr><td></td><td></td><td></td><td colspan="2"></td></tr>
<tr><td></td><td></td><td></td><td colspan="2"></td></tr>
<tr><td></td><td></td><td></td><td colspan="2"></td></tr>
<tr><td colspan="6">任务分工</td></tr>
<tr><td colspan="6">在明确工作任务后，将小组成员分工明细填写在下方</td></tr>
</table>

项目工作准备

1. 阅读任务书，理解学习计划中的学习要点及实践活动要求。
2. 了解直播数据通常包含哪些内容，以及不同数据如何体现直播间的各类问题。
3. 结合学习任务，查看课前学习视频、文章及资讯并记录疑点和问题。

任务 1　数据责任分工

任务描述

在直播过程中，会产生一系列的数据，这些数据分别对应直播间的不同环节。根据这些数据精准定位直播间异常及所属板块。通过确定能够影响直播竞争力的核心数据，明确对应责任，才能高效推进后续优化。

任务目标

通过本任务的学习，学生应当能够：

知识目标

1. 了解直播的数据包含哪些内容。
2. 掌握重点数据的区分方式。
3. 掌握如何区分数据责任的方法。

技能目标

1. 正确筛选重点数据。
2. 完成重点数据的区分。
3. 合理划分数据责任。

素养目标

1. 培养批判性思维，具备辨别能力，能够辨别对错与轻重。
2. 具备数据安全意识，确保数据在收集、处理和分析过程中不被泄露或滥用。

知识链接

精准剖析寻规律，务实笃行创佳绩

直播数据是对直播效果最真实的反映，它的作用不言而喻。在对直播间数据进行分析前，我们首先要明确直播数据有哪些，要着重关注的数据有哪些，并通过了解直播团队成员相关的数据，明确数据责任分工。

活动 1　直播数据概念

直播数据是指反映直播活动和表现的各种数据指标，包括直播观看人数、直播时长、直播留存率等。对于直播而言，直播数据至关重要。

直播数据解码：关键指标全掌握

1. 直播数据的作用

（1）实时数据监控

实时监控直播数据为直播运营团队提供了一个迅速获取反馈的机制。运营团队通过即时追踪在线人数、评论数、商品点击量、转化率等关键数据，能够把握直播间的整体热度及用户的参与状况。例如，如果发现某款商品点击量飙升但转化率偏低，可提醒主播进一步展示商品亮点或推出限时折扣。凭借直播数据的实时反馈，团队能够敏捷响应用户行为，优化直播表现，确保直播活动流畅且高效地进行。

（2）直播运营优化

直播数据是优化运营的重要参考依据，通过对直播全程数据的回溯分析，运营团队可以发现成功和不足之处。一方面，销售数据和用户行为数据揭示了商品表现和观众需求，为内容呈现和商品推荐策略的优化提供科学依据。另一方面，互动数据能够量化主播表现和观众参与度，推动直播团队改进互动方式和直播节奏。直播数据还可用于评估营销活动的有效性，通过对不同活动形式的效果对比，优化未来的资源投入与策略设计。整体而言，直播数据赋能运营优化，使得决策过程更加高效、精准，推动直播效果持续提升。

（3）战略决策支持

直播数据为企业的战略规划提供长期价值。举例来说，直播活动中累积的用户购买偏好和行为数据，构成了市场需求分析的关键依据，助力企业精准定位选品方向并优化产品开发思路。此外，通过分析不同市场区域的销售数据，企业能够判断跨境电商在各区域的渗透情况，优化市场布局和供应链策略。消费者互动数据，如品牌关键词出现频率、用户评论中的情感分析等，也能够为品牌定位和宣传策略提供支持。通过数据驱动的战略规划，企业可以更敏捷地响应市场变化。

素养小天地

数据已成为国家基础性战略资源，更关乎民众隐私安全。全国人大常委会于2021年6月10日公布的《中华人民共和国数据安全法》自2021年9月1日起施行。《中华人民共和国数据安全法》是数据领域的基础性法律，也是国家安全领域的一部重要法律。它进一步强调任何组织、个人收集数据，应当采取合法、正当的方式。同时开展数据处理活动时应当加强风险监测，发现数据安全缺陷、漏洞等风险时，立即采取补救措施。就直播带货而言，在数据交换时要避免超出必要限度与第三方共享数据的风险，数据展示时需防范个人信息泄露或滥用的风险。这些均是数据安全管理的常见风险。

（参考来源：http://www.npc.gov.cn/npc/c2/c30834/202106/t20210610_311894.html，最后访问日期：2025年5月4日）

2. 直播后台数据模块

当下除了官方后台可以获取直播数据外，一些第三方数据分析软件也是获取直播数据的便利渠道，各软件后台数据类别或多或少存在着差异，但总体区别不大。一般分为以下几大数据模块，如表8-3所示。

表8-3 直播后台数据模块

模 块	内 容
交易数据	包括GMV、GPM（千次观看成交金额）、客单价、订单总数等，通过周期性环比分析，可以评估近期数据的整体表现，结合其他指标分析，不断进行策略调整
流量来源	需重点关注直播推荐流量的占比，加大流量主要来源渠道的引流工作
流量数据	观看人次（以下简称PV）和直播峰值的两个指标可直接反映出单场直播间的流量规模程度。如果PV周期环比下降，通常直播推荐流量的占比也会同步下降；直播峰值分为开场峰值和推荐峰值，开场峰值一般受上一场直播的影响，而推荐峰值则受当场互动内容的影响。可以在直播时增加一些互动环节，以提升直播流量
用户画像	通过人群画像分析，可以了解用户的主要年龄层、性别分布以及所在国家等，进而判断这些用户是否与品牌的目标受众相吻合。如果用户画像不精准，需要关注流量占比、引流品选择、主播话术和动作等因素，通过进一步的人工调整，修正用户画像

续表

模　块	内　容
商品分析	包括商品的订单数量、销售额、点击率和查看次数等。可以分析哪些商品属于精品和滞销品，同时对精品进行主推和返场，淘汰滞销品，提高选品精准性
互动数据	分析点赞率、评论率、新增粉丝数、分享次数，停留时长等反映直播间人气的数据

活动 2　划分重点数据

直播数据纷繁复杂，然而并非每一项数据都具备同等的重要性。考虑到数据分析本身需要投入一定的工作量，因此，需重点聚焦直播场景中的核心常用数据。通过这些数据，直播团队能够更有效地提取有价值的信息，为直播活动的优化提供有力支持。

1. 基础数据

基础数据包括销售数据、粉丝数据、互动数据、流量数据四个维度。

（1）销售数据

直播带货的最终目的就是销售产品，销售数据是判断一场直播带货效果的重要指标。主要包括：

① 商品销售总额。Gross Merchandise Volume，简称 GMV。指直播间一段时间内的总销售额。它的计算公式为：GMV= 销售额 + 取消订单金额 + 拒收订单金额 + 退货订单金额。

② 千次观看成交金额。GMV per mille，简称 GPM。指平均每千次直播间观看人次所带来的成交金额，常用来衡量直播间卖货能力。GPM = GMV ÷ 访客量 ×1000。

③ 客单价。客单价是每一个顾客平均购买商品的金额。计算公式为：客单价＝GMV ÷ 支付订单数。

④ 商品销售额。指直播过程中单一商品的销售额，可以用来了解商品的销售潜力。商品销售额＝商品销售量 × 商品价格。

⑤ 商品销售量。指直播过程中商品销售的数量。通过商品销售量可以评估商品的市场需求和受欢迎程度。

⑥ 商品转化率。某个时段内浏览商品的用户转化为实际购买该商品的用户的比例，它是衡量销售业绩的重要指标，通常用百分比表示。其计算公式为：商品转化率 = 商品订单数 ÷ 商品访客数 ×100%。

（2）粉丝数据

直播间粉丝数据涵盖了多个方面，用于全面评估直播间的运营状况和粉丝活跃度。

主要包括：

① 新增粉丝数。指在特定时间段内新关注的粉丝数量，体现直播间的吸引力和增长潜力。

② 粉丝活跃度。指粉丝在直播间的互动频率，如点赞、评论、分享等。

③ 粉丝平均停留时长。粉丝平均停留时长是指粉丝在直播间的平均观看时间，反映了直播的黏性和质量。粉丝平均停留时长越长，说明直播的内容越符合粉丝的需求和喜好，也能够增加粉丝的忠诚度和复购率。

④ 粉丝画像。粉丝画像是指直播间粉丝的基本属性和特征，包括年龄、性别、地域、兴趣、偏好等，反映了直播的受众群体和市场定位。粉丝画像越清晰，越能提高直播的匹配度和精准度。

（3）互动数据

互动数据包括人均观看时长、评论数据、点赞数等。互动数据主要体现直播间不同阶段的互动氛围和粉丝沉淀情况，可以较为明显地反映出各阶段直播间的状态。

① 人均观看时长。人均观看时长 = 直播间用户总观看时长 / 直播观看人数总和。不同用户在直播间停留的时间不同，直播团队可以用人均观看时长来判断直播内容对用户是否具有吸引力，做直播间的整体评估。

② 评论数据。评论数据的多少可以反映用户参与直播内容的活跃程度。对评论数据进行分析能够让直播团队更快、更精准地判断出直播内容的吸引程度、用户或粉丝关注的内容、直播间的热度等，为直播内容的持续改进提供有力的依据。

③ 点赞数。点赞数体现用户对直播内容的认可度，可以为优化内容和提升传播效果提供有价值的参考。

（4）流量数据

流量数据包括平均在线人数、最高在线人数、离开和新进直播间人数、访客量、直播间曝光人数等。流量数据一方面体现直播投手的流量把控能力，另一方面也可以反映出直播间的成交和互动情况。

① 平均在线人数。Average Concurrent Users（以下简称 ACU）。指同一时间点，观看直播间的用户人数。平均在线人数体现了直播间的平均人气，是衡量某个阶段直播间人气指标的重要因素。

② 最高在线人数。即直播间峰值的在线人数，英文为 peak concurrent users（以下简称 PCU）。

③ 离开直播间和新进直播间人数。即在一段时间内离开直播间和进入直播间的人数，通过分析可以明确主播吸引用户或导致用户流失的具体行为，为下次直播提供经验。

④ 访客量。Page View，简称 PV。即直播间访问次数。它可根据用户的访问次数重复计算。如果一个人反复进入直播间，PV 数值也会随之上升。

⑤ 直播间曝光人数。指直播间被用户看到的次数，包括主页曝光、站外曝光等。

素养小天地

近年来，伴随在线直播技术的蓬勃发展，直播场控软件纷纷涌现，这类软件在直播过程中可以集中控制大量手机，实现大批量点赞、送礼物、评论等操作……并逐渐形成一条涵盖刷关注、刷粉丝、刷点赞，以及流量变现等于一体的产业链。

此前，杭州某技术公司开发运营某直播场控助手软件，他们通过租赁和其他方式获取了大量真实的“某手”账号使用权。用户只需注册该软件账号并进行充值，然后添加相应的直播间的“某手”号，就能利用这些账号在直播中批量进行关注、点赞、送礼、评论及加入粉丝团等操作。北京某科技公司（“某手”App 的运营主体）认为其侵害了消费者的知情权和选择权，危害公共利益，构成不正当竞争，并将其告上法院。法院最终判决杭州某技术公司停止针对“某手”产品的不正当竞争行为，并赔偿经济损失（包括维权合理费用）100 万元。

直播数据造假不仅欺骗消费者，导致他们对直播间的真实情况产生误解，也严重破坏了直播行业的公平竞争环境。为了维护直播行业的公平竞争和消费者的合法权益，相关监管部门和直播平台需要加强对直播数据的监督和管理。此外，消费者也需要提高警惕，辨别直播数据的真伪。

（参考来源：https://www.court.gov.cn/zixun/xiangqing/466931.html，最后访问日期：2025 年 4 月 24 日）

2. 重点数据

在掌握了上述直播基础数据后，还需深入了解用于评估直播效果的一系列重点数据。对于未提及的数据也同样需要关注，以便全面、准确地评估直播活动的真实效果。

（1）直播吸引力数据

最常见也最需要了解的直播吸引力数据有新增粉丝数、转粉率、平均停留时长等。具体如表 8-4 所示。

表 8-4　直播吸引力数据

数据名称	说　明	计算公式
新增粉丝数	指一场直播带来的账号关注数量的上涨。新增粉丝数是直播平台权重最大的指标，可以围绕如何提高新增粉丝数来进行直播内容和活动的策划	
转粉率	即新增粉丝数量占观众总数的比重，是衡量直播间能不能满足用户喜好的指标。三个月内的新人主播，直播间的转粉率一般在 1% ～ 5%，非新人主播的转粉率一般维持在 4% ～ 6%	转粉率＝新增粉丝数 ÷ 观众总数
平均停留时长	也称人均观看时长，指进入直播间的每个用户的平均观看时长，通常以秒为单位。用户观看直播的时间越长，说明直播内容对用户的吸引力越大，用户的黏性也就越高，下单的可能性就越高。一般而言，一个优质的直播间能够吸引观众保持 4 ～ 6 分钟的人均观看时长	人均观看时长 = 直播间用户总观看时长 ÷ 直播观看人数总和

（2）直播销售力

对于一个直播间来说，直播销售力一般通过商品点击率、下单转化率、粉丝复购率来体现。具体如表 8-5 所示。

表 8-5　直播销售力

数据名称	说　明	计算公式
商品点击率	指商品点击量与商品展现量的比值。商品点击率代表的是主播对于商品的引导能力，点击率越高就说明粉丝的购买欲望越强。因此，主播要经常引导观众到购物袋查看商品，并通过一些营销活动，如优惠券、减满优惠等提高用户下单概率	商品点击率＝商品点击量 ÷ 商品展现量 ×100%
转化率	指的是下单购买量与产品点击量的比值。转化率是直播间销售力的直接体现，产品是否吸引人，主播讲解引导是否充分，都是影响转化率的重要因素。需要注意，如果转化率过低会影响直播间的权重	转化率＝下单购买量 ÷ 产品点击量 ×100%
粉丝复购率	指粉丝复购数量与购买数量的比值。直播间的复购率天然比较高是因为观众对直播间建立了一定的信任感，产品质量不错的情况下，粉丝复购率一般不会低。当粉丝复购率越高说明粉丝的忠诚度越高	粉丝复购率＝粉丝复购数量 ÷ 购买数量 ×100%

活动 3　明确数据责任

1. 直播各岗位负责数据

数据责任明晰：谁来做，怎么做

在直播团队中，不同成员的行为会对与其相关的数据产生影响，这里涉及到的团队成员包括主播、助播、运营、投手。各成员需要明确自身岗位负责的数据，了解自身职责。各成员主要负责的数据如表 8-6 所示。

表 8-6　各成员主要负责的数据

成　员	主要负责的数据
主播	商品点击率、新增粉丝数、粉丝活跃度、转化率、付款率等
助播	点赞数、转粉率、商品曝光数等
运营	商品点击率、直播间流量波动数、商品复购率等
投手	投放产出 ROI（投资回报率）、自然流量撬动作用

2. 运营岗位职责

（1）主播数据责任

主播在直播时需要负责的数据及其反映的能力和提升操作如表 8-7 所示。

表 8-7　主播负责数据及其所反映的能力和提升操作

数据名称	反映的能力	提升操作
商品点击率	主播引导用户查看商品的能力	提升商品展示、讲解技巧
新增粉丝数 / 粉丝活跃度	用户对主播的认可度	塑造自身直播风格，注重情感连接与互动
转化率	主播实际销售能力的表现	产品话术优化、建立信任感
付款率	主播的促单能力	促单话术应用、直播节奏感

（2）助播数据责任

对助播来说，需要负责的数据较为简单，如表 8-8 所示。

表 8-8　助播负责数据及其反映能力和提升操作

数据名称	反映的能力	提升操作
点赞数 / 转粉率	直播间引导能力	积极配合主播讲解，引导粉丝互动
商品曝光数	推送商品链接的及时度	实时、正确推送商品链接

（3）运营数据责任

运营人员的数据责任主要体现在商品和流量两个方面，如表 8-9 所示。

表 8-9 运营人员负责数据及其反映能力和提升操作

数据名称	反映的能力	提升操作
商品点击率	运营选品能力	提高选品、排品能力
直播间流量波动	直播间流程活动设计	设计趣味活动，吸引流量
商品复购率	选品、排品能力	及时关注产品复购率，作为选品、排品依据

（4）投手数据责任

在一些专业的直播间里，会有专门的流量投放人员，即投手。投手的数据责任如表 8-10 所示。

表 8-10 投手负责数据及其反映能力和提升操作

数据名称	反映的能力	提升操作
投放产出 ROI	对于投放成本和转化的控制能力	对 ROI 数据进行监控和优化，有效控制投放成本及转化
对自然流量的撬动作用	分析流量、把握流量投放时机的能力	不断关注投放的流量节点，寻找合适时机

活动实践

解锁活动任务，进阶之路厚积薄发

活动情境

小优首次直播结束后，想要通过观看后台的直播数据评估此次直播的表现。然而，直播后台的众多数据指标让他感到困惑。在经过学习和了解后，她认识到里面不同板块在不同维度下的各个数据指标所反映的问题都不一样，只有精准划分直播重点数据，明确每个指标所关联的直播岗位，完成直播间的数据责任分工，才能正确评估每场直播中各直播岗位的表现情况，指导后续直播的优化。

活动流程

活动步骤

1. 划分重点数据

在直播的过程中会产生一系列的数据，这些数据是直播过程中人员表现及带货效果的量化体现。通过对这些数据的持续监测与深入分析，能够了解观众行为和偏好，从而有针对性地优化直播内容。其中，与直播间销售和转化直接相关的数据即重点数据。

步骤①：区分直播数据。在直播数据中，不同数据反映的问题是不一样的，只有区分清楚各类数据背后所反映的问题，才能够制定更合理的优化方案。

小优想要评估这次直播的观众参与情况，她可以分析以下哪些直播数据？（请在相应选项后面的括号里勾选）

粉丝数据（ ）　　销售数据（ ）　　互动数据（ ）　　流量数据（ ）

步骤②：确定重点数据。直播数据当中，有一部分数据能够直接呈现直播的效果，这一部分数据被称为重点数据。

小优认为直播吸引力和直播销售力是衡量直播表现的两个重要维度。这两个维度下的重点数据指标分别有哪些？请帮助小优从下列给出的选项中进行匹配，填入表 8-11 中。

①新增粉丝数　　②净增粉丝数　　③转粉率　　④平均停留时长
⑤商品点击率　　⑥粉丝复购率　　⑦转化率　　⑧商品曝光次数

表 8-11　直播重点数据分类

直播吸引力	
直播销售力	

活动实践 1：在直播过程中，主播团队经常会反复引导粉丝关注直播间或者点赞，请问这么做的目的是什么，会影响到直播间的哪些数据？

____

____

____

活动实践 2：正常直播带货中最应该关注哪些数据，为什么？

____

____

____

2. 明确数据责任

通过拆分粉丝、销售、互动、流量四个维度的数据，厘清直播间数据的构成，有助于直播团队进行任务划分，将职责落实到每一个具体的岗位上。这里涉及到的团队成员包括主播、助播、运营、投手。直播团队需要区分出各个岗位负责的数据，明确岗位责任。

步骤①：找到关联岗位。在一场直播中，每个岗位的直播表现都会影响一些特定的直播数据指标，需要找出它们之间的关联，后续才能做好数据责任分工。

小优作为这场直播的主播，可通过分析哪些数据来评估自己的表现？

____

____

____

步骤②：明确岗位责任。在数据责任分工环节，团队需要明确每个岗位的职责和关注点。

小优意识到，通过分析直播数据，她可以全面了解自己在多个维度的表现情况，进而有针对性地提升自身能力，优化直播效果。请帮助小优将各项直播数据映射到主播能力考核的方向，并完成表 8-12。

表 8-12　主播关联直播数据及其反映的主播能力

直播数据	反映的主播能力
平均停留时长	主播的形象、状态、语调

活动实践 3：运营人员作为直播团队不可或缺的核心成员，承担着哪些职责？在直播过程中，运营人员的决策和行动会直接对哪些数据产生影响？

____

____

活动实践 4：直播数据是直播效果最直接的反映。如果要提升直播商品点击率这一数据，可以通过哪些方式？

____

____

____

活动成果

请根据活动中的活动步骤，完成数据责任分工，并将最终完成的实训成果提交给老师。

检查清单

在完成实践活动后，请进行清单自检，并将结果填入表 8-13 中，完成请打√。

表 8-13　检查清单

序　号	检查事项	是否完成
1	是否明确本工作页的任务要求	
2	是否了解直播账号类型	
3	是否能够说出账号定位的关键要素	
4	是否能够列出识别对标账号的原则	
5	是否掌握直播账号定位的策略	
6	是否能够筛选出适合的对标账号	
7	是否能够全面拆解对标账号	
8	是否达成本次任务的工作目标	

任务评价

评价方式采用多元化机制，评价主体由学生、小组与教师构成，评价标准、分值及权重如下表所示：

（1）学生进行自我评价，并将结果填入表 8-14 中。

表 8-14　学生自评表

评价项目	评价标准	分　值	得　分
信息检索	能有效利用网络资源、配套资料查找有效信息	10	
知识掌握	能有效理解学习任务中讲述的知识内容	15	
技能训练	能按任务书要求，按计划完成工作任务	15	
感知工作	能认同工作价值，在工作中获得成就感	10	
团队素养	能与教师、同学之间相互尊重、理解和平等交流	10	
职业素养	能严格遵守相关工作守则和法律法规	10	
思维状态	能发现问题、分析问题并解决问题	10	
参与状态	能发表个人见解，倾听他人意见和看法	10	
创新意识	能在工作中提炼出创新点	10	
合　计		100	

（2）学生以小组为单位，对本工作页的实施过程与结果进行互评，将互评结果填入表 8-15 中。

表 8-15　学生互评表

评价项目	评价标准	分　值	得　分
团队素养	小组成员间合作紧密，能互帮互助	15	
	工作计划周密，组织有序	15	
	态度端正，有较强的吃苦耐劳精神	10	
工作情况	工作效率突出	20	
	工作成果完整且质量达标	30	
	严格遵守相关工作守则和法律法规	10	
合　计		100	

（3）教师对小组工作过程与工作结果进行评价，将评价结果填入表 8-16 中，并将综合评价结果填入表 8-17 中。

表 8-16　教师综合评价表

评价项目	评价标准	分　值	得　分
任务实施情况	能按时提交工作任务	10	
	提交的工作活动成果质量情况	25	
	工作目标达成情况	20	
	关键技能掌握情况	20	
思政素养	课后积极了解各直播电商平台账号信息填写的要求与规定	10	
	在定位规划方案作业中，确保表达和措辞都正面、积极、合规	15	
合　计		100	

表 8-17　综合评价表

综合评价	
自我评价（20%）	
小组互评（30%）	
教师评价（50%）	
综合得分	

案例解析

阅读行业典型案例，带给你一点点灵感

贝玲妃直播带货策略助力销售额提升

案例详情

贝玲妃（Benefit Cosmetics）由美国双胞胎姐妹创立于1976年，主营化妆品，其业务覆盖全球五大洲的59个国家，拥有超过3000家眉吧及6000名眉部设计师，现已成为眉妆产品和眉部美妆服务的双重标杆。在不久前，贝玲妃入驻了TikTok Shop美国站。

与TikTok Shop上大多数美妆个护小店不同，贝玲妃的团队充分重视直播带货。从直播时间来看，贝玲妃多选择在美国当地时间18点左右开播，时长在2～4小时，直播间带货商品为40～80款价格分布在10～25美元区间的眼部美妆产品。

在2023年12月12日的直播中，贝玲妃总公司一名拥有10年零售经验的女性美妆专家担任主播。直播期间，当观看人数到达峰值时，主播立刻针对产品调整话术。通过自身眼妆专家身份提升了可信度，并快速介绍了产品易于使用、渗透性强、色彩持久不易干、易清理等优势来提炼卖点，并在镜头前展示上妆效果，使得店铺的销售额在短期内实现了快速的增长。

据EchoTik数据显示，该场直播总观看人数达6.47万，开播8～10分钟在线人数达到约1100人的峰值，平均在线人数达698人，约为峰值人数的60%，场观表现良好。直播产生1200件订单，GMV2.6万美元，带货转化率1.907%。

（案例来源：https://mp.weixin.qq.com/s/FuOAJgCB3MfOZKbbFXMO9w，最后访问日期：2025年2月15日）

课堂小测

即时检验学习成果，小试牛刀见真章

1.【单选】(　　) 指的是下单购买量与产品点击量的比。

A. 粉丝复购率　　B. 商品点击率　　C. 转化率　　D. 转粉率

2.【单选】(　　) 的数据责任主要体现在商品和流量两个方面。

A. 主播　　B. 助播　　C. 运营人员　　D. 投手

3.【多选】以下是交易数据模块的内容的有？（　　）

A. 商品销售总额（GMV）　　B. 千次观看成交金额（GPM）

C. 客单价　　D. 点击率

4.【多选】(　　) 和（　　）两个指标可直接反映出单场直播间的流量规模程度。

A. 观看人次　　B. 直播峰值　　C. 点赞率　　D. 评论率

5.【判断】平均在线人数简称 PCU。(　　)

6.【填空】三个月内的新人主播，直播间的转粉率一般在＿＿＿＿＿＿。

竞赛模拟

实战演练竞技场，锤炼本领展锋芒

跨境电商直播数据责任分工赛

每个团队由 3 ～ 5 名选手组成。参赛团队模拟跨境电商企业身份，撰写并提交一份跨境电商直播间数据责任分工方案（PDF 格式，方案文件命名为：作品名称 + 团队名称，方案需包含封面，封面需包含作品名称、团队名称、参赛团队成员和指导教师的姓名及联系电话）。方案撰写要求如下：

（1）写明直播团队成员有哪些。

（2）列出直播团队要重点关注的数据内容。

（3）做好直播成员与数据对应分工，确保清晰明了。

（4）说明各成员的工作如何结合实际执行。

（5）PDF 参赛方案统一发送至负责老师的邮箱。

自我分析与总结

我学会的

我要注意的

整理本节课所学知识点，在下方补充知识链接与实训实操思维导图

任务 2　直播数据分析与复盘优化

任务描述

直播间数据的内容很多，不同维度的数据能够反映出不同的问题。对这些数据进行分析，然后提出优化方案是运营复盘的关键环节。在进行数据分析时，务必关注直播间运营的不同阶段，因为不同阶段需要关注的数据点有所不同。运营初期的直播间需要更注重粉丝数据，而成熟的直播间则是更看重销售与转化。

任务目标

通过本任务的学习，学生应当能够：

1. 了解直播的复盘方法与优化策略。
2. 掌握获取和整理直播数据的方法。
3. 掌握直播数据的分析方法。

1. 完成直播间数据的获取与整理。
2. 正确分析直播间运营数据，给出合理的分析结论。
3. 根据直播数据分析结果，提出切实可行的优化方案。

1. 确保数据分析结果的客观性和公正性，避免偏见和误导。
2. 培养数据分析能力，具体问题具体分析，能够针对问题提出对应的解决方案。
3. 加强沟通和表达能力，能清晰地解释数据分析结果，提出合理的建议。

知识链接

精准剖析寻规律，务实笃行创佳绩

如果想持续优化直播效果，促进直播间商品销售，直播团队在下播后需要及时对当场直播进行复盘，总结直播经验教训。其中，直播数据分析是整个直播环节中不可或缺的流程，它对直播间维系和直播商品的销售都起着举足轻重的作用。

活动 1 直播复盘与优化策略

直播复盘是对直播过程进行事后分析的重要手段。通过回顾直播过程，团队可以发现存在的问题，如流量波动、用户流失、内容吸引力不足等，同时提炼关键成功因素，如高互动话术设计、促销策略优化等。这些分析结果为下一场直播提供了宝贵的优化方向，有助于提升直播效果。

复盘有方：直播优化步步赢

1. 直播复盘方法

直播复盘是直播运营的重要环节，对直播销售的重要程度不容小觑。它通过对一场结束的直播活动进行回顾和科学且专业的分析，精确地识别直播过程中的问题及其产生的后果，并根据这些发现对直播策略进行更加精确和有针对性地调整，从而优化下一次直播效果。

一般而言，直播复盘活动主要从以下几个维度展开：

（1）直播内容复盘

即直播团队通过复盘分析直播中需优化的环节及可复用的亮点。这一过程可以借助直播回放视频完成。由于记忆通常具有模糊性。而通过对当时的直播场景的回顾，逐帧细看可以更精准地发现直播问题，进而找到解决方法。

直播团队进行直播复盘时要抓住重点内容进行分析，可以从两方面展开。

① 总结主播状态。主播是整个直播团队的核心人员之一，他们在直播时的状态会对直播质量和效果产生直接影响。基于此，在进行主播状态复盘时可以从精神状态是否饱满、准备是否充足、是否熟悉直播脚本和话术、妆容穿着是否适宜等展开。如果某一方面存在问题，主播就需要及时调整状态，避免在下一次直播出现类似情况。

② 分析直播团队配合情况。直播过程是直播团队所有成员配合协作的过程，在复盘时需要分析团队所有成员的工作是否执行到位。如副播与主播的配合情况、场控是否做好商品上下架及优惠券发放等工作。

（2）直播数据复盘

直播数据复盘是指对直播过程中产生的各项数据进行回顾和分析，是直播复盘中最重要的部分。带货数据和效果数据基本涵盖了直播中需要获取和分析的数据类型。如带货数据包括销售额、销量、商品点击率等；效果数据则包括转化率、互动率等。

直播数据复盘表设计示例

在进行带货数据和效果数据复盘时可以采取对比分析法，将其与前期制定的预期数据进行对比，了解哪些数据未能达标，并分析原因。也可以根据时间线分析层次进行数据对比，了解各场次直播数据的优劣情况。

（3）直播口碑舆情复盘

直播间的口碑舆情指观众对于直播间的好感程度及评价。如果一个直播间的口碑极佳，就能吸引更多人进入观看，同时也能对其他消费者的购买意愿产生影响。直播团队通过对口碑舆情进行分析，能够找到直播运营团队的优势与缺点，以及消费者感兴趣的内容。

单场直播复盘表设计示例

直播间的口碑与舆情主要受到主播行为与选品质量两方面的影响。

① 主播行为。主播的专业素养是塑造良好口碑的基础。一个专业的主播应该对所售商品有充分的了解，能够为消费者提供准确的信息和建议。同时主播要与观众建立良好的互动关系，营造亲切、可信的交流氛围，避免发生争论或传播负面情绪。主播的诚信度和社会责任感也是影响口碑舆情的重要因素。不能因为追求短暂的经济利益而损害消费者的权益。

② 选品质量。选品直接决定直播间的用户评价与转化成效。优质商品不仅能吸引用户关注，更有助于提升直播间好评率与老顾客复购率。选品时应综合考量商品的质量、价格、用户口碑等因素，确保所售商品符合目标受众的期待与需求。

相比于直播带货数据和效果数据，直播口碑舆情数据较难获取。这就需要直播团队成员密切关注直播间评论和社交媒体评论，借助第三方平台或爬虫技术进行数据抓取，找到与直播间口碑相关的高频词，从而进行追踪与复盘。

素养小天地

2023年11月，福清警方成功破获一起利用“网络直播带货”销售假冒注册商标的商品案。

经查，该犯罪团伙利用境外直播软件及购物平台，通过发布广告、开展直播活动及制作短视频等方式，吸引境外客户消费并关注。该团伙随后将假冒的 LV、香奈儿、古驰等品牌商品通过物流渠道发送至境外代理商，由代理商进一步转售给境外客户，从而实现假冒注册商标商品的跨境销售。

目前，涉案的 16 名犯罪嫌疑人已被依法采取刑事强制措施，案件正在进一步侦办中。

在此，郑重呼吁广大跨境电商直播从业者，务必严格遵守法律法规，坚持通过正规渠道采购商品，确保所售产品的质量与安全，坚决杜绝贩卖伪劣产品，切实维护市场秩序与消费者权益。

（参考来源：https://baijiahao.baidu.com/s?id=1794739510311466688&wfr=spider&for=pc，最后访问日期：2025 年 3 月 26 日）

2. 直播优化策略

（1）直播数据指标优化策略

观众在直播间产生下单购买的行为，是经过一系列路径而来的。如图 8-1 所示。通过对这条路径各节点数据的分析，能够了解具体是哪一个环节出现了问题，从而对症下药，找到合适的优化措施。

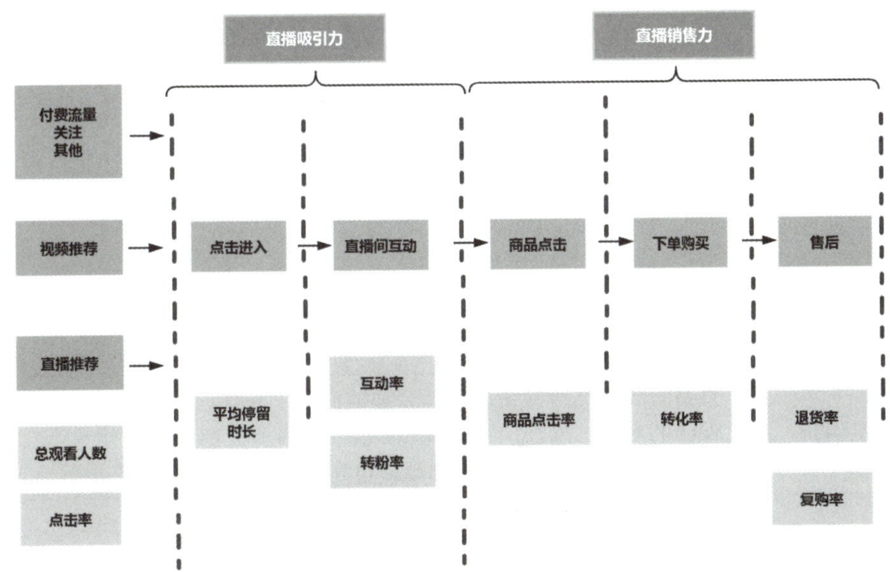

图 8-1　直播间数据转化路径

直播间数据转化路径中的进入转化率、商品点击率、订单转化率、粉丝复购率是每个带货直播间进行数据分析时重点关注的对象。基于此，可以制定相关的直播间数据优化措施：

① 进入转化率优化。提高直播间进入转化率的举措包括：设置吸引人的直播封面和标题、提供有价值的内容和保持直播间的活跃性与互动性。

② 用户停留时长优化。流量进入直播间，只有形成有效且有规模的留存，流量才能转化为销量；让更多用户留下，才是促使用户进行后续互动和转化的基础。优化用户预期管理能有效提升直播间用户停留时长，实现流量的深度转化，具体策略如表 8-18 所示。

表 8-18　用户预期管理优化策略

优化策略	具体方法
“超美”－场景视觉优化	优化直播间布置，提升视觉美感 主播着装、妆容与直播产品主题协调，营造和谐氛围
“超棒”－内容吸引力增强	设计差异化的直播内容，吸引用户 打造独特的直播风格，增强用户黏性
“超真”－信任感塑造	加入工厂探访、现场拆箱等环节、利用细节镜头演示产品性能，提升信任感 展示产品生产过程、品质认证或真实用户的反馈案例
“超值”－性价比提升	提前预告优惠活动及赠品价值，明确利益点 通过对比同类产品或历史价格，强调直播间的独特性价比

在直播间中，商品链接的展示位置通常遵循“先上架在下，后上架在上”的排序逻辑。位于上方的商品更易被用户看到，获得更多点击。因此，主播在过款时可按“平销款—推荐款—热门款”的顺序安排，提高重点商品的曝光率；在主图与文案方面，若商品参与促销活动，建议在商品链接中清晰标注优惠信息，以增强用户点击意愿。通过设计差异化的商品主图，也能有效吸引用户注意，提升点击率。

④ 订单转化优化。对于直播间订单转化而言，一般有以下几种优化技巧，如表 8-19 所示。

表 8-19　直播间订单转化优化技巧

优化技巧	说　明
选品组货	直播间要根据自身情况选择合适的商品，并在选择商品时，优先选择有保障的商品，增加用户信任感，提高转化率。接着通过组品、排品优化货品结构，如通过引流款加爆款拉高流量，提升商品交易金额
商品讲解	通过打造合适的商品展示场景和改进主播的话术可以吸引观众，增加商品转化率
前置种草	包括直播前期视频预热、直播预热等
工具促单	主要指直播间的营销工具，包括优惠券、红包等

可以从售前、售中、售后三个维度入手：在售前可以通过商品的真实说明和消费者反馈与用户建立信任；在售中做好直播过程中的商品内容输出；在售后环节做好服务，增强用户对产品的信任，强化用户黏性，让消费者主动下单、多次下单。

通过以上的数据分析环节及措施优化，直播团队能更好地实现数据驱动决策，提升直播效果和商业价值。

（2）直播流程优化策略

直播流程优化顾名思义就是在原来直播流程的基础上，基于直播复盘的情况和团队经验的总结，对整个直播活动流程进行调整改进。

① 直播脚本优化。直播脚本可以作为直播间优化的切入点，当直播间的数据不理想时，可能是直播脚本出了问题。直播脚本优化主要从以下内容出发，如图 8-2 所示。

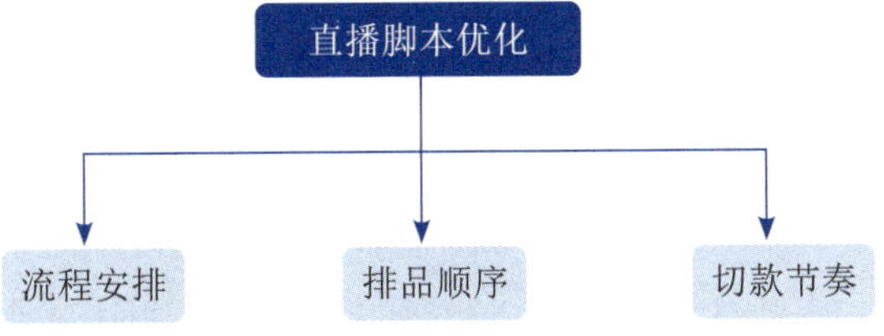

图 8-2　直播脚本优化内容

A. 流程安排。直播流程安排关系着整场直播的节奏与观众体验，应遵循以下原则：

a. 直播各环节紧密围绕直播主题；

b. 各环节流程节奏适当，避免过快或过慢；

c. 直播内容连贯且过渡自然，避免话题跳跃导致观众流失；

d. 根据直播观众反馈和现场氛围留有自由发挥的空间，确保一定的互动时间，使脚本服务于直播节奏。

B. 排品策略。排品顺序的复盘优化需要基于直播数据的综合分析，通过多维度指标判断各产品的展示效果和直播间整体表现，以调整未来排品策略。

a. 结合直播间观众人数曲线，评估排品是否与直播间流量节奏匹配，如高峰期是否展示了关键产品；

b. 根据直播前、中、后期目标灵活调整产品顺序，前期安排吸引流量的促销产品，中期推高转化率产品，后期突出高利润或附加价值产品；

c. 分析产品停留效果，调整展示时间分配。重要产品展示充分，低效产品快速切换，节省时间提升效率。

d. 统计关联销售情况，如套装或搭配产品的联动效果，优化后续的关联排品策略。

C. 切款节奏。切款节奏往往对直播间的成交数据存在直接的影响。在直播高峰期或即将迎来高峰期的流量阶段，如果产品较多，可以加快直播过款节奏，以在测试产品成交数据的同时提升直播间的氛围热度，进一步刺激冲动消费。

② 话术优化。

A. 学习优秀话术。当自身的直播话术未能有效促进产品成交时，可以向销售同类产品的优秀跨境电商直播间或本地主播直播间进行学习，记录优秀的对标话术，与自身话术对比找出不足。

B. 拆解话术。对于直播的话术类型，如开场话术、互动话术、催单话术等，需要将其各个模块拆解开来，并进行标注，看看哪里需要调整改进。

C. 修改优化话术。将此前找到的对标话术能用部分进行保留，并将其有缺点的话术进行删除修改，运用更好的词句进行替换，结合主播的风格不断打磨，最终形成适合自身直播间的优质话术。例如在优化欢迎话术时可增强亲和力，针对渴望得到关注的外国受众，可以在流量较低的时段直呼其名，让其产生亲切感，进而促使其持续观看直播。

D. 删除旧话术。当话术使用了一段时间后，它对观众的吸引力会不断降低。此时需要将这类老套的词语、话术删除，重新打磨和优化新的话术。

在跨境电商直播话术前期撰写和复盘优化时都要注意话术的语言规范性，做到话术结构清晰、逻辑连贯，并且时刻保持文化敏感，避免因为使用冒犯性的词汇而引起观众的反感。

③ 行为优化。直播整个流程中，主播的行为举止表现十分重要，在复盘总结问题后，主播应加以改正，避免再次出现。表 8-20 为跨境电商直播时，主播应遵循的行为规范举例说明。

表 8-20　跨境电商直播主播行为规范

类　别	内　容
职业素养	遵守法律法规、直播行业规范及平台要求，确保直播内容的合法性、健康性 保持直播间秩序：直播过程中，不得随意离开直播间，避免让观众产生不良体验。同时，避免与观众发生争执，保持和善的态度，维护直播间的和谐氛围
语言规范	措辞得当：直播过程中，避免出现前后矛盾、贬低竞争者等话语 文明用词：避免使用不文明、侮辱性的词汇，维护直播环境的健康 表达清晰：清楚的直播表达能让观众易懂、易理解，提高直播质量
文化尊重	尊重直播国的文化习俗 传递正确的价值观 行为举止应符合社会礼仪，避免粗俗、低俗的表现

素养小天地

为了规范直播带货行为，一些国家制定了相关法律进行监管。如欧盟的《电子商务指令》《电子签名指令》，日本的《特定商业交易法》《电子消费合同法》等。

在2023年11月27日，国际标准化组织发布了全球首个直播营销国际标准《直播营销服务指南》。其内容包括直播营销范围、规范性引用文件、术语与定义、总体原则、服务流程、直播营销参与方的运营管理、审查与评估，以及可持续改进8个部分。此外，还设置了直播营销人员能力的资料性附录，规定直播营销人员在产品选择、策划与准备、推广与运营、数据分析、粉丝参与及管理、客户服务6项职业功能所需的工作任务与职责。

这一标准将更好地规范直播从业者的行为，并为维护消费者权益提供更多保障，有力促进直播营销服务模式的推广及可持续发展。

（参考来源：https://mp.weixin.qq.com/s/o26nRtlik1wMDaNkhxYvCg，最后访问日期：2025年3月12日）

活动 2　直播数据整理

在学习了直播复盘与优化的相关方法论后，数据整理往往是实施直播复盘的第一步。只有先获取直播中的流量、销售、互动等数据，并进行清晰整理，才能为后续的分析提供可靠的基础。

数据整理秘籍：直播信息高效归档

1. 直播数据获取渠道

直播数据主要通过直播平台后台和第三方平台渠道获取。以TikTok为例，通常情况下，直播数据获取来源有直播大屏和一些常见的第三方平台。

（1）直播大屏

直播大屏各数据板块介绍

直播大屏是TikTok官方的直播数据获取渠道。如图8-3所示。但是它仅支持展示本身店铺中的商品数据，而无法显示出其他店铺的商品信息。数据内容涵盖直播从开始到结束全过程的相关指标。直播大屏的数据板块有核心数据板块、商品列表板块、GMV趋势板块、人气趋势板块、用户画像板块。

图 8-3　TikTok 直播大屏

（图片来源：www.TikTok.com，最后访问日期：2024 年 6 月 3 日）

（2）第三方数据平台

TikTok 常见的第三方数据获取平台有：

① Uten。Uten 成立于 2022 年 3 月，是 TikTok 官方指定的全球首家直播电商数据分析平台。Uten 以数据为基础提供直播供应链服务和电商运营服务，拥有红人数据、商品数据、带货销售数据等核心数据资源。

② EchoTik。EchoTik 是一个独立的第三方海外短视频及直播电商数据分析平台。它能协助用户找到适合自己的品牌和销售计划的达人，并对其进行跟踪和分析；同时识别热门及有潜力的产品，帮助商家捕捉销售趋势。

③ FastMoss。FastMoss 是目前比较多 TikTok 商家选择的数据分析工具，能为用户提供准确可靠的 TikTok 市场数据；不过 FastMoss 订阅价格较高，更适合企业使用。

除了以上三个常见的 TikTok 第三方直播数据获取平台，直播团队还可以根据自身需要选择更合适的自己的平台进行直播数据获取。

2. 数据整理

（1）数据处理

数据处理是指对采集的数据进行修正、整理统计和加工，以便后续进行数据分析。直播团队不管通过什么方式获取的数据都可能出现一定的误差。因此，在数据分析前，要先对数据进行核对。如果发现数据异常，则需要进行修正，以确保数据的准确性和有效性。

整理统计数据也是数据处理的步骤。但是很多直播团队并未养成数据整理的习惯，多数只是浏览直播数据，仅在分析时临时整理。建议直播运营人员在获取和修正数据后，将数据整理汇总到 Excel 表格中。表格中的数据可包括：直播日期、直播时间段、总观看人次、累计观看人数、平均停留时长、新增粉丝数、场间掉粉数、转粉率、商品点击数、订单数、转化率等。图 8-4 为某直播间直播数据分析的示例。

直播数据分析表

序号	直播日期	直播时间段（北京时间）	总观看人次	累计观看人次	平均停留时长	净增粉丝数	转粉率	商品点击数	订单数	转化率
1	2024/4/4	11:00-13:00	5000	4080	58	1	0.02%	9909	659	6.65%
2	2024/4/5	11:00-13:00	3125	3177	53	5	0.16%	3385	516	15.24%
3	2024/4/6	11:00-13:00	6363	6529	39	7	0.11%	6544	125	1.91%
4	2024/4/7	11:00-13:00	7500	7193	46	3	0.04%	10080	251	2.49%
5	2024/4/8	11:00-13:00	5000	5422	52	1	0.02%	5937	627	10.56%
6	2024/4/9	11:00-13:00	6428	6641	44	9	0.14%	9148	290	3.17%
7	2024/4/10	11:00-13:00	8001	8206	50	4	0.05%	10672	397	3.72%
8	2024/4/11	11:00-13:00	11251	11200	66	9	0.08%	12834	901	7.02%
9	2024/4/12	11:00-13:00	6923	6860	36	9	0.13%	6837	80	1.17%
10	2024/4/13	11:00-13:00	15002	17003	60	6	0.04%	18277	1963	10.74%
11	2024/4/14	11:00-13:00	25413	27999	83	4	0.01%	29833	3768	12.63%
12	2024/4/15	11:00-13:00	25123	25800	67	10	0.04%	24228	1209	4.99%

图 8-4　某直播间直播数据分析表示例

（2）可视化

应用 Excel 将直播数据可视化流程示例

直播运营中产生的数据具有高度实时性和多维特征。为了更高效地理解数据结构、识别趋势变化、辅助决策优化，借助可视化手段将抽象的数字转化为直观的图形显得尤为重要。

通过图表等方式清晰地展示关键指标，可以快速发现问题与趋势，明确运营策略成效并增强团队协同，提升复盘效率。

不同类型的数据适合采用不同的插图进行呈现，常见图表及其适用场景如下：

表 8-21　常用插图类型及其应用

图表类型	适用场景
折线图	展示直播过程中的数据变化趋势，如每日观看人数、转化率等
柱状图	用于不同商品、主播、时间段之间的数据对比
饼图	展示用户来源占比、订单来源占比等结构类数据
漏斗图	表示转化路径，如从曝光→点击→下单→支付的转化过程

素养小天地

在互联网时代，直播平台的兴起为人们提供了全新的交流和娱乐方式。然而，随之而来的是观众信息泄露和数据安全问题日益凸显。作为直播平台的运营者，保护观众的个人信息和数据安全是应尽的责任。

首先，平台应该加强技术防护，通过加密技术、防火墙等手段来防止数据泄露。其次，应建立完善的数据管理制度，对用户的个人信息进行严格的保密和管理，只有经过用户授权的数据才能被访问和使用。最后，平台还应该加强用户教育和引导，提高用户对个人信息安全的重视程度，帮助用户养成良好的信息安全习惯。

观众自身也应该加强信息安全意识，共同维护一个安全、健康的直播平台环境。

活动 3 直播数据分析

如何进行直播数据分析？怎样分析得更透彻？这都是直播团队人员需要思考的问题。具体可以从以下几个分析层次出发，并在分析中制定直播间数据优化的举措。

数据透视眼：直播效果深度解析

1. 分析层次

直播数据分析不是任意分析，而是要从多方面多层次入手，把握数据背后的要点，了解直播间当前的情况。一般来说，有以下三个分析层次：

（1）概括性复盘

概括性复盘是指通过对概括性数据，如直播总观看人数、点赞数、订单数、销售额等数据的分析来快速了解该场直播的整体表现，它是直播数据分析的基础分析环节。但仅进行概括性复盘往往只能发现问题，不能深入问题的本身，也无法找出直播问题的根本原因。

（2）时间线和交叉分析

这是对直播数据进行更深层次的挖掘。通过对比不同时间段的数据，可以发现数据背后的规律和发展趋势，从而识别出问题或者潜在的机会。以 2024 年 4 月 27 日某产品直播带货在线人数趋势为例。如图 8-5 所示。通过时间线的对比，可以知道该直播间在线人数何时增长、何时下降，结合对该时段直播间举措的分析，找到人数增长和下降的原因。

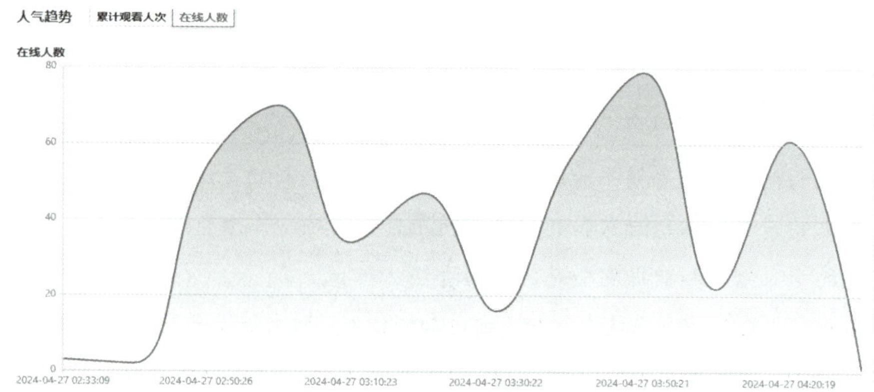

图 8-5　某产品直播带货在线人数趋势图

（3）针对不同模式和阶段的直播间分析

直播账号在不同的发展阶段，关注的数据焦点不同。例如，对于一个刚起步的直播账号而言，其数据关注点往往侧重于用户数量的增长和用户的留存率，目的是快速积累

观众基础并稳固其初步的用户群体。而一个成熟账号的数据关注重点则是用户的参与度和实际的转化率，因为此时账号已积累一定的观众基础，运营者需要重点关注如何提升用户的互动率，并将观众转化为实际的消费者。

2. 分析思路

在分析层次的基础上，可以从趋势分析、异常值检测、用户行为分析、内容效果评估四个分析思路出发，对直播数据进行更深入的分析挖掘。表 8-22 为各个分析思路的操作示例。

表 8-22　数据分析各分析思路的操作示例

分析思路	操作示例
趋势分析	比较连续几周的直播观看时长，观察是否存在下降趋势。如果发现某一周的观看时长明显下降，需深入研究原因，判断是由于节目内容吸引力不足，还是受到其他外部因素的影响
异常值检测	对比每场直播的销售额，如果某场直播的销售额远高于其他场次，就需要对这场直播进一步进行分析，观察是否是特殊促销活动所致，抑或是直播内容对用户极具吸引力
用户行为分析	分析用户在直播间的活跃时间，如果发现某个时间段用户的互动频率明显高于其他时间段，可以考虑对直播时间进行调整，以吸引更多用户参与
内容效果评估	统计不同直播内容（如产品介绍、互动游戏等）用户的停留时长，评估哪种内容形式更受用户欢迎，进而对直播内容进行调整

活动实践

解锁活动任务，进阶之路厚积薄发

活动情境

在经过一段时间的直播之后，小优发现直播效果不是很好，但不知道哪里出现了问题。为此，她请教了一位直播行业的专业运营人员，才意识到自己忽略了对直播的复盘与数据分析。专业人士告诉她直播复盘可以分为单场复盘和阶段复盘两个方向。单场复盘重点关注单期直播下的直观数据表现和用户反馈，目的是获得复盘当天直播的经验并快速应用至后续直播中，是一个不断 PDCA（计划 – 执行 – 检查 – 行动）的过程。在累计多场直播后需进行阶段性复盘，聚焦直播账号在不同的发展阶段的差异化数据重点。小优决定立即采取行动，以提升直播效果。

活动流程

直播活动结束 —— 单场直播复盘 —— 阶段性数据复盘 —— 直播策略优化

活动步骤

1. 单场直播复盘

步骤①：确定复盘计划。搭建一个条理清晰、分工明确且数据支撑有力的复盘框架，为后续深度剖析直播表现奠定良好基础。

小优所在的直播团队计划对一场刚结束的直播销售活动展开复盘，为保证复盘的顺利推进及结果有效性，小优制定了一份复盘计划。说说小优的复盘计划有哪些可取和需要改进之处。

____

____

____

直播复盘计划

一、复盘目标

（一）评估本次直播的销售表现与目标达成情况。

（二）分析直播过程中的亮点与问题，提出改进措施。

（三）提升团队协作与直播效果，优化直播流程与内容。

二、复盘时间与人员安排

（一）复盘人员

参与当场直播的全体人员，包括选品、运营、主播、中控、客服

（二）复盘时间

直播结束后：立即进行初步反馈，收集相关数据。

24 小时内：团队成员召开复盘会议，结合数据进行深入分析与总结。

三、复盘内容

（一）销售数据分析

（二）观众参与度分析

（三）内容与直播表现分析

（四）技术与平台表现

（五）团队协作与执行

四、问题与改进

（一）总结复盘过程中识别的具体问题，按优先级分类。

（二）为每个问题提出相应的改进措施，并制定具体的执行步骤。

步骤②：开展直播复盘。通过多层面的分析与验证，精准识别直播过程中的优势与短板，为后续制定优化策略提供详尽依据。

复盘开始前，团队相关负责人员已完成了直播基础信息的整理。随后，小优带领团队成员共同观看了直播回放，重点关注主播表现、团队配合、产品展示、互动环节、实时数据等方面。在这一过程中，哪些方法能帮助直播团队成员识别直播过程中的优势与短板？

____

____

步骤③：制定优化方案。形成一套完整且可执行的直播优化方案，切实提升后续直播的整体质量与业务成效。

小优此次的主要复盘任务是识别当场直播脚本中存在的问题，并提出自己的优化建议，随后在复盘会议中与大家共同讨论。表 8-23 中列出了小优对这场直播脚本存在问题的总结，请根据所学内容，为小优提供优化建议，并填入表中。

表 8-23　直播流程脚本问题优化

序　号	直播流程问题	优化建议
1	直播各环节过渡突兀	
2	主播在部分环节中，讲解偏离了脚本中设置的主题	
3	部分环节内容拖沓，话术重复	
4	互动时间较少，没有充分引导关注互动	

活动实践 1：如果要以复盘报告的形式呈现最终的复盘成果，需要包括哪些内容？

____

____

活动实践 2：请判断表 8-24 中哪些行为不符合跨境电商直播行为规范，并明确指出违规的具体内容。

表 8-24　行为记录表

序　号	直播行为	是否为不妥行为
1	详细解释了产品的产地、材质、功能以及符合国际标准的认证情况，以便粉丝了解产品的合规性和品质	
2	夸大了某款产品的功效，并声称其获得了多项国际大奖，但并未提供任何证明或链接	

续表

序　号	直播行为	是否为不妥行为
3	在直播中提及某款产品在某国仓库有货，但随后又表示发货地可能因订单量而变更	
4	鼓励观众通过微信转账进行购买，并承诺给予额外优惠	
5	贬低其他竞争平台的产品，以突显自家产品的优势	
6	在直播过程中随意进出镜头，并且没有任何预告与交代	
7	讲解过程中穿插自己的使用体验和感受，并展示产品的使用方式	
8	引导观众如何进行下单，并进行下单流程演示	

2. 阶段性数据复盘与优化

步骤①：直播间初期阶段的数据分析与优化。直播的初期阶段指的是直播刚开始的时候，此时的直播间的观看人数通常较少，粉丝也较少，运营的重点应聚焦留住粉丝，提升吸引力和停留时长，所以需要对粉丝数据进行分析和优化。

图 8-6 为直播间初期阶段小优整理的直播数据，请筛选出直播初期需关注的重点数据、分析数据，找出存在的问题，并制定相应优化措施，完成表 8-25。

直播数据表

序号	直播日期	直播时间段	总观看人次	累计观看人数	平均停留时长	新增粉丝数	净增粉丝数	转粉率	商品点击数	订单数	转化率
1	2023/2/1	18:00-20:00	4692	3980	59	102	90	2.56%	7392	158	2.14%
2	2023/2/2	18:00-20:00	3052	2503	47	61	59	2.44%	6021	102	1.69%
3	2023/2/3	18:00-20:00	7520	5032	82	172	152	3.42%	15023	307	2.04%
4	2023/2/4	18:00-20:00	13025	7392	68	103	99	1.39%	13383	272	2.03%
5	2023/2/5	18:00-20:00	9205	6043	89	306	259	5.06%	13053	305	2.34%
6	2023/2/6	18:00-20:00	15024	9032	67	285	205	3.16%	16205	584	3.60%
7	2023/2/7	18:00-20:00	9505	6932	66	405	385	5.84%	19503	592	3.04%
8	2023/2/8	18:00-20:00	7472	4821	105	126	85	2.61%	15031	251	1.67%
9	2023/2/9	18:00-20:00	7692	4593	152	88	78	1.92%	16633	503	3.02%
10	2023/2/10	18:00-20:00	8932	3031	183	106	83	3.50%	9036	453	5.01%
11	2023/2/11	18:00-20:00	28501	16093	83	873	805	5.42%	40682	1503	3.69%
12	2023/2/12	18:00-20:00	30538	18058	69	703	662	3.89%	43026	1058	2.46%

图 8-6　直播数据表－初期阶段

表 8-25　直播数据分析表－初期阶段

重点数据	存在问题	优化策略

步骤②：直播间成熟阶段的数据分析与优化。直播间在经历了初创期的摸索与积累后，已步入成熟稳定的运营阶段，不仅积累了坚实的粉丝基础，还拥有了稳定的流量来源。在这一关键时期，直播间应着重于深入剖析销售与转化数据，力求在盈利能力上实现质的飞跃。

图 8-7 为直播间成熟阶段小优整理的直播数据，请筛选出这一阶段需关注的重点数据、分析数据，并找存在的问题，完成表 8-26。

直播日期	直播时间段	总观看人次	累计观看人数	净增粉丝数	粉丝购买数	粉丝复购率	商品点击数	商品点击率	订单数	转
2023/6/1	18:00-20:00	40592	30592	90	50	31.65%	7392	24.16%	158	2
2023/6/2	18:00-20:00	48291	38041	59	26	25.49%	6021	15.83%	102	1
2023/6/3	18:00-20:00	33029	25582	152	152	49.51%	15023	58.72%	307	2
2023/6/4	18:00-20:00	50192	40291	99	159	58.46%	13383	33.22%	272	2
2023/6/5	18:00-20:00	58201	42039	259	105	34.43%	13053	31.05%	305	2
2023/6/6	18:00-20:00	79284	60392	205	195	33.39%	16205	26.83%	584	3
2023/6/7	18:00-20:00	89295	64302	385	204	34.46%	19503	30.33%	592	3
2023/6/8	18:00-20:00	83382	58202	85	82	32.67%	15031	25.83%	251	1
2023/6/9	18:00-20:00	55392	40283	78	149	29.62%	16633	41.29%	503	3
2023/6/10	18:00-20:00	34910	20581	83	123	27.15%	9036	43.90%	453	5
2023/6/11	18:00-20:00	90374	66392	805	305	20.29%	40682	61.28%	1503	3

图 8-7　直播数据表－成熟阶段

表 8-26　直播数据分析表－成熟阶段

重点数据	存在问题	优化策略

活动实践 3：GPM 是许多直播团队衡量带货效果的关键指标，代表每 1000 次观看带来的成交金额。其公式为 GPM= 商品曝光点击率（CTR）× 商品点击成交转化率（C_O）× 客单价（AOV）×1000。请分析 GPM 受到重视的原因是什么？

____

____

____

活动实践 4：分析直播数据时，作为评估的标准有哪些？

____

____

活动成果

请根据活动中的活动步骤，完成直播数据分析，并将最终完成的实训成果提交给老师。

检查清单

在完成实践活动后，请进行清单自检，并将结果填入表 8-27 中，完成请打√。

表 8-27　检查清单

序　号	检查事项	是否完成
1	是否明确本工作页的任务要求	
2	是否了解直播账号类型	
3	是否能够说出账号定位的关键要素	
4	是否能够列出识别对标账号的原则	
5	是否掌握直播账号定位的策略	
6	是否能够筛选出适合的对标账号	
7	是否能够全面拆解对标账号	
8	是否达成本次任务的工作目标	

任务评价

评价方式采用多元化机制，评价主体由学生、小组与教师构成，评价标准、分值及权重如下表所示：

（1）学生进行自我评价，并将结果填入表 8-28 中。

表 8-28　学生自评表

评价项目	评价标准	分　值	得　分
信息检索	能有效利用网络资源、配套资料查找有效信息	10	
知识掌握	能有效理解学习任务中讲述的知识内容	15	
技能训练	能按任务书要求，按计划完成工作任务	15	
感知工作	能认同工作价值，在工作中获得成就感	10	
团队素养	能与教师、同学之间相互尊重、理解和平等交流	10	
职业素养	能严格遵守相关工作守则和法律法规	10	
思维状态	能发现问题、分析问题并解决问题	10	
参与状态	能发表个人见解，倾听他人意见和看法	10	
创新意识	能在工作中提炼出创新点	10	
合　计		100	

（2）学生以小组为单位，对本工作页的实施过程与结果进行互评，将互评结果填入表 8-29 中。

表 8-29　学生互评表

评价项目	评价标准	分　值	得　分
团队素养	小组成员间合作紧密，能互帮互助	15	
	工作计划周密，组织有序	15	
	态度端正，有较强的吃苦耐劳精神	10	
工作情况	工作效率突出	20	
	工作成果完整且质量达标	30	
	严格遵守相关工作守则和法律法规	10	
合　计		100	

（3）教师对小组工作过程与工作结果进行评价，将评价结果填入表 8-30 中，并将综合评价结果填入表 8-31 中。

表 8-30　教师综合评价表

评价项目	评价标准	分　值	得　分
任务实施情况	能按时提交工作任务	10	
	提交的工作活动成果质量情况	25	
	工作目标达成情况	20	
	关键技能掌握情况	20	
思政素养	课后积极了解各直播电商平台账号信息填写的要求与规定	10	
	在定位规划方案作业中，确保表达和措辞都正面、积极、合规	15	
合　计		100	

表 8-31　综合评价表

综合评价	
自我评价（20%）	
小组互评（30%）	
教师评价（50%）	
综合得分	

案例解析

阅读行业典型案例，带给你一点点灵感

Shopee 升级中国卖家中心直播数据看板

案例详情

为了满足卖家在新趋势下的需求，Shopee 在 2023 年 8 月 22 日宣布升级中国卖家中心直播数据看板。

升级后的 Shopee 直播数据看板不仅拥有更清晰的界面，还提供了数据概览、关键指标、流量分析、单场直播分析、商品分析五大模块。这些模块的设计不仅覆盖了卖家在直播营销中的各个环节，还为卖家提供了深入细致的数据分析，帮助他们更好地了解直播效果、观众偏好和商品表现。

（1）数据概览。通过掌握数据概览，可直观掌握直播核心指标（包括场次、观看人数等）助力商家实时把握经营趋势。

（2）核心指标。通过分析核心指标可掌握直播关键指标及其变动趋势，包括观众互动、留存率及转化率等，为直播策略提供有力依据。

（3）流量分析。深入剖析观众来源及兴趣偏好，更精准定位目标受众，提升观众匹配度。

（4）单场直播解析。通过单场直播解析，可详尽分析各环节数据，精准评估直播表现，为后续直播优化提供参考。

（5）商品分析。通过商品分析，可洞察直播中各商品表现，了解受欢迎商品及需改进品类，助力直播选品策略更加精准。

此次直播数据看板对卖家而言意义重大。卖家通过直播数据看板可全面掌握与直播效果相关的各项指标，获取智能化的数据指导，并精准制定营销策略，将前端的流量转化为实际的成交量。

（案例来源：https://baijiahao.baidu.com/s?id=1775001203527911035&wfr=spider&for=pc，最后访问日期：2025 年 2 月 16 日）

课堂小测

即时检验学习成果，小试牛刀见真章

1.【单选】成交金额、成交件数、累计观看人数是直播大屏中（　）的固定展示指标。

A. Live basic info（直播基础信息）　　B. Core Indicator（核心指标）

C. Set Indicator（配置指标）　　D. 商品列表板块

2.【单选】（　）是评价直播吸引力的重要指标。

A. 核心趋势　　B.GMV 趋势　　C. 人气趋势　　D. 用户画像

3.【多选】直播数据分析思路包括（　）。

A. 设备性能分析　　B. 趋势分析

C. 异常值检测　　D. 用户行为分析

4.【多选】直播间订单转化优化技巧包括（　）。

A. 选品组货　　B. 商品讲解　　C. 前置种草　　D. 工具促单

5.【判断】提高粉丝复购率可以从售前、售中、售后三个维度入手。（　）

6.【填空】直播间的口碑舆情主要受到______________的影响。

竞赛模拟

实战演练竞技场，锤炼本领展锋芒

跨境电商直播数据分析赛

每个团队由 3 ～ 5 名选手组成。参赛团队模拟跨境电商企业身份，撰写并提交一份跨境电商直播数据分析方案（PDF 格式，方案文件命名为：作品名称 + 团队名称，方案需包含封面，封面需包含作品名称、团队名称、参赛团队成员和指导教师的姓名及联系电话）。方案撰写要求如下：

（1）确保获取的数据真实可靠。

（2）数据可视化做到清楚明了。

（3）直播数据分析思路清晰且问题原因准确。

（4）提出的直播优化措施切实可行。

（5）PDF 参赛方案统一发送至负责老师的邮箱。

自我分析与总结

我学会的

我要注意的

整理本节课所学知识点，在下方补充知识链接与实训实操思维导图

附录一

跨境电商直播术语

直播术语	说　明
跨境电商直播 （Cross-border Live Streaming）	指通过跨境电商直播平台，向境外消费者销售商品的直播活动
账号定位 （Account Positioning）	明确账号的目标受众、产品定位和市场方向
风格定位 （Style Positioning）	确定直播的风格，如专业测评式、轻松幽默式
主播人设 （Persona）	主播在直播中塑造的形象和个性，用于吸引观众
主播形象包装 （Image Packaging）	对主播的外在形象进行设计和优化，包括服装、发型等
选品 （Product Selection）	选择适合在直播中销售的商品
行业数据 （Industry Data）	与特定行业相关的市场数据，用于分析和选品
竞品分析 （Competitive Product Analysis）	分析同类商品竞争对手的销售策略、用户反馈、促销手段等，从而优化自身直播销售策略，提升竞争力
产品定价 （Product Pricing）	在综合考虑成本、市场需求以及竞争价格等因素的基础上，为直播销售的产品制定合理定价，旨在吸引消费者的同时，确保商家的利润空间
直播间搭建 （Live Streaming Room Setup）	布置直播的场所，包括背景、灯光、设备等
直播间维护 （Live Streaming Room Maintenance）	通过维护直播间的互动氛围、技术环境以及运营流程，确保直播活动能够顺利进行
直播间互动 （Live Streaming Room Interaction）	主播与观众之间的互动，如聊天、问答等
直播内容策划 （Live Streaming Content Planning）	规划直播的主题、流程和内容
直播脚本 （Live Streaming Script）	在直播前准备的流程明细和讲稿，用来引导直播过程，确保内容流畅
话术 （Sales Pitch）	主播用于推销商品的语言和表达方式，通常会强调商品的优势、用途、卖点等
直播推广策划 （Live Streaming Promotion Planning）	制定推广直播的策略和计划，借助多元化的推广手段，优化直播前后的宣传效益，吸引目标观众，增加直播曝光量并提高销售转化率

续表

直播术语	说　明
推广执行（Promotion Execution）	实施推广计划，如社交媒体宣传、广告投放等
商品运营（Product Operation）	对店铺内商品进行管理、优化和推广
数据责任分工（Data Responsibility Allocation）	划分直播运营过程中各项关键数据指标的责任归属，确保每个数据点的表现都能直接关联到相应的岗位职责上
数据分析（Data Analysis）	对直播和店铺数据进行分析，以优化运营策略
数据复盘（Data Review）	回顾和总结直播数据，找出问题和改进方向
直播流量（Live Streaming Traffic）	指观众进入直播间的数量、来源，以及停留时间，反映直播的吸引力和影响力
直播预告（Live Preview）	在直播开始前，通过社交媒体或平台发布的预告，吸引观众关注即将开始的直播内容
直播监控（Live Monitoring）	实时监控直播数据、观看人数、观众互动等关键指标，帮助优化直播过程
直播购物（Live Shopping）	通过直播平台进行的购物活动
视频购物（Video Shopping）	通过视频内容展示和推广产品的购物方式，消费者在观看视频的同时可以直接购买产品
联盟营销（Affiliate Marketing）	邀请平台创作者参与产品销售并根据销售结果获得佣金的模式
客户评价（Customer Feedback）	观众在直播过程中或直播后对商品、主播、体验等方面提供的评价或建议
卖家中心（Seller Center）	TikTok 为卖家提供的一站式管理后台，卖家可以在其中管理商品、订单、客户服务、营销活动等
推荐页（FYF/FYP）	即 For You feed / For You Page，是用户看到个性化推荐内容的地方，平台根据用户兴趣推送内容
开源广播软件（OBS，Open Broadcasting Software）	一款免费且广泛使用的直播和视频录制软件，可用于捕获、混音、转换并实时传输多种媒体源至多个流媒体平台
观众互动（Audience Engagement）	直播过程中，为增强观众参与感，主播与观众进行的互动，例如提问、投票、回答问题等
评论互动（Comment Interaction）	观众在直播中通过评论与主播或其他观众互动，主播也可以在评论中回答问题或进行互动

续表

直播术语	说　明
互动抽奖 （Interactive Lottery）	在直播过程中，主播通过抽奖活动吸引观众互动，增加观看时长和参与度
点赞 （Like/Thumbs Up）	观众在直播过程中点击的“喜欢”按钮，用于表达对主播或直播内容的支持和喜爱
关注直播间 （Follow Live Streaming Room）	观众选择关注主播的直播间，通常可以在下次直播时接收到提醒和通知
转发 （Repost/Forward）	观众将直播内容或商品链接分享给他人，帮助增加直播间的观看人数
分享直播 （Share Live Streaming）	观众通过社交媒体或平台分享直播链接，帮助主播扩大观众群体并增加曝光度
商品目录 / 价目表 （Catalog）	产品清单或价目表，帮助观众了解所有可购买的商品
购物车 （Shopping Cart）	购物车是电商平台的一项功能，观众可以将喜欢的商品加入购物车，统一结算
秒杀 （Flash Sale/Limited Time Offer）	限时抢购活动，通过设置极短的时间限制，有效触发消费者的紧迫感
满减 （Full Reduction）	满足一定消费金额后，可享受减免的优惠活动
买赠 （Buy One Get One Free）	在直播中经常见一种促销活动，消费者购买一件商品可以免费获得另一件商品
样品 （Sample）	产品用于展示或测试的非售版本，通常在直播中让观众体验商品质量或功能，以鼓励购买
免费样品 （Giveaway）	主播赠送的免费样品，用于吸引观众参与互动或促销活动，增加品牌曝光
优惠券 （Coupon）	直播中为激励观众购买而提供的折扣优惠券，通常有时间和使用限制
包邮 （Free Shipping）	卖方提供的无需支付额外运输费用的配送服务，通常在促销活动中用于吸引顾客
固定折扣 / 统一折扣 （Flat Discount）	一种促销形式，商品以固定金额的折扣进行出售，而不是按百分比折扣
用户定制 （Customize）	根据消费者的需求，提供个性化的商品或服务。在电商直播中，主播可能会推荐定制款商品，吸引特定需求的观众
搜索栏 （Search Bar）	在电商直播平台中，用于观众快速查找感兴趣的商品或主播
支付链接 （Payment Link）	直播中提供的可直接跳转到支付页面的链接，观众点击支付后即可完成购买

续表

直播术语	说　明
带货链接 （Product Link）	在直播中提供的购买商品的链接，观众点击后可以直接跳转到电商平台进行购买
订单跟踪 （Order Tracking）	观众查看自己订单的配送状态，通常是在直播后的跟进服务中进行的操作
观看时长 （Watch Duration）	用户在直播间内停留的时间，通常是直播效果评估的重要指标之一
产品描述 （Product Description）	对产品的详细介绍，通常包括特性、用途、优势等信息，用于帮助消费者了解产品，促进购买决策
产品说明 （Product Specification）	产品的详细技术参数和功能说明，通常包括尺寸、重量、材料成分、性能指标等信息
规格 （Dimension）	产品的物理尺寸或规格，直播中常用来向观众说明产品的大小、适配范围等信息
库存单位 （SKU，Stock Keeping Unit）	标识特定产品的唯一代码，通常用于库存管理、销售跟踪和产品分类
常见问题 （FAQ，Frequently Asked Question）	电商平台、品牌或卖家提供的关于产品或服务的常见问题解答，目的是帮助消费者快速找到所需的信息，提升用户体验
社交认证 （Social Proof）	指通过他人行为或推荐来增强产品或服务可信度的一种营销手段，如用户评价、推荐或口碑等
痛点 （Pain Point）	消费者在生活中遇到的问题或需求，主播通常在直播中识别并强调这些痛点，向观众推销解决方案或产品
营销活动 （Marketing Campaign）	企业为促进销售或品牌推广而设计的营销活动，通常具有明确的目标与执行周期
热销品 （Best-Selling Products）	销量最高的产品，通常是消费者最青睐、需求量大的商品
售罄 （Out of Stock）	商品当前无法购买，已售罄或暂时没有货源
标签 （Hashtag）	用于分类和搜索的关键词。在直播中，主播通过合适的标签直播曝光，帮助观众更容易找到相关内容
增值税号 （VAT Number）	企业或个体商户在税务登记时获得的唯一识编码，用于跨境电商交易中的纳税人身份识别
订单交付 （Delivery）	交付是指商品在交易完成后，卖家将商品送达买家手中的过程
下单转化率 （C_O，Click-Order-Rate）	衡量商品转化效率的核心指标

课堂小测参考答案

1. 认识跨境电商直播（参考答案）

1.D　2. B　3. AB　4. AD　5. ×　6. 人；货；场

2. 了解跨境电商发展现状（参考答案）

1. B　2. A　3. ABC　4. ABC　5. ×　6. 海外仓

3. 账号定位（参考答案）

1. C　2. B　3. CD　4. ABCD　5. ×　6. 卖场型

4. 构建主播人设（参考答案）

1. D　2. C　3. ABCD　4. AD　5. √
6. 账号内容和目标受众

5. 包装主播形象（参考答案）

1. A　2. C　3. ABCD　4. BCD　5. ×　6. 音量和语速

6. 分析行业数据（参考答案）

1. D　2. B　3. AD　4. ABCD　5. ×　6. 热点

7. 竞品分析（参考答案）

1. C　2. B　3. ABCD　4. ABCD　5. ×　6. 四象限分析法

8. 跨境电商直播选品（参考答案）

1. D　2. B　3. AD　4. ABCD　5. √　6. 创新国产品牌

9. 搭建直播间（参考答案）

1. A　2. C　3. ABD　4. BC　5. ×　6. 球形灯

10. 维护直播间（参考答案）

1. B　2. B　3. ABCD　4. ABC　5. ×　6.200

11. 规划直播内容（参考答案）

1. A　2. B　3. ABC　4. ABCD　5. √
6. 是否考虑到直播市场的文化背景，避免文化冲突

12. 直播脚本撰写与话术运用（参考答案）

1. C　2. B　3. ABCD　4. ABCD　5. √
6. 引导消费者“马上买”

13. 直播推广策划（参考答案）

1. B　2. B　3. ABCD　4. ABCD　5. √
6. 直击要点型预告；福利型预告；植入型预告

14. 直播推广执行（参考答案）

1. C　2. B　3. AD　4. ABCD　5. ×
6. Campaign；Ad Groups；Ads

15. 跨境电商直播店铺开设（参考答案）

1. C　2. D　3. CD　4. ABCD　5. ×　6. 英国

16. 跨境电商直播店铺商品运营（参考答案）

1. C　2. A　3. BC　4. ABC　5. √　6. 兴趣电商

17. 数据责任分工（参考答案）

1. C　2. C　3. ABC　4. AB　5. ×　6.1% ～ 5%

18. 直播数据分析与复盘优化（参考答案）

1. B　2. C　3. BCD　4. ABCD　5. √
6. 主播行为和选品好坏